BASTEI
LÜBBE

Thierry Huguenin
mit Lionel Duroy

Der 54.

Aus dem Französischen von
Cécile G. Lecaux

BASTEI
LÜBBE

BASTEI-LÜBBE-TASCHENBUCH
Band 61 332

Deutsche Erstveröffentlichung

Die französische Originalausgabe erschien unter dem Titel: Le 54e
Printed in Germany, September 1995
Einbandgestaltung: Manfred Peters
Titelfoto: vlf Anderson/Gamma
Satz: Textverarbeitung Alessandra Schwarz, Köln
Druck und Bindung: Ebner Ulm
ISBN 3-404-61332-5

Für meine Söhne Frédéric und Pascal

Für meine Mutter und meinen Vater
Für meinen Bruder Philippe
Für meine Schwester Véronique
Für alle, die an meiner Seite geblieben sind, und
für alle meine Freunde, die gegangen sind

Vielen Menschen, die dieses Buch lesen, wird die Geschichte, die ich erzähle, unbegreiflich sein. Vielen wird der Autor dieser Zeilen vorkommen wie ein Verblendeter, ein Schwächling oder ein Feigling. Auch wenn ich persönlich aufrichtig glaube, nichts von alledem zu sein, werde ich nicht versuchen, mich gegen diese Vorwürfe zu wehren, an die ich mich inzwischen gewöhnt habe.

Der folgende Bericht ist der eines Überlebenden, eines Überlebenden eines »spirituellen« Abenteuers, das so viele Freunde und Freundinnen das Leben gekostet hat.

Ich möchte zeigen, daß es auch auf einem so seltsamen – und doch so menschlichen – Lebensweg freundschaftliche Bindungen gibt.

Ich habe dieses Buch im Geiste der Wahrheit geschrieben, um all jenen, die es lesen, vor Augen zu führen, daß »Hoffnung« mehr ist als nur ein leeres Wort.

Mir lag sehr viel daran, alles wahrheitsgetreu aufzuzeichnen. Wenn Namen verändert wurden, dann aus dem alleinigen Grund, das unermeßliche Leid so vieler Familien nicht zu verschlimmern. Jede Form von Rache oder Zorn liegt mir fern.

Indem ich offen von meiner Erfahrung berichte, möchte ich zum Ausdruck bringen, daß Streben nach spiritueller Erleuchtung sicher etwas Legitimes und Nobles ist, daß man jedoch die Augen offen halten muß und nicht vergessen darf, daß es allzu viele Betrüger gibt, die versuchen, den Glauben der Strebenden nur zu ihrem Vorteil auszunutzen, auf die Gefahr hin, jene, die ihnen folgen, zu zermalmen oder gar zu töten.

So kurz vor Beginn des Jahres 2.000 soll dieses Buch ein Aufruf zur Wachsamkeit sein, damit sich eine solche Tragödie niemals wiederholt.

1

Dienstag, den 4. Oktober 1994, erhielt ich um elf Uhr vormittags einen Anruf von Florence Redureau. Ich hatte Florence beim Sonnentempler-Orden kennengelernt, dem ich 15 Jahre lang angehört habe. Florence war die letzte Geliebte von Jo Di Mambro, dem Gründer des Ordens, und an jenem Morgen rief sie mich in seinem Auftrag an.

»Thierry«, sagte sie, »du kannst kommen und dir dein Geld abholen; Jo ist da, er erwartet dich.«

Ich weiß noch genau, daß ich sie gefragt habe: »Bist du sicher, Florence? Ich habe nämlich keine Lust, wieder umsonst die ganze Strecke von Genf nach Salvan zu fahren ...«

»Du kannst mir glauben, Thierry. Jo ist da, und er wird auch dableiben.«

Bevor ich mich auf den Weg machte, frühstückte ich mit meinen beiden Söhnen. Ich war hin und hergerissen zwischen der Hoffnung, endlich das Geld zu bekommen, das Jo mir schuldete und das ich so dringend benötigte, und der Furcht, wieder einmal von diesen Leuten hereingelegt zu werden, die ich so geliebt hatte und denen ich nun nicht mehr vertrauen konnte.

Ich hatte den Orden im April 1993 verlassen, und seitdem wartete ich auf eine Entschädigung für die 15 Jahre, die ich dort verbracht hatte. 15 Jahre rein ehrenamtlicher Arbeit. Seit 18 Monaten versprachen mir Di Mambro und Luc Jouret, die Meister des Ordens, daß ich das Geld bekommen würde, aber obwohl ich mir einen Anwalt genommen hatte, hatte ich bislang noch keinen Franc erhalten.

Salvan ist ein Bergdorf etwa 100 Kilometer östlich von Genf, oberhalb des kleinen schweizerischen Städtchens Martigny gelegen. Ich traf um Viertel nach drei dort ein. Ich parkte meinen Wagen auf der Straße, die über den nebeneinander errichteten Chalets von Di Mambro und Jouret entlanglief. Als ich die Treppe hinabstieg, die von der Straße zu den beiden Häusern führte, fiel mir auf, daß die Fensterläden von Lucs Haus geschlossen waren. »Er muß verreist sein«, dachte ich. »Um so besser, dann brauche ich nicht mit ihm zu sprechen.«

Florence wartete unten auf mich, im Schatten des ersten Chalets. Ich war richtig erschrocken, als ich sie sah. Sie, die gewöhnlich so sorgfältig zurechtgemacht war, war erschreckend blaß, ihr Haar war zerzaust und ihre Lippen blutleer.

»Ah, Thierry«, rief sie mir zu. »Wir haben ein Problem. Jo hat eben seine Schlüssel verloren!«

»Wie das? ... Als du mich heute vormittag angerufen hast, wart ihr doch im Chalet?«

»Ja ... das heißt, nein ... wir waren unterwegs. Jo hat die Schlüssel verloren, als wir angekommen sind.«

»Aber wo denn, Florence? Man verliert doch seine Schlüssel nicht einfach so.«

»Oben auf der Straße ... Wir sind ein Stück zu Fuß gegangen ... Sie müssen ihm aus der Tasche gefallen sein ... ich weiß auch nicht.«

Sie war so aufgelöst, daß ich es nicht übers Herz brachte, sie weiter mit Fragen zu bedrängen. Jo erschien auf dem Balkon seines Chalets, der über eine Außentreppe zu erreichen war. Auch er war nicht wiederzuerkennen.

»Thierry«, hauchte Jo mit merkwürdiger Stimme, »ich kann dir den Umschlag mit dem Geld nicht geben. Er liegt in meinem Chalet, und das ist abgeschlossen.«

Seine Augen waren völlig glanzlos, und seine Stimme klang, als spräche er aus einem tiefen Koma.

»Hör zu, Jo«, sagte ich sanft. »Du hast mich vergangenen Sonntag kommen lassen und warst nicht da. Heute bin ich wieder anderthalb Stunden gefahren, und diesmal liegen die Dinge anders. Ich habe heute abend Unterricht und muß gleich wieder weg. Jo, bitte, sag mir, wo die Schlüssel sind …«

Er machte eine vage Handbewegung.

»Ich habe sie verloren, irgendwo da oben, auf der Straße …«

»Bleib, wo du bist, ich gehe sie suchen.«

Ich kehrte den beiden den Rücken zu und stieg zur Straße hinauf. »Was für ein Idiot ich doch bin«, sagte ich mir auf der Treppe. »Die Schlüssel sind in seiner Tasche. Warum lasse ich mich immer noch von diesem Schwein manipulieren?«

Ich suchte dennoch sehr sorgfältig den Boden ab, von der ersten Treppenstufe bis zu seinem Wagen, wobei ich hin und wieder mit der Fußspitze trockenes Laub anhob.

Schließlich stieg ich verzweifelt wieder hinunter. Ich hatte ein flaues Gefühl im Magen, und meine Kehle war wie zugeschnürt; mir war, als müßte ich weinen oder mich übergeben.

»Jo«, rief ich. »Gibst du mir diesen Umschlag, ja oder nein?«

»Ich würde ihn dir ja gerne geben, aber er liegt im Haus …«

»Dann rufen wir eben den Schlüsseldienst.«

»Thierry, an den Schlüsseldienst habe ich noch gar nicht gedacht!«

Ich hatte zuerst den Eindruck, er würde sich über mich lustig machen, aber er sah nicht danach aus.

»Florence«, sagte er, »geh rüber zu Luc und sag ihm, daß er beim Schlüsseldienst anrufen soll.«

»Luc ist also da!« rief ich aus, aber sie reagierten nicht darauf.

Florence ging auf das Chalet zu, dessen Läden an diesem sonnigen Herbsttag merkwürdigerweise geschlossen waren. Jo forderte mich auf, auf einem seiner Gartenstühle Platz zu nehmen. Florence kam zurück, und gemeinsam warteten wir auf den Schlüsseldienst, ohne noch ein Wort zu wechseln.

Ich wußte nicht mehr, was ich glauben sollte. Meine Gedanken wirbelten wild durcheinander: diese verlorengegangenen Schlüssel, das seltsame Verhalten von Jo und Florence, das Geld, das ich so dringend benötigte, die geschlossenen Fensterläden …

Der Schlüsseldienst kam, aber anstatt den Mann zur Haustür zu führen, ging Jo mit ihm zu Lucs Chalet hinüber und bat ihn, die Tür der Einliegerwohnung im Erdgeschoß zu öffnen.

»Aber du hast doch gesagt, der Umschlag läge bei dir im Haus«, protestierte ich.

»Ja, ja, ich weiß«, entgegnete er sanft, als spräche er mit einem aufsässigen Kind. »Aber in der Einliegerwohnung habe ich einen Zweitschlüssel, und ich möchte nicht, daß das Schloß der Haustür meines Chalets beschädigt wird.«

Während wir dem Schlosser bei der Arbeit zusahen, kam plötzlich Luc hinzu. Er war nicht rasiert, und in seinen Augen lag ein verstörter Ausdruck. Er beachtete mich gar nicht, und ich glaube sogar, mich zu erinnern, daß er mich im Vorbeigehen anrempelte, als sähe er mich nicht.

»Brauchst du Geld, um den Schlüsseldienst zu bezahlen, Jo?« fragte er.

»Nein, nein, keine Sorge, ich mache das schon.«

Luc kehrte wortlos in sein Haus zurück, und wir blieben wie die Ölgötzen hinter dem Handwerker stehen, Florence zu meiner Rechten und Jo zu meiner Linken.

Abrupt stieg eine Welle unerträglicher Panik in mir auf. Eine Furcht, wie ich sie noch nie zuvor empfunden hatte. Mein Instinkt sagte mir, daß ich auf der Stelle verschwinden sollte, aber ich war wie gelähmt, förmlich besessen von dem Gedanken an das Geld, das man mir schuldete und das ich so dringend brauchte.

Der Türriegel gab nach, und ekelerregender Benzingeruch schlug uns entgegen, als der Schlosser die Tür aufstieß. Wir wichen alle einen Schritt zurück. Ich muß einen Schrei ausgestoßen haben – vielleicht war es aber auch der Schlosser, ich weiß es nicht mehr – denn Florence versuchte sogleich, uns zu beruhigen.

»Der Heizöltank ist gestern abend aufgefüllt worden«, sagte sie. »Luc hat mir erzählt, daß er übergelaufen ist.«

Sie log. Ich konnte den Geruch von Benzin und Heizöl sehr wohl unterscheiden. Jo betrat den Raum und öffnete eine Schublade der Anrichte. Er nahm einen Schlüssel heraus, den er verwundert anstarrte.

»Das ist nicht der Schlüssel zu meinem Chalet«, murmelte er und warf mir einen schuldbewußten Blick zu.

Ich traf meine Entscheidung ganz plötzlich.

»Egal«, sagte ich. »Wiedersehen.«

Sie haben wohl nicht begriffen, daß ich tatsächlich gehen wollte, oder aber die Anwesenheit des Schlossers hat sie davon abgehalten, sofort zu handeln.

Ich lief die Treppe zur Straße hinauf und setzte mich eilig ans Steuer meines Autos. Ich war gerade dabei zu wenden, um den Weg zurückzufahren, den ich gekommen war, als Florence auf meinen Wagen zulief. Sie gab mir irgendwelche Zeichen, die ich nicht verstand, und versuchte offenbar, mich aufzuhalten.

So habe ich sie in Erinnerung, mit verzerrtem Mund und blassem Gesicht, eine traurige Gestalt, die mir zuwinkte, während ich Gas gab, um diesem Alptraum zu entfliehen.

Ich war auf der Rückfahrt nach Genf müde und verärgert und bekam von der Vorlesung über künstlerische Emaillen am Abend nur die Hälfte mit.

Der Unterricht war um Viertel nach zehn beendet, und gegen halb elf war ich wieder in meiner kleinen Genfer Wohnung. Ich telefonierte lange mit meinen Söhnen und meiner Ex-Frau Nathalie. Wir sprachen von dem Moped meines Jüngsten, Pascal, das wieder einmal kaputt war. Nathalie erkundigte sich nach meinem Rücken, der mir fast Tag und Nacht Schmerzen bereitet. Um elf ging ich ins Bett.

Es war gerade Mitternacht, als das Klingeln des Telefons mich aus dem ersten Schlaf riß. Es war Marcelle, die ebenso wie ich aus dem Orden ausgestiegen war und mit der ich immer noch eng befreundet war. Sie war völlig aufgelöst.

»Thierry, es ist schrecklich! Unsere Tochter hat uns gerade aus Kanada angerufen: Das Haus von Luc Jouret steht in Flammen … Die Feuerwehr hat bereits zwei Leichen gefunden. Im Radio wurde berichtet, daß es sich um Brandstiftung handelt.«

Ich war geschockt.

»Das ist unglaublich … Ich habe Jo und Luc noch vor wenigen Stunden gesehen …«

Marcelles Mann kam an den Apparat.

»Du mußt dich von diesen Leuten fernhalten, Thierry! Zum Teufel mit dem Geld … Vergiß das alles.«

Ich versprach es und legte auf.

Ich hatte Mühe, wieder einzuschlafen. Das Bild der beiden verkohlten Leichen in Jourets Haus in Kanada quälte mich. Ganz sicher handelte es sich um Mitglieder des Ordens, und ich kannte sie beinahe alle. Ich fragte mich, wer die Toten sein mochten, aber zu diesem Zeitpunkt stellte ich die Verbindung zu diesem gräßlichen Bezingeruch in Lucs Chalet in Salvan noch nicht her.

Um sieben Uhr früh am Mittwoch, den 5. Oktober, warf das Schrillen des Telefons mich erneut aus dem Bett. Es war Marthe, die liebe gute Marthe, die mir monatelang auf dieser Überlebensfarm im Vaucluse, wo ich die härteste Zeit meines Lebens verbracht habe, zur Seite gestanden hatte. Auch sie hatte den Orden verlassen.

Sie brüllte in den Hörer.

»Thierry, hast du heute morgen schon Radio gehört?«

Ich dachte, sie spräche von dem Brand in Kanada, aber sie schnitt mir das Wort ab.

»Das meine ich nicht! Im Radio werden immer wieder aktuelle Meldungen durchgegeben: Die Chalets in Salvan brennen, und der Bauernhof in Cheiry ebenfalls!«

Ich schaltete das Radio ein, und das Grauen überwältigte mich.

Es wurde von nichts anderem gesprochen. Es war eine nationale Katastrophe. Auf dem Bauernhof in Cheiry hatten die Rettungsmannschaften gerade 23 Leichen entdeckt. Die meisten Toten waren im Sanktuarium gefunden worden, das von den Flammen verschont geblieben war. Die Leichen lagen in ihrer zeremoniellen Kleidung im Halbkreis auf dem Boden, die Männer in goldenen, die Frauen in weiß-goldenen Gewändern. Bis auf zwei hatten alle einen Müllsack über dem Kopf, der mit Hilfe des Schließbandes um den Hals geknotet war. Nur jene, denen kein Sack über den Kopf gestülpt worden war, mußten an einer Vergiftung gestorben sein. Die Körper der anderen waren von Kugeln durchsiebt. Manchen hatte man zweimal in den Kopf geschossen, bevor man ihnen den Plastiksack übergezogen hatte, und eine dritte Kugel war durch den Sack gefeuert worden. Wahrscheinlich hatten sie sich noch bewegt, und die Mörder hatten ihnen den Rest gegeben. Andere mußten sich heftig gewehrt haben – sie waren ins Gesicht geschlagen worden, bevor man sie umbrachte. Sie hatten bis zu zehn Kugeln im Oberkörper, und ihre Gesichter waren blutverschmiert. Unter den 23 Toten waren drei Jugendliche.

In Salvan sollten insgesamt 25 Leichen aus der Asche von Luc Jourets Chalet geborgen werden, einige von ihnen völlig verkohlt. In Salvan wurden jedoch weder Spuren von Einschüssen noch Müllsäcke gefunden. Es hieß, die Menschen wären entweder betäubt Opfer der Flammen geworden oder an einer Vergiftung gestorben.

Ich mußte mich übergeben. Der penetrante Benzingeruch fiel mir wieder ein, und ich glaube, daß ich einen Augenblick das Bewußtsein verlor, denn als das Telefon klingelte, fühlte ich mich, als würde ich aus einer Art Koma gerissen. Es war Nathalie, meine Exfrau. Ihre Stimme zitterte.

»Ruf sofort deinen Anwalt an, Thierry. Es ist grauenhaft …«

Mein Anwalt rief den Staatsanwalt an, und gemeinsam fuhren wir zum Hauptsitz der Genfer Polizei. Die Polizisten fragten mich sofort nach den Adressen sämtlicher Immobilien des Sonnentempler-Ordens weltweit. Ich weiß, daß es ihnen dank meiner Informationen möglich war, einen an das Telefon gekoppelten Brandsatz in einer Wohnung des Ordens in Montreux, am Ufer des Genfer Sees, zu entschärfen. Durch einen einzigen Anruf hätte das ganze Gebäude in Flammen aufgehen können. In einem Anwesen in Südfrankreich, dem »Clos de la Renaissance«, war ebenfalls ein Brandsatz installiert worden.

An diesem ersten Tag auf dem Revier erfuhr ich die Namen der Menschen, die in Cheiry massakriert worden waren. Die beiden, die ohne Müllsack über dem Kopf aufgefunden worden waren, hatte ich besonders gut gekannt. Da war einmal Évelyne Chartier. Diese Frau, die gerade im Alter von 78 Jahren gestorben war, hatte mich 15 Jahre zuvor in ihrer Praxis in die Welt des »Wachtraumes« eingeführt. Sie war es auch gewesen, die mich mit Joseph Di Mambro bekannt gemacht hatte. Bei dem zweiten Opfer handelte es sich um Roland Boileau, den letzten Mäzen des Ordens und engen Freund von Luc Jouret.

Zu den Opfern gehörten außerdem zwei Stützpfeiler des Ordens: Laurence Meunier, Freundin und beinahe Schwester von Évelyne Chartier, und René Moulin. Laurence Meunier war Yogalehrerin gewesen, und zahlreiche zukünftige Adepten hatten bei ihr Station gemacht, bevor sie zum Wachträumen zu Évelyne Chartier geschickt worden waren. René Moulin war ein sanftmütiger Mann von 72 Jahren gewesen, erster Mäzen des Ordens und eigentlicher Eigentümer des Bauernhofes in Cheiry.

Es dauerte ein paar Tage, ehe die Namen der Opfer von Salvan bekannt wurden, die größtenteils bis zur Unkenntlichkeit verbrannt waren. Wir wußten nicht, ob Luc Jouret unter den Toten war. Da die Polizeibeamten um mein Leben fürchteten, mußte ich mich mehrere Tage in einem Kloster versteckt halten. Ich erfuhr erst später, daß Luc und Jo ebenfalls tot waren. Jo hatte seine drei Frauen mit in den Tod genommen: Jocelyne, seine ihm rechtmäßig angetraute Ehefrau, Élisabeth Auneau und eben jene Florence Redureau, die wenige Stunden vor der Katastrophe noch versucht hatte, mich aufzuhalten. Jos zwölfjährige Tochter Anne, genannt Nanou, war ebenfalls umgekommen.

Zehn Jahre lang hatten wir fest daran geglaubt, daß Nanou ein »kosmisches Kind« wäre, ein Kind von göttlichem Wesen. Ich hatte mich seinerzeit viel um sie gekümmert, und ich brach zusammen, als ich von ihrem Tod erfuhr. Die Überreste zweier weiterer Kinder im Alter von vier und 16 Jahren wurden in den Trümmern gefunden. Marielle Chiron, die Frau, die Jo mir nach meiner Trennung von Nathalie aufgezwungen hatte, war ebenfalls tot.

Natürlich befand ich mich in einem Schockzustand, war unfähig zu schlafen und ständig den Tränen nahe. Aber der schwerste Schlag traf mich, als ich die Namen der Opfer in Kanada erfuhr und die Art, auf die sie massakriert worden waren. In Luc Jourets Keller in

Morin Heights in den Laurentides, waren drei weitere Leichen gefunden worden. Es handelte sich um Sylvie und Jacques Boivin, 30 und 35 Jahre alt und Eltern des kleinen Fabien. Sie hatten sich im Orden kennengelernt und geheiratet. Ich liebte sie wie meine eigene Familie. 15 Jahre lang hatten wir in der Niederlassung in Genf und später in dem Haus in Südfrankreich Seite an Seite gelebt. Um den sehr kräftigen Jacques überwältigen zu können, hatten seine Mörder ihm erst mit Baseballschlägern beide Beine gebrochen. Anschließend war er mit 50 Messerstichen in Rücken und Bauch erstochen worden. Dann hatten sie sich auf das Kind gestürzt und ihm eine Art Brieföffner aus Holz ins Herz gerammt. Sylvie hatte laut Polizeibericht den Tod ihres Sohnes mitangesehen. Aus diesem Grund soll sie sich nicht gewehrt haben, als die Mörder schließlich auf sie einschlugen. Sie hat sich nicht gewehrt, das hat die Polizei mir gesagt. Sie haben ihr die Brüste abgeschnitten, weil sie mit diesen Brüsten das Kind gestillt hatte, das Jo einige Wochen zuvor zum Antichristen erklärt hatte.

Die beiden anderen Leichen, die in diesem Haus gefunden wurden, waren die von Claude und François Galard, dem ersten Paar, das sich Ende der 70er Jahre innerhalb des Sonnentempler-Ordens in Genf zusammengetan hatte. Claude und François sollen an dem Massaker teilgehabt und hinterher Selbstmord begangen haben.

Wenige Stunden vor der Inbrandsetzung von Lucs Haus in Kanada hatte Jo Claude und François Galard aus Genf angerufen. Die kanadische Polizei, die zum damaligen Zeitpunkt sämtliche Telefonleitungen des Ordens abhörte, hatte folgendes Gespräch mitgeschnitten: »Wir gelangen zum Ende unseres Zyklus'«, sagte

Jo. »Bereitet euch darauf vor, diese Welt zu verlassen, der Transit findet heute nacht statt.«

Jo hatte uns auf diesen berühmten Aufbruch vorbereitet, diesen friedlichen und natürlichen »Transit«, der uns den ewigen Frieden bringen sollte.

Im »Testament des Tempelordens«, das zahlreiche Zeitungen zwei Tage nach dem Massaker erhielten, ließ Jo sich lang und breit über seine Prophezeiungen aus:

Wir verlassen diese Erde, schrieb er, *um in völliger geistiger Klarheit und Freiheit eine Dimension der Wahrheit und des Absoluten wiederzufinden, fern der Falschheit und Unterdrückung dieser Welt, und das Heranwachsen unserer zukünftigen Generation zu realisieren. So erfüllen sich die Prophezeiungen gemäß den Heiligen Schriften, und wir sind nur die demütigen und edlen Diener. Da wir seit jeher der Herrschaft des Geistes angehören, der uns innewohnt, ohne das feine Band zu zerstören, das die Schöpfung mit dem Schöpfer verbindet, kehren wir heim.*

Alle Prüfungen wurden uns während unserer Inkarnation auferlegt, um die Wahrhaftigkeit unseres Handelns zu prüfen. Manche werden an einen Selbstmord oder an Flucht vor den irdischen Problemen denken, andere an eine Depression angesichts der Prüfungen, die jedem auferlegt wurden. SIE IRREN SICH: Wir hinterlassen den Beweis dafür, daß unser Transit in der Glückseligkeit der Vollkommenheit erfolgt, in völliger Diskretion, und in dem erlebten Bewußtsein einer exakten Wissenschaft und in Übereinstimmung mit den natürlichen Gesetzen der Materie und des Geistes, die in Wahrheit »EINS« sind.

53 Menschen starben in den ersten Oktobertagen 1994, darunter sieben Kinder. Gestorben in der »Glück-

seligkeit der Vollkommenheit«, schrieb Jo. Die gemarterten Körper der Boivins, die blutigen Gesichter der Leute in Cheiry, die 100 Patronenhülsen, die vor Ort gefunden wurden, strafen diese unhaltbaren, absurden Behauptungen eindeutig Lügen.

Als Mitglieder des von Jo Di Mambro gegründeten Sonnentempler-Ordens lebten wir im Kult der Tempelherren, jener Christusritter, von denen viele sich in den ersten Jahren des 14. Jahrhunderts geweigert hatten, ihrem Glauben abzuschwören, und dafür auf dem Scheiterhaufen hingerichtet worden waren. Ganz besonders verehrten wir das Andenken der 54 Tempelritter von Saint-Antoine, die am 12. Mai 1310 bei lebendigem Leibe verbrannt worden waren.

Am 4. Oktober 1994 starben 53 Mitglieder des Sonnentempler-Ordens, größtenteils ermordet, in einer grauenhaften Parodie dieses historischen Massakers. Im Wahn ihrer kranken Hirne wollten Jo Di Mambro und Luc Jouret, daß es 54 wären.

Das 54. Opfer hatte ich sein sollen.

2

Meine Geschichte wird Ihnen überspannt erscheinen. Und doch ist es die Geschichte eines einfachen und ganz gewöhnlichen Menschen.

Mein Name ist Thierry Huguenin. Ich wurde vor 45 Jahren in der Schweiz geboren.

Mein Großvater hieß Maurice. Ich glaube, er hat Anfang der 20er Jahre wie jeder andere kleine Konditor angefangen. Damals hielt er sich noch nicht für etwas Besonderes, und darum heiratete er ein Mädchen aus seinen Kreisen, ein Mädchen vom Lande, meine Großmutter Fifine. Durch harte Arbeit gelang es ihnen, in den 30er Jahren eine Schokoladenfabrik zu erwerben. Es war ein gutes Geschäft; die Neutralität der Schweiz erleichterte den Aufstieg des Unternehmens. Und so sah man »Monsieur Huguenin« in der kleinen Genfer Gemeinde nach dem Krieg am Steuer eines flotten Mercedes Coupé umherfahren.

Nachdem er erst zu Reichtum gelangt war, bekam man ihn in der Fabrik – wo man ihn fürchtete, wohingegen Fifine, die dieselbe geblieben war wie vor dem Krieg, sehr beliebt war – weniger oft zu Gesicht. Um die Weihnachts- und Osterzeit war es meine Großmutter, die Goldschleifen um bunte Päckchen band; man bescheinigte ihr künstlerisches Talent. Man mochte sie und bemitleidete sie gleichzeitig, da sie weiter in bäuerlicher Tradition ihre Kopftücher trug, während mein Großvater nun in den eleganten Cafés an den Ufern des Sees verkehrte, darunter auch im Café de Paris. Er überhäufte seine Mätressen mit feinen Perlen, das wußte jedermann, das erzählten die Juweliere. Eines Tages vergaß er, dem Juwelier Namen und Adresse der Empfängerin mitzuteilen, so daß ein kostbares Armband an Fifine geliefert wurde, die ihren Augen nicht traute.

Mein Vater Marc wurde 1927 geboren. Da sich die Wohnung über der Fabrik befand, begann er schon sehr früh, im Betrieb mitzuhelfen. Aber mein Vater mochte keine Schokolade. Sobald er eine freie Minute hatte, setzte er sich zu seiner Mutter und malte. Er war unglaublich talentiert, wie meine Großmutter mir häufig erzählt hat. Mit 18 Jahren wagte er es zum erstenmal, seinem Vater zu eröffnen, was er gern tun würde: Er wollte nach Paris und Raumausstatter werden.

»Das ist kein Beruf, und ich brauche dich hier in der Fabrik«, entgegnete mein Großvater barsch.

Fifine schwieg. Die Szene dauerte nicht länger als ein paar Sekunden, aber noch 30 Jahre später erzählte mein Vater sie mit derselben Trauer oder Verbitterung, die er damals empfunden haben muß. Vater und Sohn hatten nicht viel gemeinsam, abgesehen von eingefallenen Wangen, einer langen Nase und einer überschlanken Figur, die den Frauen gefiel. Sie teilten nur die Liebe zum Fußball, jene Sportart, ohne die mein Vater meiner Mutter wohl nie begegnet wäre.

Mein Großvater war seinerzeit Schatzmeister des Genfer FC Servette. Er hatte diesen Posten inne, während mein anderer Großvater, Efisio Sassetti, Trainer der Reservemannschaft des Clubs war. Die beiden Männer waren nicht gerade die besten Freunde; Maurice Huguenin war zu ausgefuchst und zu hochmütig, um Eindruck auf Efisio Sassetti machen zu können, einem ehrlichen und arbeitsamen Handwerker mit einfachem Geschmack (er war außerdem Vorsitzender des Pétanque-Clubs). Sie waren sich nicht grün, aber sie respektierten einander, weil sie es beide aus eigener Kraft zu etwas gebracht hatten. Efisio hatte ebenfalls ganz unten angefangen – er stammte aus einer armen, kinderreichen Familie aus Piemont – und eines der größten Dentallabors in Genf aufgebaut. Auch er hatte seine Frau in das Geschäft einbezogen, aber Esther Sassetti ähnelte meiner anderen Großmutter, Fifine, in keinster Weise. Ganz sicher waren ihr weder deren Unterwürfigkeit noch deren Schicksalsergebenheit eigen. Bei den Sassettis hielt Esther die Zügel in der Hand, während Efisio kuschte. Esther stammte aus einer kultivierteren Familie als ihr Mann – ihre Mutter war spanischer und ihr Vater bulgarischer Herkunft –, und sie war sehr stolz auf ihre Belesenheit und ihre Leidenschaft für das Theater. Esther hatte schon sehr früh ihre Liebe zur Literatur und vor allem zum Theater auf ihre beiden Töchter, meiner Mutter Gisèle und ihrer Schwester Louise, übertragen.

Meine Mutter war eine ausgesprochen schöne Frau. Wenn ich mir Fotos aus ihrer Jugend und insbesondere ihre Hochzeitsbilder anschaue, bin ich ganz fasziniert von ihrer Schönheit. Sie wäre ebenso wie mein Vater liebend gern nach Paris gezogen. Die Chance ihres Lebens bot sich ihr eines Abends in Gestalt von Pierre Fresnay. Der Schauspieler trat im Genfer Grand Théâtre auf. Gleich nach der Vorstellung eilte sie in seine Garderobe. Er empfing sie, und sie vertraute sich ihm an. Auch sie wolle zur Bühne, das wäre ihr größter Traum, ihre ganze Leidenschaft. Sie ließ ihn gar nicht zu Wort kommen, und er lächelte. Schließlich sagte er ernst: »Ich bin gern bereit, Ihnen ein Vorsprechen in Paris zu ermöglichen, wenn Ihre Eltern es erlauben.«

Esther verbot es, Efisio schwieg. Der Name Pierre Fresnay wurde nie wieder erwähnt.

Ich weiß nicht, welcher von meinen beiden Großvätern, Maurice oder Efisio, als erster auf die Idee kam, Marc mit Gisèle bekannt zu machen, oder Gisèle mit Marc. Aber ich weiß, daß beide Familien dafür waren, ihre erfolgreichen Unternehmen zu verbinden.

Meine Eltern heirateten 1949; meine Mutter war damals 20, mein Vater 21. Ich glaube, sie waren sich auf den ersten Blick sympathisch. Wahrscheinlich dachten sie, das wäre ausreichend für eine gemeinsame Zukunft. Tatsächlich hatten sie nur wenige gemeinsame Interessen. Meine Mutter war ein kultiviertes junges Mädchen und konnte Ronsard, Molière, Racine und Giraudoux aus dem Gedächtnis rezitieren. Mein Vater hatte nur wenig gelesen; bei meinen Großeltern Huguenin gab es nicht viele Bücher. Er hatte seine Pläne, Raumausstatter zu werden, seinen Traum, künstlerisch tätig zu sein, aufgegeben und sich damit abgefunden, den Posten auszufüllen, den sein Vater ihm in der Schokoladenfabrik zugedacht hatte. Sein Opfer brachte ihm nicht einmal etwas ein: Mein Großvater bezahlte ihm einen Hungerlohn, und wenn ich mir die alten Familienbilder ansehe, kann ich mir vorstellen, wie gedemütigt, wie unwohl und bevormundet er sich gefühlt haben muß. Meine Mutter mit ihrem südländischen Temperament war wohl nicht in der Lage, ihm während der ersten Monate ihrer Ehe zu helfen und ihm Mut zuzusprechen. In der ersten Zeit mußten sie sich mit einer bescheidenen Wohnung begnügen, die ziemlich weit von der Fabrik entfernt war. In dieser Wohnung bin ich eines Nachts im März 1950 auf die

Welt gekommen, oder besser gesagt in der Klinik ganz in der Nähe.

Sehr bald nach meiner Geburt zogen meine Eltern in eine hübsche Wohnung in der Rue du Léman um, oberhalb des Sees. Ich erinnere mich an einen großen dunklen Flur, an einen runden Raum, der das Wohnzimmer gewesen sein muß, und natürlich an mein eigenes Zimmer. Mein Zimmer gefiel mir sehr. Meine Eltern hatten es mit Bildern meines Vaters geschmückt, Bildern, die er extra für mich gemalt hatte: Pinocchio, Figuren von Walt Disney …

Ich war zwei, als meine Schwester Véronique geboren wurde. Sie lebte nur ein paar Stunden. Sie starb … Ich wollte schon schreiben: »Sie starb in dieser Wohnung in der Rue du Léman«, aber tatsächlich muß sie noch in der Klinik gestorben sein. Nur die Tränen und der Kummer meiner Eltern hielten in der Rue du Léman Einzug. Mein Vater hat seinen Schmerz in sich hineingefressen und nie mit mir über Véronique gesprochen. Aber meine Mutter hat ihren Tod nie verwunden, und wenngleich ich mich nicht daran erinnere, muß ich sie weinen gesehen und gehört haben.

Ich erinnere mich an meine Ängste in dieser Wohnung. Sie befielen mich immer dann, wenn die Nacht hereinbrach, zu jener Stunde, da der Tag langsam verlischt, ohne daß man es so recht wahrnimmt. Meine Mutter schaltete das Licht erst sehr spät ein, vielleicht aus Sparsamkeit. Bei Einbruch der Dunkelheit glaubte ich eine Präsenz zu spüren, ich hatte das Gefühl, daß sich jemand irgendwo hinter unseren Möbeln, irgendwo in der Wohnung, versteckte und uns beobachtete. In dem runden Zimmer war das Gefühl besonders stark. Ich empfand die Dunkelheit und Stille als beklemmend. Das ging so weit, daß ich zuweilen ins

Dunkel rief: »Ist da jemand?« oder »Mama, bist du da?«. Danach rannte ich keuchend weg, während kalte Schauer mir den Rücken hinabjagten. Ich lief den langen Flur hinunter in mein Zimmer.

Meine Mutter erinnert sich, daß ich zu dieser Zeit versucht habe, ihr merkwürdige Dinge zu erzählen, Dinge, die sie nicht verstand. Ich sagte ihr, daß mein Körper hier wäre, meine Seele jedoch im Himmel. Das sagte ich ihr mit kindlichen Worten. Wenn ich mir diese sehr fernen und konfusen Erinnerungen ins Gedächtnis rufe, fällt mir wieder ein, daß ich zur damaligen Zeit tatsächlich das Gefühl einer doppelten Existenz hatte: hier zu sein und gleichzeitig ganz woanders. Derart zweigeteilt kam es mir schon in so jungen Jahren vor, als wäre ich fehl am Platze, als gehöre ich nirgendwo hin. Ich war fast fünf, als mein kleiner Bruder Philippe auf die Welt kam.

Und auch Philippe wäre beinahe gestorben. Eigentlich war ich der einzige gesunde Sproß meiner Eltern. Ich sehe noch meine Mutter vor mir, wie sie leise weinend an seinem Bett saß. Ich sehe sie vor mir, wie sie rauchend am Fenster stand, die Stirn gegen die Scheibe gelehnt, mit zitternden Händen. Sie hatte angefangen zu rauchen, unglaublich viel zu rauchen. Sie sagte, die Zigaretten würden ihr helfen wachzubleiben. Ich höre noch die Gebete ihrer Mutter, meiner Großmutter Esther. »Ich scheuere mir vor lauter Beten die Knie wund«, sagte sie. Die Familie meiner Mutter war katholisch, die meines Vaters protestantisch.

Philippe überlebte. Er war ein Jahr alt und ich fünf, als mein Großvater Maurice die Schokoladenfabrik verkaufte. Nestlé hatte begonnen, allen Kleinindustriellen das Wasser abzugraben; mein Großvater erkannte dies und verkaufte gerade noch rechtzeitig.

Von dem Geld erwarb er eine Teestube im Stadtzentrum und ein Restaurant an einem der beiden größten Strände Genfs. Wieder auf Verlangen meines Großvaters belegte mein Vater diesmal einen Schnellkurs in Gastronomie; es war von vorneherein klar, daß er die beiden Etablissements leiten sollte.

Unser Leben änderte sich sehr rasch. Mein Vater arbeitete nun sehr viel mehr als in der Schokoladenfabrik, andererseits verdiente er aber auch sehr viel mehr. Meine Mutter saß im Winter an der Kasse der Teestube und während der Sommerzeit an der Restaurantkasse. Mein Vater setzte sich zu dieser Zeit in den Kopf, aus mir einen großartigen Wasserskifahrer zu machen. Wenn ich unsere Familiengeschichte rückblickend aufrolle, kommt es mir vor, als wäre Wasserski eine der wenigen Domänen gewesen, im Rahmen derer mein Vater Interesse an meiner Person bekundete. Also stellte man mich mit fünf Jahren auf die Bretter. Meine Mutter zitterte vor Angst um mich, während mein Vater mich vom Restaurant aus mit dem Fernglas beobachtete. Ich mußte es schaffen, ihm zu gefallen; ich gab mir große Mühe. Dennoch hatte ich in zehn Jahren der Mühe – ich gab das Wasserskilaufen abrupt in dem Jahr auf, in dem meine Eltern sich trennten – nie das Gefühl, daß mich zu irgendeinem Zeitpunkt so etwas wie Komplizenschaft mit meinem Vater verbunden hätte.

Meine einzige Erinnerung an ein gemeinsames Abenteuer mit ihm, ich meine an ein Abenteuer unter Männern, reicht zurück zu den Weihnachtsferien, als ich sechs Jahre alt war. Wir verbrachten die Ferien in der Haute-Savoie. Er und ich waren aufgebrochen, um den Tag über Ski zu laufen, während meine Mutter mit Philippe im Chalet zurückblieb. Ich weiß noch, daß wir uns irgendwann allein am Rand eines Tannenwaldes wiederfanden. Der Himmel hatte sich ganz plötzlich zugezogen, und mein Vater konnte die Piste nicht wiederfinden. Er gab es zwar nicht zu, aber ich spürte es auch so. »Von jetzt an«, sagte er, »läßt du mich nicht mehr aus den Augen.« Wir fuhren aufs Geratewohl im Pulverschnee abwärts, aber schon bald war die Sicht gleich null, und wir waren von einem düsteren, dunstigen Lichtkreis umgeben. Die Nacht brach herein, und meine Hände und Füße waren ganz taub. Ich muß angefangen haben zu weinen, denn ich erinnere mich, daß mein Vater sich vor mich hinkniete und mir ermutigende Worte ins Ohr flüsterte. Ich weiß nicht mehr, was er gesagt hat, ich erinnere mich nur noch an seinen warmen Atem. Danach zog er seine dicken Handschuhe aus und streifte sie mir zusätzlich zu meinen eigenen über. Inzwischen war es vollends dunkel geworden. Er klemmte mich zwischen seine Skier, und wir machten uns wieder auf den Weg. Ich muß vor Erschöpfung eingenickt sein; an das Weitere kann ich mich nicht erinnern. Als wir im Chalet eintrafen, war meine Mutter in Tränen aufgelöst. Sie stürzte auf mich zu, und mein Vater überließ mich ihrer Fürsorge. Es war, als wäre in meiner Nähe kein Platz für ihn, wenn sie bei mir war. Er zog sich in seine Ecke zurück, und sie schenkte ihm keinerlei Beachtung. Erst viel später erfuhr ich, daß er sich in dieser Nacht Erfrierungen an den Händen zugezogen hatte. Meinetwegen, weil er mir seine Handschuhe geliehen hatte.

Mir scheint, als wäre die Idee, ein Haus in Veyrier zu bauen, diesem ländlichen Ort, der schon bald zum »Villendorf« reicher Genfer avancieren sollte, kurz nach diesen denkwürdigen Ferien aufgekommen. Erst kauften meine Eltern das Grundstück, einen alten

Obstgarten, wo wir an manchen Sonntagen picknickten. Die ersten schönen Erinnerungen in Zusammenhang mit meinem Bruder Philippe stammen aus dieser Zeit; ich war sieben oder acht Jahre alt, er drei oder vier, und wir spielten zwischen den Obstbäumen Verstecken. Ich erinnere mich an die Pläne, die meine Eltern unser künftiges Haus betreffend schmiedeten, ich sehe noch vor mir, wie sie an jenen Sonntagnachmittagen beisammen saßen, aber erst heute wird mir bewußt, daß ich nie gesehen habe, wie sie sich bei diesen Gelegenheiten umarmten oder küßten, oder aus reiner Lebensfreude zusammen lachten. Das liegt wohl daran, daß unsere Eltern dieses Haus nicht als Krönung unseres Familienglücks betrachteten; sie sahen wohl eher ein äußerliches Symbol des Erfolgs und eine lohnende Investition darin. »Ihr tut gut daran zu bauen, Immobilien sind sichere Geldanlagen«, meinten meine beiden Großväter, Efisio, der Zahnprothesenhersteller, und Maurice, der ehemalige Schokoladenfabrikant. »Außerdem wird Veyrier eines Tages das Feinste vom Feinen sein«, fügte meine Großmutter Esther lächelnd hinzu. Meine Großmutter Fifine scherte sich nicht um all diese Aspekte; sie sah uns vier glücklich beisammen, und das genügte, sie ihrerseits glücklich zu machen.

Bald wurde mit den Bauarbeiten begonnen. Es sollte ein Haus im typischen Genfer Stil werden: zweistöckig mit Satteldach, soliden Holzklappläden und Sprossenfenstern. Wir wurden sogar nach unseren Wünschen bezüglich unserer eigenen Zimmer gefragt. Meines hatte eine hellblaue, mit Flugzeugen bedruckte Tapete. Das Schlafzimmer meiner Eltern lag zwischen meinem und dem meines Bruders. Ich erinnere mich an ein großes Bett, aber nicht daran, sie je zusammen in einem Bett gesehen zu haben. Ich kann mich nicht erinnern, daß ich mich in diesen Jahren, die wir für glücklich hielten und heute noch für glückliche Jahre halten, in ruhigen Morgenstunden zwischen sie hätte kuscheln können, wie ich es gern getan hätte.

In diesem Haus habe ich, da ich ein Alter erreicht hatte, in dem ich in der Lage war zu sehen und zu verstehen, begriffen, wie besitzergreifend und erstickend die Liebe unserer Mutter zu ihren Söhnen war. Natürlich ließ sich ihr Verhalten dadurch erklären, daß sie Véronique verloren hatte und beinahe auch Philippe. Zweifellos suchte sie bei uns, was ihr Mann ihr nicht geben konnte. Diese Furcht, uns zu verlieren, äußerte sich im Alltagsleben durch eine ständige Wachsamkeit, eine Art andauernder Unruhe, die dazu führte, daß sie uns, wo wir auch waren, suchte und rief. Unser Haus war an einem Weg gelegen, der täglich von nicht mehr als zwei Autos befahren wurde. Unsere Schule befand sich in derselben Straße, nur etwa 300 Meter weiter; sie hätte uns vom Gartentor aus im Auge behalten können, bis wir dort waren, aber sie hatte dennoch Angst, mich mit dem Fahrrad zur Schule fahren zu lassen, wie es alle meine Kameraden taten. Bei Schulschluß wartete sie am Ausgang auf uns. Sie wachte über uns, als wären wir ständig von schlimmsten Gefahren bedroht.

Wir durften praktisch nichts allein unternehmen, alles war zu gefährlich: auf dem Weg Fahrradfahren, auf Bäume klettern, Bogenschießen, auf dem Gartentor schaukeln … überall lauerten Gefahren. Zusammenfassend kann man sagen, daß wir schwach waren, unendlich schwach, und somit unfähig, der Welt zu trotzen. Ich weiß, was ich Jahre später zu finden glaubte, als ich dem Sonnentempler-Orden beitrat: die Kraft, dem Chaos dieser Welt die Stirn zu bieten, mich ihren Gefahren zu stellen und diese sogar zu meistern. Aber in jenen Jahren, in den Jahren der Vorpubertät, schöpfte ich die Hoffnung, eines Tages die okkulten Mächte des Bösen zu besiegen, aus der Bibel. Ich war ganz zufällig auf die Hochzeitsbibel meiner Eltern gestoßen, und schon sehr früh, im Alter von zehn oder elf Jahren, war ich regelrecht fasziniert von den übernatürlichen Kräften der Helden des Alten und des Neues Testaments. Sie hielten flammende Reden, forderten die Menschen auf, furchtlos in die Wüste zu ziehen, geboten mit ausgebreiteten Armen Feuer und Wassermassen Einhalt, die über sie hereinzubrechen drohten, ernährten jene, die ihnen folgten, mit Brot, das sie auf wunderbare Weise vermehrten, teilten das Meer, bezwangen Berge ... Ich kann mich heute noch sehen, wie ich in meinem himmelblau tapezierten Zimmer auf dem Bett hockte und die Bibel las. Ich war so durchdrungen von der Heiligen Schrift, daß ich zuweilen Schübe von Hoffnung in mir aufsteigen fühlte, Schübe von Phantastereien: Ich würde derjenige sein, der zu den Massen sprach, eines Tages würde ich der von Gott Erwählte sein, ausgesandt, um die verängstigten Schäflein zu führen und zu beschützen.

An diesem Punkt war ich angelangt, als meine Großmutter Fifine schwer erkrankte. Fifine, die sanfte und gutherzige Fifine, bei der ich die einzigen wahren Abenteuer meiner Kindheit erlebt hatte - nicht etwa im Kino oder am Strand, sondern auf dem Dachboden ihres großen alten Hauses. Fifine, in deren Arme ich mich schmiegte, Fifine, die mir bedingungslose Liebe schenkte und meine Kinderwünsche respektierte. Fifine erkrankte an Krebs. Sie sollte operiert werden, aber nicht einmal die Chirurgen glaubten an den Erfolg dieses Eingriffs. Fifine war dem Tode geweiht. Am Tag der Operation schloß ich mich in meinem Zimmer ein und bat darum, unter keinen Umständen gestört zu werden. Ich war elf Jahre alt. Ich las in der Bibel und betete. Vier Stunden lang las ich in der Bibel und betete. Vor meinem Bett kniend. »Herr, rette meine Großmutter, laß nicht zu, daß sie stirbt. Noch nicht jetzt, wir brauchen sie noch so sehr. Herr ...« Meine Großmutter starb nicht. Sie lebte noch 25 Jahre. Und zum erstenmal in meinem Leben hatte ich das Gefühl, zur Heilung eines Menschen beigetragen zu haben. Zum erstenmal in meinem Leben.

Die Jahre verstrichen ereignislos in dem schönen Haus in Veyrier. Mein Vater hatte unbedingt einen englischen Rasen gewollt, aber schon bald fand er nicht mehr die Zeit, ihn zu pflegen. Meine Mutter stellte einen Gärtner ein. Kurz darauf nahmen wir einen streunenden Hund bei uns auf, den Philippe und ich liebten wie einen Bruder. Wir nannten ihn Boum und spielten oft mit ihm im Garten. Mein Vater war immer seltener zu Hause; er sagte, er hätte wahnsinnig viel zu tun.

Und so verstrichen die Jahre meiner Kindheit.

3

1964 verkauften meine Eltern das Haus, und wir zogen wieder in die Genfer Innenstadt, in eine Luxuswohnung im Chemin Rieu. Das Haus mit seinem Obstgarten und die Schule in Veyrier zu verlassen, war sehr schmerzlich für mich. Ich schreibe es auf, weil ich mich noch gut daran erinnere, wenngleich so viele Leiden gefolgt sind, daß dieser Schmerz mir heute vergleichsweise gering erscheint.

Eines Abends kehrte ich von der neuen Schule heim; es war Anfang des Frühlings. Ich war in jenem Jahr 14 geworden. Gewöhnlich lauschte Mama auf das Geräusch der Tür, und ich hörte sie aus dem Wohnzimmer rufen: »Bist du das, Thierry?«

An jenem Tag wartete sie nicht auf mich. In der Wohnung war es totenstill. Ich öffnete die Doppeltür zum Wohnzimmer; sie war nicht dort. Also ging ich in die Küche. Sie saß am Kopfende des Tisches, die Ellbogen aufgestützt, und schluchzte.

So hatte ich sie noch nie gesehen, mit verquollenem Gesicht und strähnigem Haar. Sie wimmerte anhaltend, wie jemand, der sich gehenläßt und die Kontrolle über seinen Schmerz verloren hat.

Ich trat langsam auf sie zu und fragte: »Mama, was ist denn passiert?«

Sie nahm meine Hand und hielt sie fest. Ich fühlte ihre Tränen auf meiner Haut, und auch ihre Lippen. Sie beruhigte sich ein wenig.

»Dein Vater ist fort«, sagte sie.

Wieder schluchzte sie. Ich verstand nicht so recht, was sie damit meinte. Mir schlug das Herz bis zum Hals, und Mama ließ meine Hand nicht los. Unzusammenhängende Worte und Wünsche stiegen in mir auf. Plötzlich hatte ich das Bedürfnis, im Schrank nachzusehen, ob Papas Anzüge noch da waren.

»Wohin ist er denn gegangen, Mama?« fragte ich.

»Zu einer Frau«, murmelte sie.

»Heißt das, daß er nie wieder bei uns wohnen wird?«

Sie antwortete nicht und weinte still vor sich hin.

Ich entzog ihr meine Hand. Ich lief in ihr Zimmer: Er hatte nicht alle seine Anzüge mitgenommen, die herausgezogenen Schubladen waren voll mit seinen Sachen und verströmten seinen Geruch.

Etwas später saß ich zusammengesunken in meinem Zimmer auf dem Bett. Ich hatte nicht die Kraft, in die Küche zurückzugehen und Mama zu trösten. Ich war unfähig, mich an die Hausaufgaben zu machen, unfähig, auch nur meinen Schulranzen zu öffnen. Ich weinte nicht, meine Augen waren trocken, aber ich zitterte am ganzen Körper.

Sie müssen das Haus verkauft haben, weil sie die Trennung voraussahen; 30 Jahre später ist mir das klar. Mein Vater muß es gewußt haben; in seinem tiefsten Inneren mußte er schon damals entschlossen gewesen sein, uns zu verlassen. Aber meine Mutter hatte wohl insgeheim gehofft, daß er es nicht wagen würde, uns alle drei zu verlassen, oder aber, daß er bald zurückkehren würde. Sie war es, die diese moderne, schicke Wohnung im Chemin Rieu ausgesucht hatte. Er hatte keine Einwände erhoben. »Mein Abschiedsgeschenk«, muß er gedacht haben. Ganz sicher hoffte er, daß sie ihn nicht zurückhalten, daß sie ihn freigeben würde. Dort begann unser Alptraum, dort im Chemin Rieu.

Mitten in der Nacht kam sie in mein Zimmer, knipste das Licht an und schrie: »Thierry! Thierry! Wach auf, schnell, ich flehe dich an …«

Als ich die Augen einen Spalt öffnete, erkannte ich sie nicht wieder. Sie hatte sich übertrieben geschminkt, um die Spuren ihrer Tränen zu kaschieren; ihre Lider waren schwarz, ihre Lippen rot und geschwollen. Ich richtete mich auf wie eine Sprungfeder; einen Moment lang hörte ich nur das Klopfen meines Herzens.

»Mama! Ist etwas Schlimmes passiert?«

»Ja, ja. Steh auf, schnell, zieh dich an. Wir müssen weg.«

Ohne ein weiteres Wort verließ sie den Raum. Ich stürzte mich auf meine Kleider, am ganzen Leib zitternd. Es war zehn vor eins in der Nacht. Als ich fertig angezogen war, lief ich ins Wohnzimmer hinüber. Sie standen beide da, meine Mutter und eine Frau, die ich nicht kannte. Sie rauchten.

»Thierry«, sagte Mama. »Wir wissen, wo dein Vater und seine Mätresse wohnen.«

Ihre Stimme klang rachsüchtig, triumphierend, und paßte so gar nicht zu ihrem Gesichtsausdruck. Ich starrte sie lange an, ohne zu begreifen.

In diesem Zusammenhang hatte ich dieses Wort Mätresse, das ich bislang nur mit der Schule in Verbindung gebracht hatte, noch nie gehört. (Im Französischen bedeutet das Wort »Maîtresse« auch Lehrerin; Anm.d.Ü.).

»Mit seiner Mätresse?« wiederholte ich langsam.

»Ja, dein Vater und diese Frau. Kämm dich, wir fahren gleich.«

Kurze Zeit später fuhren wir durch das schlafende Genf. Mama fuhr sehr schnell, während die andere Frau sie dirigierte. Sie rauchten, sie waren schrecklich nervös; die Asche ihrer Zigaretten rieselte auf ihre Sommermäntel.

Endlich parkte Mama den Wagen vor einem eleganten Wohnhaus.

»Gehen wir«, hauchte sie.

Sie öffnete die schwere Eingangstür, und wir stiegen die Treppe hinauf in den dritten Stock. Die Stufen waren mit einem roten Teppichboden mit dunkelgrünem Rankmuster bedeckt. Wir gingen hintereinander dicht an der Wand entlang, damit die alten Holzstufen nicht knarrten. Ich bildete das Schlußlicht.

Als wir nur noch wenige Schritte vom dritten Treppenabsatz entfernt waren, drückten sie sich in eine Wandnische und bedeuteten mir, voranzugehen. Mama packte mein Handgelenk, nahm eine Rolle Pflaster aus der Tasche und schnitt ein Stück davon ab.

»Nimm das«, flüsterte sie. »Du gehst leise zur Klingel und klebst den Pflasterstreifen so darüber, daß der Klingelknopf blockiert ist. Sie glauben, sie hätten hier ihren Frieden, aber wir holen sie raus aus ihrem Liebesnest ...«

Ich gehorchte, ohne zu widersprechen. Ich war so aufgeregt, daß ich das Schlagen der Türen des alten Fahrstuhls drei Stockwerke tiefer gar nicht hörte. Weder das Schlagen der Türen noch das Summen des Motors. Ich war gerade dabei, den Pflasterstreifen über den Klingelknopf zu kleben, als die Fahrstuhltüren hinter mir plötzlich aufgingen; mein Vater und seine Freundin kamen heraus. Ich glaubte, sie wären in der Wohnung, und sie überraschten mich von hinten. Ich wollte schreien, aber kein

Laut kam über meine Lippen. Kein einziger. Ich stand ihnen gegenüber, mit dem Rücken zur Wohnungstür, den Mund weit aufgerissen wie ein toter Fisch. Ich bin tot, schoß es mir durch den Kopf, ich will sterben.

»Was machst du denn da?« schimpfte mein Vater.

Mit einer ruckartigen Bewegung entfernte er das Pflaster. Dann erst entdeckte er meine Mutter und ihre Freundin. Wie grauenhaft dieser Augenblick war, kann man nicht beschreiben. Es gibt keine Worte dafür. Das war also alles, was von meinen Eltern übrig war, von unserer Familie, unserem Leben. Ich schloß die Augen und ließ mich an der Tür entlang zu Boden gleiten. Später zog meine Mutter mich am Arm wieder auf die Füße, und wir fuhren zurück nach Hause. Es war vorbei, mein Vater und seine Mätresse hatten uns die Tür vor der Nase zugeschlagen.

In den darauffolgenden Tagen bekam ich Ausschlag am ganzen Körper. Ich fehlte eine Woche in der Schule.

Von da an war meine Mutter nie wieder wie früher. Philippe zuliebe, der damals neun Jahre alt war, bemühte sie sich, den Schein zu wahren. Sie verbarg ihre Tränen vor ihm, beschützte ihn. Was mich betraf, war es genau umgekehrt. Sie hielt mich über alles, was mein Vater tat, auf dem laufenden, und hoffte derweil, daß er zu ihr zurückkehren würde. Sie fand immer wieder neue Worte, ihr Unglück, ihre Verzweiflung und ihre Demütigung zu beschreiben. »Verstehst du, Thierry ...« als fürchtete sie, daß ich mich daran gewöhnen und ihrem unsagbaren Schmerz gegenüber blind und taub werden könnte. Ich mußte ihren Schmerz teilen, ich mußte bei diesem Schiffbruch um jeden Preis an ihrer Seite bleiben.

Vermutlich war das der Grund, weshalb sie mich monatelang in ihrer verzweifelte Verfolgungsjagd einbezog.

Eines Morgens parkte sie vor dem Schaufenster eines Frisiersalons.

»Siehst du diese Frau, Thierry?«

»Welche, Mama, es sind nur Frauen in dem Salon.«

»Die Blonde, die gerade das Haar geschnitten bekommt.«

»Ja, Mama.«

»Also, du gehst jetzt rein und gibst ihr eine Ohrfeige. Sie wird schon wissen, warum.«

»Aber das kann ich doch nicht machen, Mama.«

»Thierry, wenn diese Frau nicht wäre, wäre dein Vater noch bei uns. Dann wären wir glücklich. So wie früher. Du darfst nicht aufgeben, Thierry. Willst du mir helfen, ja oder nein.«

»Mama, bitte.«

»Tu es für mich, Thierry. Für uns alle.«

Ich ging hinein. Ich hörte und sah nichts außer dem Gesicht dieser Frau, die ich nicht kannte. Ich ohrfeigte sie. Ich ohrfeigte sie, ohne ihr in die Augen zu sehen, beinahe mechanisch, und hatte den Salon wieder verlassen, noch ehe die Friseusen begriffen hatten, was geschehen war. Wir liefen zum Wagen. Mama lachte, dieses merkwürdige abgehackte Lachen, das ich nie von ihr gehört hatte, als Papa noch bei uns gewesen war.

»Bravo, Thierry!«, sagte sie. »Das hat sie verdient.«

Ein anderes Mal betraten wir ein elegantes Gebäude in einem Wohnviertel. Ein Gerichtsvollzieher war bei uns. Mama klingelte bei der Concierge.

»Geben Sie mir die Schlüssel von Monsieur Huguenin«, sagte sie. »Ich bin seine Frau.«

»Sie sind nicht Madame Huguenin«, entgegnete die Concierge. »Ich kenne die Dame sehr gut, und ...«

»Ich bin Madame Huguenin«, erwiderte Mama. »Hier, sehen Sie meinen Paß ...«

Als der Gerichtsvollzieher seinerseits seinen Ausweis zeigte, gab die Concierge nach, und wir stiegen zu dritt zur Wohnung meines Vaters hinauf.

Mama sperrte mit zitternden Händen die Tür auf. In der Wohnung führte sie uns auf direktem Wege ins Schlafzimmer. Sie packte meinen Arm so fest, daß es weh tat. Sie zerrte die Plumeaus vom Bett, deckte das Laken auf und lachte wieder dieses gräßliche Lachen. Das Laken war voller weißlicher Flecken.

»Sehen Sie sich das an«, schrie sie. »Siehst du das, Thierry! Stell dir vor, dein Vater ... Bitte notieren Sie, Monsieur.«

Ich sah, ja, aber ich wußte nicht, was es mit den Flecken auf sich hatte. Ich hörte meine Mutter, sah wie sie frohlockte und dann in Tränen ausbrach, aber ich wußte immer noch nicht, was diese Flecken zu bedeuten hatten. Ich war 14 Jahre alt und wollte nur raus aus dieser Wohnung. Schnellstens. Ich hatte Angst, daß er uns überraschen würde, wie wir um sein Bett herumstanden, und daß er und Mama diesmal handgreiflich werden könnten.

Die Schikanen der ersten Monate führten zu nichts: Papa kam nicht zurück. Noch nicht. Damals sahen Philippe und ich ihn nicht öfter als ein oder zwei Sonntage im Monat. Er holte uns morgens ab und brachte uns am Abend zurück. Er nahm uns mit in das Restaurant am Strand oder wir bummelten durch die Straßen von Genf. Ich glaube, Philippe hatte er sehr gern, aber vor mir war er auf der Hut. Wir hatten nie wieder ein Wort über die Episode mit dem Pflaster verloren, über die Ohrfeige oder die vielen Male, die er mich und Mama dabei ertappt hatte, wie wir unter seinen Fenstern auf der Lauer lagen. Aber diese gräßlichen, abscheulichen Szenen standen nun zwischen uns, und mein Vater, der mir noch nie sehr nahe gestanden hatte, wurde im Laufe der Monate zu einem Fremden. Wir liefen nicht mehr zusammen Ski, weder auf dem Genfer See noch auf den Bergen über der Stadt. Er sprach nie wieder von dem großen Haus in Veyrier, von dem Rasen und den Obstbäumen, die er für uns gepflanzt hatte. Er sprach nie von der Vergangenheit, als würde uns nichts mehr verbinden, als hätten wir keine gemeinsame Geschichte mehr. Wenn ich ganz nebenbei Mamas Schmerz erwähnte, ließ er das eine oder andere unerträgliche Wort fallen: »Deine Mutter verliert langsam aber sicher den Verstand« oder: »Was hat sie sich denn da schon wieder ausgedacht.«

Mama verlor den Verstand, ja, das erschien mir plausibel. Morgens nach dem Frühstück zog sie sich nicht mehr an. Philippe und ich gingen zur Schule, und ich wußte, daß sie sich, sobald die Tür hinter uns ins Schloß gefallen war, wieder ins Bett legte und den ganzen Tag weinte. Dort fand ich sie am Abend, manchmal schlafend, zusammengerollt wie ein Kind oder mit dem Rücken an die Wand gelehnt, mit geweiteten Pupillen, das Bett ganz zerwühlt und übersät von Zigarettenkippen und Asche.

»Geht es dir nicht gut, Mama? Bist du den ganzen Tag zu Hause gewesen?«

Einen Moment behielt sie noch diesen unheimlichen starren Blick bei, dann wandte sie mir das Gesicht zu, aber sie machte den Eindruck, als würde sie mich nicht erkennen.

»Ich bin's, Mama. Warte, ich mache das Fenster weit auf.«

Der Zigarettenqualm war widerwärtig. Ich öffnete das Fenster und nahm ihre Hand, ihre abgemagerte Hand.

»Mama!«

»Ach du bist es, mein Schatz ... Entschuldige, ich war in Gedanken.«

»Möchtest du einen Tee? Ich mache dir einen Tee.«

»O nein, Thierry! Ich könnte nichts hinunterbekommen.«

»Du mußt etwas essen.«

»Ich habe nicht mehr die Kraft, mein Schatz, nicht mehr die Kraft.«

»Na ja, macht nichts, ruh dich aus. Ich mache Philippe etwas zu essen, und dann kann er kommen und dir einen Gutenachtkuß geben, wenn du möchtest.«

»Ja, er soll kommen. Und jetzt laß mich allein.«

In der Schule arbeitete ich nicht mehr mit; ich war einfach nicht mehr dazu in der Lage. Mama aß nichts mehr, sie wurde immer dünner, sie würde sterben. Mein Vater war nicht mehr da, um sie zur Vernunft zu bringen, und wer sollte in seiner Abwesenheit sonst über sie wachen als ich, um sie daran zu hindern, uns zu verlassen, um sie daran zu hindern zu sterben? Philippe war noch zu klein, um mich zu unterstützen. Was hatte die Schule angesichts dieser Sorge, dieser Mission noch für eine Bedeutung? Alles, was die Lehrer erzählten, erschien mir lächerlich banal. Ich sah auf die Uhr und stellte mir Mama auf dem Bett liegend vor, einen fiebrigen Glanz in den Augen. Und ich zählte die Minuten bis zum Läuten der Schulglocke um halb fünf.

Abends brachte ich ihr ein Glas Wasser und ihre Schlaftabletten. Nachdem ich Philippe zu Bett gebracht hatte, konnte ich ihr meine ganze Aufmerksamkeit widmen. Ich nahm ihre Hand, und manchmal lächelte sie mich im Halbschlaf an. Wir redeten nicht mehr miteinander, oder nur noch ganz selten.

»Glaubst du, daß dein Vater …«

»Ich weiß nicht, Mama, ruh dich aus.«

»Ich glaube, ohne dich hätte ich nicht mehr die Kraft, mein Schatz.«

»Sei still, Mama. Du weißt doch, wie sehr Philippe und ich dich lieben.«

Ich wartete, bis sie eingeschlafen war, und ging dann selbst zu Bett.

Eines Nachts fuhr ich aus dem Schlaf hoch. Mir war, als hätte ich einen dumpfen Aufprall gehört, das Geräusch eines herabfallenden Gegenstandes oder eher eines gestürzten Körpers. Mein Herz raste, ich war in Panik. Ich lief in Philippes Zimmer, aber er lag schlafend in seinem Bett. Dann öffnete ich die Tür von Mamas Schlafzimmer, und dort in der Dunkelheit, o nein, ich wollte es nicht glauben, ich wollte schreien, lag Mama, quer über der Bettumrandung, den Kopf weit zurückgebogen, den Hals gestreckt wie eine Sterbende. Ich glaube, ich habe sehr schnell das Licht angemacht. Ich sehe noch vor mir, wie ich mich neben sie kniete. Ich nahm ihren Kopf zwischen die Hände. Sie war aschfahl, ihr Blick leer, ihre Augen gebrochen, ihr Körper leblos … Ich schrie und weinte gleichzeitig.

»Mama! Mama! O nein!«

Und da sah ich, daß sie das Röhrchen Schlaftabletten geleert hatte. Ich sprang ans Fenster, riß es auf und wollte um Hilfe rufen, aber mitten in der Nacht war niemand auf der Straße. Ich lief hinaus auf den Treppenabsatz und klingelte bei den Nachbarn.

Kurz darauf fragte eine Stimme durch die geschlossene Tür: »Wer ist da? Was gibt es denn?«

»Mama stirbt«, schrie ich. »Machen Sie auf, schnell!«

Der Herr kannte uns. Sofort eilte er mit mir zu meiner Mutter. Gemeinsam riefen wir den Notarzt an. Irgendwann, ich weiß auch nicht, was in mich gefahren war, ergriff ich seine Hand wie ein Ertrinkender, und er legte mir beide Hände auf die Schultern.

»Es wird alles wieder gut, Thierry, es wird alles wieder gut, beruhige dich.«

Als endlich der Notarzt kam, unternahm er sofort die richtigen Schritte. Er brachte Mama dazu, sich zu übergeben, zwang sie zu atmen, und bald darauf wimmerte sie und öffnete die Augen einen Spalt breit. Gemeinsam legten wir sie zurück ins Bett, und ich deckte sie zu.

»Seid ihr allein?« fragte der Arzt. »Ist dein Vater nicht da?«

»Er ist auf Reisen.«

»Dann mußt du ihn verständigen. Deine Mutter darf ein paar Tage nicht allein bleiben. Sie hat gerade einen Selbstmordversuch unternommen. Was gibt es denn im Augenblick für Probleme?«

»Ich weiß nicht, Herr Doktor, Mama ist kränklich. Mama ist schon immer kränklich gewesen.«

»Nun gut, ich verlasse mich darauf, daß du deinen Vater verständigst und ihm sagst, daß er sofort nach Hause kommen muß.«

Am nächsten Morgen ging ich nicht in die Schule. Ich rief Papa an, in seinem Restaurant am Seeufer.

»Ah, jetzt ist es also passiert!« sagte er. »Das hatte ich mir fast gedacht.«

»Wirst du herkommen, Papa?«

»Immer noch ihre Erpressungsversuche«, murmelte er.

Ich nahm wieder Mamas Hand und wartete auf meinen Vater. Er kam nicht. Als Mutter wieder in der Lage war zu sprechen, fragte sie leise: »Bist du da, Thierry? Wie spät ist es denn? Was ist denn passiert?«

»Du wolltest sterben, Mama«, erwiderte ich. »Du hast alle Schlaftabletten geschluckt.«

Und darauf begann ich zu weinen. Meine Mutter streichelte mir die Hand und wartete, daß ich mich beruhigte.

»Hast du deinen Vater verständigt?« fragte sie schließlich.

»Ja, Mama.«

»Und was hat er gesagt?«

»Er war erschüttert.«

Sie stieß eine Art Seufzer aus und schloß langsam die Augen.

Mein Vater kam nicht. Da Mama am Abend nicht allein bleiben wollte, schlüpfte ich zu ihr ins Bett. Zuvor hatte ich sämtliche Medikamente vom Nachttisch entfernt.

»Wenn sie aufsteht, werde ich es hören«, sagte ich mir. Ich konnte nicht schlafen. Ich lauschte auf ihre Atemzüge, achtete auf jede ihrer Bewegungen, ständig in der Erwartung, daß ein neues Unglück über uns hereinbrechen würde.

Etwa einen Monat später versuchte sie es erneut. Ich weiß bis heute nicht, welches Geräusch oder welche Intuition mich mitten in der Nacht weckte. Ich lief in ihr Zimmer. Nur ihr Kopf baumelte aus dem Bett. Diesmal war sie nicht aus dem Bett gefallen, aber sie sah aus, als wäre sie tot. Wieder weckte ich unseren Nachbarn. Ich weinte und zitterte die ganze Zeit, während der Notarzt sie behandelte. Es war nicht derselbe Arzt wie beim erstenmal, dieser hier war sehr wortkarg. Er wirkte erschöpft und gleichgültig. Als meine Mutter wieder zu sich kam, sagte er nur: »Jetzt ist alles wieder gut. Alles weitere überlasse ich dir.«

Aber ich konnte nicht mehr. Seit Wochen oder gar Monaten sorgte ich mich um Mama, und dieser letzte Selbstmordversuch hatte bei mir eine Art Nervenzusammenbruch zur Folge.

Bei Tagesanbruch fing ich wieder an, unkontrolliert zu zittern, mein ganzer Körper verkrampfte sich, und ich übergab mich in meinem Bett, wobei ich schluchzte wie ein kleines Kind.

Wieder rief ich meinen Vater an. Diesmal flehte ich ihn an, zurückzukommen.

»Mama hat es wieder getan, Papa«, sagte ich. »Komm zurück, ich flehe dich an. Sie wäre beinahe gestorben. Du hast nicht das Recht ...«

Und als ich wieder anfing zu weinen, als ich begann, haltlos zu schluchzen und nicht mehr in der Lage war zu antworten, gab mein Vater nach. Er muß in diesem Augenblick begriffen haben, daß er uns nicht länger uns selbst überlassen konnte, daß wir tatsächlich in großer Gefahr schwebten.

»Ich komme heute abend«, murmelte er.

Am Abend ließ ich die beiden allein. Sie schlossen sich in ihrem Zimmer ein, und zum erstenmal seit Monaten fühlte ich mich in meinem Zimmer glücklich, glücklich und als das Kind, das ich noch immer war. Mein 15. Geburtstag nahte.

Und dann geschah am nächsten Morgen das Unglaubliche. Ich sehe noch vor mir, wie Mama in mein Zimmer kam, oder besser gesagt das, was von ihr noch übrig war: ein kleines graues Etwas, abgemagert, mit riesigen Augen und kreidebleich. Ich höre sie noch sagen: »Schnell, Thierry, zieh dich an, wir fahren zum Friedhof.«

Was sollten wir auf dem Friedhof? Ich hatte nicht die leiseste Ahnung, aber ich gehorchte. Ich war nicht mehr in der Lage, vernünftig zu denken wie jeder andere normale Jugendliche. Ich war zu ausgelaugt, seelisch und körperlich am Ende.

Wir fuhren zu dritt, ohne Philippe, zum Friedhof. Wir gingen zum Grab meiner kleinen Schwester Véronique. Ich weiß nicht, wessen Idee das war, aber wohl zweifellos die meiner Mutter. Sie hat Véronique angefleht, nach ihr gerufen. Es dauerte nicht lange, und mein Vater brach weinend zusammen. Ich hatte ihn noch nie in einem solchen Zustand gesehen, ihn, der seine Gefühle niemals zeigte; ich hätte ihn am liebsten umarmt, wagte es jedoch nicht. Wir standen alle drei weinend im leichten Nieselregen. Wir waren Schiffbrüchige, die sich an den Grabstein dieses Kindes klammerten.

Mein Vater zog wieder in unsere hübsche Wohnung im Chemin Rieu. Zwei Selbstmordversuche und die Erinnerung an Véronique, vielleicht auch ihre Gebete für unsere Wiedervereinigung, hatten das bewirkt, was Mutter sich erhofft hatte: Papa zurückzubekommen. Einige Tage lang kam mein Vater abends früh nach Hause. Mama verließ ihr Bett, zog sich wieder an, und wir aßen wieder alle gemeinsam. Aber Papa und Mama sprachen nicht miteinander; man hätte sogar meinen können, daß sie es vermieden, einander anzusehen. Eines Sonntags begannen sie, sich zu streiten, ich weiß nicht mehr, aus welchem Anlaß. Mein Vater packte abrupt mit beiden Händen die Wasserkaraffe und warf sie nach meiner Mutter. Sie krachte gegen einen Beistelltisch. Mama brüllte. Mein Vater schob ruckartig seinen Stuhl zurück und verließ die Wohnung. An diesem Abend kam er erst sehr spät zurück nach Hause.

In den darauffolgenden Wochen kam er an manchen Abenden überhaupt nicht nach Hause und manchmal erst im Morgengrauen. In jenen Nächten stand Mama jede Stunde auf, hielt vom Balkon aus nach ihm Ausschau und ging dann rastlos im Wohnzimmer auf und ab, bis ich ebenfalls aufstand. Wir warteten gemeinsam auf ihn. »Dazu hat er kein Recht … dazu hat er nicht das Recht«, sagte sie immer wieder. Ich begleitete sie hinaus auf den Balkon, bot ihr an, Tee zu machen, was sie ablehnte. Schließlich brachte ich sie zu Bett und hielt ihre Hand, während wir weiter warteten. Wenn wir bei Morgengrauen seinen Schlüssel im Schloß hörten, lief ich auf mein Zimmer und schloß mich dort ein. Ich wollte dem schrecklichen Moment nicht beiwohnen, dem Augenblick, da sie ihn hereinkommen sah und sie fluchte und ihn beschimpfte, während er ihr den Rücken zuwandte. »Das ist zu einfach«, sagte sie, »seinetwegen tun wir die ganze Nacht kein Auge zu, und er kommt nach Hause und legt sich schlafen, wann es ihm paßt.«

Er hielt diese Situation nur wenige Wochen aus. Schließlich kam er gar nicht mehr nach Hause und kehrte zurück zu diesen Frauen, die wir lange verfolgt hatten, diesen Frauen, die wir haßten. Und Mama fing von vorne an. Ihr Röcheln mitten in der Nacht, die eintreffenden Helfer, erst der Notarzt, dann der Krankenwagen, den ich schließlich doch wegschickte, weil Mama jedesmal sehr schnell wieder zu sich kam. Sie muß das Gift immer sehr genau dosiert haben, um sicher zu sein, daß es sie nicht umbrachte. Heute habe ich ihr verziehen: Das war eben ihre Art, ihren Schmerz auszudrücken, ihre Art, um Hilfe zu rufen.

Ihre Mutter, meine Großmutter Esther, war zu Beginn des Dramas zwischen meinen Eltern sehr zurückhaltend gewesen. Vermutlich hoffte sie, daß si zueinander finden würden, vor allem deshalb Familie so diskret war. Als mein Vater wieder auszog, muß meine Großmutter erkannt haben, daß es endgültig vorbei war, denn von einem Tag auf den anderen kam sie uns öfter im Chemin Rieu besuchen. Sie muß gespürt haben, daß Mama am Ende war, daß sie und ich am Ende waren. In gewisser Weise kam sie auch mir zu Hilfe.

Sie kam gegen Mittag und blieb den ganzen Nachmittag bis zum Abend. Häufig wurde sie von meiner Tante begleitet, Mamas älterer Schwester, die einige Jahre später an Krebs starb. Sie kamen vollbeladen mit Blumen, überschütteten meine Mutter mit Präsenten, schenkten ihr die neuste Pariser Mode, Blusen und Röcke, und manchmal gelang es ihnen sogar, sie dazu zu bewegen, sie in eine Teestube in der Innenstadt zu begleiten. Im Grunde ging es meiner Mutter nicht besser, aber jetzt teilte sie ihre Verzweiflung auch anderen mit, so daß ich die Last weniger spürte.

Aber nun war ich der Mann im Haus, der einzige Mann – Philippe war noch zu jung, um mir beizustehen. Der einzige Mann unter drei Frauen. Häufig waren sie, wenn ich abends nach der Schule nach Hause kam, bei der Anprobe. Meine Mutter oder ihre Schwester hatten sich eine Hose oder einen Hut geleistet, und sie fragten mich nach meiner Meinung. Sie lachten ein leichtes, kokettes Lachen, das mich ganz verlegen machte. Meine Mutter bezog mich immer mehr mit ein, wenn sie sich zurechtmachte. Sie drehte sich um die eigene Achse, und ich mußte sagen, ob ich sie schön fände, »immer noch schön«. (»Findest du mich ›immer noch schön‹, Thierry?«) Ob sie nicht hier zuviel Bauch hätte, ob der Rock nicht zu kurz wäre, der Blusenausschnitt … Oder sie brachte das Gesicht ganz dicht an meins wie eine verliebte Frau, und ich mußte urteilen, ob das Rot auf ihren Lippen, der Hauch Blau auf ihren Lidern, das Make-up, der Reispuder und so weiter auch perfekt wären.

Ich hätte am liebsten einen Overall angezogen und die Hände in einen Motor gesteckt, ich hätte liebend gern eine starke Männerhand auf meiner Schulter gefühlt, verrückte Abenteuer bestanden, Gefahren getrotzt, körperlich alles gegeben und bei meiner Rückkehr gehört wie sie mich beglückwünschte, so wie mein Vater mich damals nach einem Wasserskiwettkampf beglückwünscht hatte. Ich wollte Männerluft atmen, aber statt dessen machte die Situation einen Angsthasen mit zarten Händen aus mir. Ich erstickte in dieser Frauenwelt, in der Rolle des kleinen Hausherrn. Das war ich tagsüber, während ich nachts derjenige war, den sie schluchzend an ihre Seite rief.

»Aber du weinst ja, Mama …«

»O Thierry, ruf deinen Vater an, ich kann nicht mehr.«

»Das geht nicht, Mama, du weißt doch, daß ich das nicht tun kann.«

»Ich flehe dich an …«

»Nein, Mama. Papa ist weg, und er wird auch nicht wiederkommen.«

»Dann laß mich nicht allein.«

Ich legte mich zu ihr, sonst hätte sie wieder sterben wollen.

»Schlaf ein, Mama, ich bin ja bei dir.«

Sie nahm meine Hand und schlief ein. Ich hingegen tat kein Auge zu. Sie hatte mir so viele Ängst eingeflößt, daß ich nur noch ein gefügiges Etwas war, ein Etwas, das nicht mehr nein sagen konnte.

Überall hielt ich Ausschau nach der Gestalt eines Mannes, eines Vaters. Den meinen sah ich nicht mehr, oder nur noch sehr selten. Mein Großvater väterlicherseits, der ehemalige Schokoladenfabrikant, war sicher stolz darauf, zwei Enkelsöhne zu haben, zwei Jungen, die seinen Namen weitergeben würden, aber im Grunde interessierte er sich nicht mehr für uns als für seinen eigenen Sohn. Und was meinen anderen Großvater betraf, Efisio, den Zahnprothesenhersteller, war er weder ein Vorbild noch eine Hilfe. Efisio war nicht besser dran als ich: Er wurde von seiner Frau beherrscht, meine Großmutter Esther, wagte es nicht, ihr zu widersprechen, und war ihr dankbar, daß sie ihm zwei Abende die Woche für seine Pétanque-Spiele gewährte. Das war alles, Efisio hatte ebenfalls abgedankt.

Nur die Bibel gab mir Hoffnung. Hier fuhren die Männer fort, den Elementen zu trotzen, mit dem Himmel Zwiesprache zu halten, verschreckten Frauen und Kindern den Weg zu weisen. Die Bibel hatte die Männer nicht verlassen. Darum blieb ich trotz allen Unglücks oder vielleicht gerade deswegen, immer ein aufmerksamer Schüler beim Katechismus der Gemeinde. Die Kirche war nur einen Katzensprung vom Chemin Rieu entfernt. Unser Pastor, Pierre Favre-Bulle, begrüßte mich immer mit einem kräftigen, herzlichen Händedruck. »Guten Tag, Thierry, willkommen!« schmetterte er, und ich fühlte mich sofort wie neu geboren, als hätte dieser Mann mich aus der Menge der anderen Jugendlichen herausgehoben, als messe er meiner Anwesenheit eine ganz besondere Bedeutung bei. Eines Tages vertraute ich mich ihm an, woraufhin er sich zu uns nach Hause einlud. Ich sehe ihn noch vor mir, wie er in einem Sessel im Wohnzimmer saß und sich mit meiner Mutter unterhielt. Wie stolz ich war! Er war meinetwegen gekommen, er war gekommen, weil er sich für mich interessierte. Von diesem Tag an konnte ich wieder daran glauben, daß noch nicht alles hoffnungslos war. Ich hatte eine merkwürdige, erschreckende Jugend, aber wer sagte denn, daß dies nicht ein Zeichen des Himmels war, um meine Stärke, meinen Mut und meine Entschlossenheit auf die Probe zu stellen? »Der Herr tut nichts ohne Grund«, sagte Pierre Favre-Bulle. Wer wußte denn, ob diese Jugend nicht die Aufnahmeprüfung für ein ungewöhnliches Schicksal war? Ich las die Bibel wie man eine Fliegergeschichte verschlingt, wenn man Pilot bei der Luftwaffe werden will, oder eine Bibliographie von Van Gogh, wenn man sich zum Künstler berufen fühlt. Vielleicht war es mir bestimmt, ein Mann von der Sorte zu werden, wie jene im Alten Testament. Hatte ich nicht vier Jahre zuvor meine Großmutter Fifine geheilt? Ich bewahrte die Erinnerung an dieses erste Wunder in meinem Herzen wie ein brennendes Geheimnis.

Und dann hatte ich diesen Traum, den ich noch am selben Morgen in allen Einzelheiten aufschrieb. Ich hatte diesen Traum zu der Zeit, da ich die Worte von Pater Favre-Bulle gierig in mich aufsog, und ich glaubte ernsthaft, daß es sich um einen prophetischen Traum handelte. Es sei 1997, sagte mir eine Stimme. Ich war da, irgendwo im Nichts, und von dort aus konnte ich die ganze Erde sehen. Sie wurde von Tausenden von Meteoriten bombardiert, glühenden Fragmenten, die sie zerstören würden. Und die Stimme sagte: »Thierry, du bist der einzige, der diesen Feuerregen auf unseren Planeten verhindern kann. Steige auf den höchsten Berg, hebe den Arm gen Himmel, und auf den Alptraum wird Frieden folgen.« Ich erklomm den Berg, ich weiß nicht wie, ich weiß nicht wo, aber ich sehe noch vor mir, wie ich ihn hinaufstieg. Oben auf dem Gipfel angelangt, erschien mir die Erde noch kleiner und bedrohter. Ich hob den Arm, und etwas Unglaubliches geschah: Wie ein Blitzableiter zog mein Körper den zerstörerischen Meteoritenregen auf sich und absorbierte ihn.

Einige Wochen später sprach eine Stimme ganz deutlich zu mir. Hier werde ich jetzt zum erstenmal davon erzählen; ich habe nie mit irgend jemandem darüber gesprochen, nicht einmal mit meiner Mutter, nicht einmal mit Pater Favre-Bulle. Ich war allein auf meinem Zimmer; ich hatte mich nach einer schrecklichen Nacht bei Mama dorthin geflüchtet. Ich wollte sterben, ich war entmutigt und verzweifelt. Plötzlich spürte ich die Anwesenheit eines Wesens, eines weiblichen Wesens, und ich hörte diese kristallklare Stimme. »Thierry«, sagte die Stimme, »dein Leiden hat einen Sinn, es kündet von der Aufmerksamkeit, die du anderen widmest. Verkrieche dich nicht in dir selbst, geh auf deine Mitmenschen zu.« Ich war verblüfft. Ich erinnere mich, daß ich laut sagte: »Aber … aber wer spricht denn da zu mir?« Ich schaute nach allen Seiten, um zu sehen, woher die Stimme kam. Aber das Zimmer war wieder still und leer.

Was auch immer diese Erscheinung bedeutet haben mag, sie hatte jedenfalls eine beträchtliche Wirkung auf mich, und mein Leben veränderte sich in jener Nacht grundlegend.

4

Die Schweiz ist berühmt als Sitz des Internationalen Roten Kreuzes, und sie ist ein Land, in dem Wohltätigkeit und humanitäre Hilfe auf verschiedenste Arten praktiziert werden.

Ich war 16 Jahre alt, als ich die Genfer Zentrale von Frères des Hommes, der »Brüder der Menschen«, das erste Mal betrat. Ich kann mich noch genau erinnern, wie ich diese Tür zum erstenmal öffnete, und dabei kann ich unmöglich sagen, wer mich hierzu ermutigt, wer mir diese Idee eingegeben hatte. Ich klammerte mich an diese Tür wie ein Schiffbrüchiger an eine Boje. Ich stieß sie auf, und wieder griff der Himmel – oder das Schicksal – ein. Und so kam es, daß eben an diesem Tag der Leiter der Einrichtung anwesend war. Franck Roulet sah mich eintreten, und ich glaube, daß er auf den ersten Blick verstanden haben muß. Er forderte mich auf, Platz zu nehmen, und diesem Mann, den ich nicht kannte, dessen Gesicht mir jedoch sofort Vertrauen einflößte, erzählte ich meine ganze Lebensgeschichte, den ganzen Alptraum, der mein Dasein seit der Trennung meiner Eltern war. Ich hielt nichts zurück, und abschließend sagte ich: »Ich will nicht, daß dieses ganze Leiden umsonst war, ich will es jenen darbieten, die nichts besitzen, all jenen, die noch viel mehr leiden als ich …«

»Genau das ist unsere Aufgabe«, fiel Franck Roulet mir sanft ins Wort. »Wir bieten anderen die Erfahrung unseres eigenen Leides und wir helfen ihnen mit aller Kraft, so gut wir es eben können.«

Gerade war ich dem Mann begegnet, den ich seit Jahren suchte, vielleicht dem Vater, den ich nie gehabt hatte. Um seine Anerkennung zu erringen und natürlich auch zu meinem eigenen Heil, widmete ich mich mit Leib und Seele der Hilfe für die Ärmsten der Armen in Genf und in der Dritten Welt.

Das Schuljahr ging zu Ende. Ein katastrophales Jahr: Ich wurde nicht versetzt. Ich war gerade 16 geworden, und man riet mir zu einem handwerklichen Beruf. Und dabei reizten mich nur zwei Berufe, zwei Berufe, die jahrelange Studien erforderten: Priester oder Arzt. Beide Berufe entsprachen meinem Bedürfnis, auf andere zuzugehen, ihnen Hilfe und Liebe zu geben. Also wurde ich in einer Privatschule angemeldet, dem Collège du Léman. Ich würde den Rückstand aufholen, wenn ich dazu in der Lage wäre.

Offen gestanden fühlte ich mich zu allem fähig. Seit meiner Begegnung mit Franck Roulet und meinem Engagement für Frères des Hommes hatte ich wieder Vertrauen in mich und mein Schicksal gefaßt. Wir bereiteten die »Reisähre« vor, den Welthungertag. Seit Wochen verbrachte ich sämtliche Abende und Wochenenden damit, Schreiben an Gönner der Organisation in Umschläge zu stecken und zu frankieren, die berühmten Ähren so zurechtzuschneiden, daß sie im Knopfloch hielten, und das Material für die Dutzende von Ständen zusammenzutragen, die wir in den Straßen von Genf aufstellen wollten. Ich war hingerissen von der Dynamik Franck Roulets, von der Großzügigkeit und der guten Laune der Mitstreiter, meinen neuen Gefährten. Jetzt machte ich mir Vorwürfe, daß ich mich ihnen nicht früher angeschlossen hatte, und ich fragte mich, wie ich mein kümmerliches, zurückgezogenes Dasein so lange hatte ertragen können.

Auf dem Collège du Léman lernte ich Béatrice kennen. Ich hatte noch nie ein Mädchen berührt, geschweige denn ihren Mund, ihre Brüste. Meine Eltern hatten mit mir nie über Sexualität gesprochen, und wie die Geschlechtsteile einer Frau aussahen, wußte ich nur aus dem *Playboy*. Ich wußte, was zwischen einem Mann und einer Frau passierte, wenn sie nackt in einem Bett lagen. Ich wußte es, aber ich wußte nicht, daß man bei einem richtigen Kuß die Zunge benutzte. Das lernte ich von Béatrice.

Und dann bat meine Mutter mich, sie zu einer ihrer Freundinnen zu begleiten. Bei diesem Kaffeeklatsch war eine junge Frau anwesend, die wir nicht kannten. Die Gastgeberin stellte sie uns vor: Sie hieß Marie-Laure, war blond und hatte stets einen Ausdruck belustigten Staunens in den Augen. Wir lächelten einander an diesem Nachmittag mehrmals zu, so daß sich zwischen uns eine gewisse Komplizität entwickelte, die die anderen drei (älteren) anwesenden Frauen ausschloß.

Eines Tages sah ich sie wieder, allein, als sie das Büro verließ, in dem sie als Sekretärin arbeitete. Ich begleitete sie zu Fuß nach Hause und erfuhr bei dieser Gelegenheit, daß sie in Scheidung lebte. Sie war 27 Jahre alt und ich knapp über 16. Hiernach holte ich sie mehrmals von der Arbeit ab. Sie schien sich jedesmal zu freuen, mich auf dem Bürgersteig stehen zu sehen. Wir küßten einander auf die Wange und berührten uns nicht mehr, bis wir bei ihr zu Hause angelangten.

Eines Abends lud sie mich ein, mit hinaufzukommen. Sie bewohnte ein kleines Apartment; das Bett war nicht gemacht. Wir tranken Tee. Ich war zu eingeschüchtert, um zu sprechen, zu sehr damit beschäftigt, meine zitternden Hände vor ihr zu verbergen. Sie schien ebenfalls schüchtern. Sie stand ständig auf, um einen Schrank zu schließen, neues Teewasser aufzusetzen, das Fenster zu öffnen.

»Also, ich muß jetzt gehen«, sagte ich schließlich. »Vielen Dank, der Tee war köstlich.«

»Dann werden Sie mich wieder besuchen, Thierry?«

Ich war aufgestanden und bereits an der Tür. Sie kam auf mich zu, um mich zum Abschied auf die Wange zu küssen, und ungewollt – zumindest glaube ich, daß es ungewollt geschah – streifte ihr Mundwinkel meine Lippen. Ich muß errötet sein. Sie öffnete die Tür, und ich stürzte förmlich hinaus ins Treppenhaus.

Einige Tage später schliefen wir miteinander. Für mich war es das erstemal. Und zum erstenmal schenkte ich einer Frau Lust, wohl unaussprechliche Lust, da sie schrie. Hinterher sagte sie: »Du bist anders als die anderen Männer, Thierry. Du fällst nicht über eine Frau her.«

»Andere Männer fallen über die Frauen her?«

»Ja, sie warten nur auf diesen Augenblick, und das ist an ihren Augen abzulesen. Du sprichst mit mir, bist aufmerksam ...«

Als ich am frühen Morgen nach Hause kam, war die Polizei bereits verständigt worden. Mama hatte Franck Roulet angerufen, das Polizeikommissariat und schließlich das Krankenhaus.

»Thierry! Wo kommst du nur her? Wo hast du denn gesteckt?«

Verrückt vor Sorge schrie sie, und während sie schrie, fing sie wieder an zu weinen.

Ich hielt ihr stand. Zum erstenmal in meinem Leben ließ ich mich nicht erweichen.

»Das geht dich nichts an«, entgegnete ich. »Tut mir leid, daß ich dir solche Sorgen gemacht habe, aber es geht dich nichts an, wo ich gewesen bin.«

Sie hätte nicht überraschter, nicht verblüffter sein können, wenn ich sie geohrfeigt hätte.

»Also wirklich, Thierry, hast du den Verstand verloren? Wo warst du? Sag mir sofort, wo du gewesen bist.«

»Nein, Mama, das geht dich nichts an.«

An meinen Händen haftete noch der Duft von Marie-Laures Körper. Jetzt war ich ein Mann. Ich hätte nicht einmal unter Folter gestanden, ich fühlte mich stark wie noch nie.

Ich traf mich wieder mit Marie-Laure. Auch sie mußte diskret sein, da die Scheidung noch nicht ausgesprochen war. Ich mußte das Gebäude über den Keller betreten und beim Verlassen des Hauses darauf achten, daß mich niemand beobachtete. Es kam mir vor wie ein großes Abenteuer. Meine Mutter rief nicht mehr bei der Polizei an, sie ahnte, daß ich mich mit einer Frau traf und verzehrte sich vor Neugier, um wen es sich handeln mochte. Ihre Sorge, oder besser ihren Zorn, demonstrierte sie fortan dadurch, daß sie ostentativ auf mich wartete und die ganze Nacht über in der ganzen Wohnung sämtliche Lichter brennen ließ. Aber sie wußte nie genau, woher ich kam, da ich parallel viel Zeit für Frères des Hommes investierte.

Wir bereiteten damals eine Ausstellung über die Dritte Welt vor, und Franck Roulet hatte mich gebeten, einen Vortrag zu halten. Ich hatte die Idee, ein Achteck zu bauen, das acht Länder darstellte. Ein Unternehmen stellte uns kostenlos ein Gerüst zur Verfügung, und wir begannen, dieses Achteck selbst zu basteln. Das erwies sich als unglaublich kompliziert, und wir verbrachten ganze Abende und Wochenenden damit. Da ich ein guter Redner war, ein »leidenschaftlicher Redner«, wie Franck Roulet meinte, hatte man mich außerdem gebeten, nach der Vorführung der Filmberichte über die Aktionen von Frères des Hommes in armen Ländern eine Diskussionsrunde zu leiten.

Und darunter hatten Marie-Laure und Mama gleichermaßen zu leiden: Sie beide warteten ganze Abende vergeblich auf mich, da für mich klar war, daß mein Engagement für die Armen weit wichtiger war als mein persönliches Glück und mein Privatleben.

Der Tag unserer großen Ausstellung über die Dritte Welt brach an. Mutter hatte versprochen, mit Philippe zu kommen. Es war mein Ruhmestag, die Krönung monatelanger Vorbereitungen. Noch nie hatte ich mich so intensiv für irgend etwas eingesetzt, und Franck Roulet, der dies erkannt hatte, machte mich bei dieser Gelegenheit zu einem seiner engsten Mitarbeiter. Wir hatten uns den Bau zweier Schulen in Obervolta zum Ziel gesetzt. Darum hatten wir in der ganzen Stadt Sachen für den Basar gesammelt, denen wir dann kleine Handarbeiten aus der Gegend hinzufügten, die uns unsere örtlichen Zweigstellen zugesandt hatten. Ich sollte mehrere Voträge halten, um »das Gewissen der Menschen auf Trab zu bringen«, wie Franck Roulet sich ausdrückte. Es war ein wunderbarer Tag, an dem sich diese Vereinigung der Herzen vollzog, genau wie wir sie uns erhofft hatten. Noch nie war uns in den Blicken der anderen, der Leute von der Straße, der Zufallsbesucher, eine solche Bereitschaft zu schenken und zu teilen begegnet. Noch nie hatten wir uns so sehr wie Glieder einer wahren Kette der Solidarität gefühlt. Am Abend hatten wir alles verkauft, und es waren immer noch Leute da, die bereit waren, Geld auszugeben, uns förmlich anflehten, sie helfen zu lassen. Ja, aber wir hatten nichts mehr zu verkaufen. Und da kam mir die Idee, nach Hause zu laufen, meine sämtliche persönliche Habe zu holen und sie für die Mission zu stiften. Ich war Feuer und Flamme, da möglicherweise Gott, der Herr, Vater dieses Gedankens gewesen war.

»Sorgt dafür, daß die Leute sich eine Weile gedulden«, raunte ich meinen Kamaraden zu, »ich weiß, wo ich ein letztes Mal Nachschub herbekomme.«

Ich kehrte mit zwei Koffern voller mehr oder weniger wertvoller Gegenstände zurück. Ich hatte meine Regale geleert, alle die Dinge gespendet, die mir am meisten am Herzen lagen.

Inzwischen war das Schuljahr zu Ende gegangen, und das neue hatte begonnen. Meine Noten waren nicht besser geworden, aber ich vermied es, allzu sehr an meine Zukunft zu denken. Ohne es mir so recht einzugestehen, hatte ich den ehrgeizigen Wunsch aufgegeben, Arzt zu werden. Insgeheim träumte ich jedoch immer noch davon, meiner Berufung zum Geistlichen zu folgen. Alles zog mich in diese Richtung, vordergründig meine ungebrochene Begeisterung für die Bibel, christliche Botschaften und mysteriöse himmlische Stimmen. Ich wußte, daß wir nicht zufällig auf der Welt waren, sondern um eine Mission zu erfüllen. Für mich drehte sich schon damals alles nur darum, jene Tiefe im Glauben zu erreichen, die es einem ermöglicht, den Sinn seiner Mission zu verstehen. Und welcher Beruf würde sich besser eignen als der des

Pastors, mich meinem Glauben zu widmen und gleichzeitig anderen zu helfen, ihren christlichen Einsatz nicht zu versäumen?

Ich träumte davon, Pastor zu werden, und bis es soweit war, führte ich dieses komplizierte Dasein zwischen Frères des Hommes und Marie-Laure. Bis Mutter dahinterkam. Eines Abends stellte sie mich zur Rede, als ich, wie ich mich erinnere, von einem Diavortrag über die Slums von Bombay mit anschließender Diskussionsrunde zurückkehrte.

»Marie-Laure! Eine Frau, die zehn Jahre älter ist als du … Also wirklich, Thierry, du hast den Verstand verloren!«

»Was ist mit Marie-Laure?«

»Ach, jetzt tu bitte nicht so, als wüßtest du von nichts.«

Und hierauf schwenkte sie triumphierend einen Brief von Marie-Laure. Ich war verblüfft. Ich wußte, daß Mutter einige meiner Briefe abfing, aber bislang hatte ich nie sehr persönliche Post bekommen, sondern lediglich Briefe von meinen Großeltern, meinen Tanten, der Kirchengemeinde oder Frères des Hommes. Monatelang hatte ich insgeheim gehofft, eines Tages einen echten Liebsbrief von Marie-Laure zu erhalten. Und da war der langersehnte Brief, in der Hand meiner Mutter. Sie hatte ihn vor mir gelesen. Sie hatte alles verdorben.

»Dazu hattest du nicht das Recht, Mama«, sagte ich. »Gib mir den Brief.«

Ich riß ihn ihr aus der Hand und lief auf mein Zimmer. Marie-Laure schrieb, daß sie keine Lust mehr hatte, ganze Abende vergeblich auf mich zu warten, daß sie meine Arbeit bei Frères des Hommes respektiere, ich jedoch verstehen müsse …

Am darauffolgenden Wochenende fuhren Marie-Laure und ich fort. Das war das erstemal, daß wir uns den Luxus gönnten, Genf zu verlassen und in einem Hotel zu übernachten. Trotz der zehn Jahre Altersunterschied hatte Marie-Laure mir immer denselben Respekt entgegengebracht wie einem reifen Mann. Sie zahlte alles, jedoch so, daß es nicht auffiel. Dieses Wochenende war großartig, wir fühlten uns unwiderstehlich zueinander hingezogen, und bei meiner Rückkehr erwog ich zum erstenmal, zu Hause auszuziehen, um mit Marie-Laure zusammenzuleben.

Ich hatte mit Mutter darüber gesprochen, bevor ich die zwei Tage wegfuhr, jedoch nicht abgewartet, ihre Meinung dazu zu hören. Als ich zurückkam, saß sie bleich und zitternd neben einer Lampe im Wohnzimmer, einen verlorenen Ausdruck in den Augen.

»Jetzt willst auch du mich verlassen«, murmelte sie. »Wie dein Vater.«

»Aber Mama, ich habe ja nicht geahnt, daß dich das so mitnehmen würde.«

»Wie kannst du es wagen, nach allem, was er mir angetan hat? Thierry, antworte mir, wie kannst du es wagen?«

Bereits am selben Abend gab ich meine Absicht, zu Marie-Laure zu ziehen, wieder auf. Ich aß mit Philippe und Mutter zu Abend, brachte sie dann zu Bett und blieb noch lange bei ihr sitzen, wobei ich ihr die Hand streichelte, damit sie sich beruhigte und einschlief.

Das Leben nahm wieder seinen gewohnten Gang, Wochen und Monate vestrichen, und ich nahm weder von Mutters noch von Marie-Laures Seite eine Veränderung mir gegenüber wahr. Und doch erfuhr ich viel später, daß Mutter sich mit Marie-Laure in Verbindung gesetzt hatte. Sie hatten sich mehrmals heimlich getroffen, und es war Mutter gelungen, Marie-Laure zu beeinflussen, ihr meine Jugend und Schwäche vor Augen zu führen, kurz, sie davon zu überzeugen, daß unsere Beziehung keine Zukunft hatte.

Als es Frühling wurde, ahnte ich nichts von diesen Umtrieben und hatte ganz andere Sorgen: Mit dem baldigen Ende des Schuljahres würde sich erneut die Frage meiner beruflichen Zukunft stellen. Meine Noten machten meine Hoffnungen zunichte, eines Tages die Priesterlaufbahn einschlagen zu können. Aber inzwischen reizte mich noch ein anderer Beruf, der des Goldschmiedes. Ich hatte das Zeichentalent meines Vaters geerbt und bei Frères des Hommes mein handwerkliches, kreatives Talent entdeckt. Ich sprach mit meiner Mutter darüber, und sie reagierte entsetzt.

»Aber Thierry!« rief sie aus. »In diesem Beruf verdient man doch nichts. Wenn du wüßtest ... Goldschmiede ...«

»Das Geld ist mir egal, Mama. Ich habe die Medizin und die Kirche aufgegeben, auch dieses Bedürfnis, ständig auf andere zuzugehen. Jetzt laß mich einen Beruf wählen, der mich reizt.«

»Du bist doch noch ein Kind, Thierry. Tu mir wenigstens den Gefallen, mit deinen Großeltern und mit deinem Vater darüber zu sprechen.«

Natürlich dachte sie dabei an ihre Eltern, an Efisio, den Zahnprothesenhersteller, und meine Großmutter Esther, die immer noch an seiner Seite den Betrieb leitete. Außerdem sah ich meine Großeltern väterlicherseits seit der Scheidung nur noch selten.

Es dauerte nicht lange, und ich hatte sie alle vier gegen mich: Esther und Efisio, meine Mutter und ihre Schwester Louise. Sie hatten die Parallelen zwischen den Berufen des Goldschmiedes und des Zahntechnikers erkannt und versuchten mit vereinten Kräften, mich davon zu überzeugen, letzterem den Vorzug zu geben.

»Ich bilde dich aus, ich öffne dir alle Türen, dir steht eine große Zukunft bevor«, sagte mein Großvater.

Die drei Frauen schlugen in dieselbe Kerbe. Ich wäre kein Künstler, und auch wenn ich es wäre, ob ich überhaupt wüßte, in welchem Elend die meisten Künstler lebten?

»Du bist erst 18, was weißt du schon vom Leben?« seufzte Mutter.

»Wir haben arm angefangen, und sieh uns heute an«, plädierte Großmutter Esther. »Wir werden überall respektiert und haben keinen Franken Schulden.«

Erst Jahre später fiel mir ein, daß dieselbe Esther und ihr Efisio systematisch die Leidenschaft ihrer Tochter, meiner Mutter, für das Theater, untergraben hatten. Und auf die gleiche Art hatten meine anderen Großeltern den Wunsch meines Vaters, Raumausstatter zu werden, im Keim erstickt. Meine Mutter hatte letztendlich nichts aus ihrem Talent gemacht, und mein Vater hatte nie das Glück erfahren, sich durchsetzen zu können und entgegen den Wünschen seiner Eltern Raumausstatter zu werden. Und nun spielten sie dasselbe Spiel mit mir, als hätten sie beide das Gedächtnis verloren.

Um des lieben Friedens willen und da die Zeit nicht drängte, reiste ich nach Italien. Auch das war eine Idee meiner Familie: Ich sollte sechs Monate verreisen und bei entfernten Verwandten in Mailand wohnen, um mein Italienisch zu verbessern und vor allem nachzudenken. An diesen Aufenthalt habe ich nur noch diffuse Erinnerungen. Nichts an der Zukunft, die mir versprochen wurde, reizte mich zum Leben.

Im Gegenteil trieb mich alles dazu, Genf den Rükken zu kehren. Marie-Laure hatte mich verlassen, und ich hatte mich immer noch nicht dazu durchringen können, in die Fußstapfen meines Großvaters Efisio zu treten. Also stürzte ich mich wieder mit Leib und Seele in die Arbeit bei Frères des Hommes. Zu dieser Zeit kam mir der Gedanke, mich völlig und endgültig in den Dienst dieser Organisation zu stellen. Das würde mich darüber hinwegtrösten, daß ich den Priestertraum hatte aufgeben müssen, und mir gleichzeitig ermöglichen, der Zukunft zu entrinnen, die man mir aufdrängen wollte und vor der mir grauste.

Ich sprach mit Franck Roulet darüber. Wir diskutierten zwei Stunden lang und dann erneut am darauffolgenden Abend. Er kannte meine Neigungen, versuchte aber dennoch, mich von meinem Vorhaben abzubringen. Schließlich erklärte er sich aber doch einverstanden, und wir umarmten einander. Er sagte, er müsse mit der Zentrale in Paris sprechen. Wenn Paris meine Bewerbung akzeptierte, würde ich dort eine viermonatige Ausbildung absolvieren müssen. Anschließend würde ich nach Afrika oder Lateinamerika geschickt werden.

Paris gab positiven Bescheid, und in den ersten Herbsttagen fand ich mich mitten im Quartier Latin wieder, Rue de Savoie. Ich war in meinem 19. Lebensjahr, und zum erstenmal hatte ich das Gefühl, selbst über mein Schicksal entschieden zu haben. Die Vorstellung, mein zukünftiges Leben in den Dienst meiner Mitmenschen zu stellen, machte mich unsagbar glücklich, und dieses Glück, das nun in Reichweite gerückt war, heilte alle Wunden meiner Jugend. Ich würde Missionar werden, Laienmissionar, sicher, aber das war mir gleich. Ich hätte heulen können vor Glück.

Ich wurde von Menschen empfangen, die mein Ideal teilten, großartigen Menschen. Einige waren Novizen wie ich, andere waren gerade von einer dreijährigen Mission zurückgekehrt und mußten ein Jahr in Europa verbringen, bevor sie erneut in ferne Länder aufbrachen. Wir lebten alle in ein und demselben baufälligen Gebäude, und damals erkannte ich, wie gut mir das Leben in einer Gemeinschaft gefiel. Ein solches Leben ist das wirksamste Mittel gegen Narzißmus und Egoismus. Wir wohnten zu fünft oder sechst in einem Zimmer, schliefen auf Notbetten. Jeder hatte abwechselnd gewisse häusliche Pflichten zu erfüllen wie Putzen, Abwaschen, Einkaufen und Kochen. Wir waren ständig für die Gemeinschaft im Einsatz, hielten Konferenzen ab und führten Filme vor, und ich glaube, daß unsere Ausbilder in dieser Zeit prüften, inwieweit wir zum Dienen taugten.

Schon bald ließ man mich wissen, daß ich für Lateinamerika vorgesehen war. Konkret war im Gespräch, mich für drei Jahre in die riesigen Slums von Recife in Brasilien zu schicken. Allein der Name Recife war ein Grund, stolz zu sein. Wir hatten in Genf einen Dokumentarfilm über diese Slums gesehen, einen Film, der von der dortigen Mission gedreht worden war, »meiner« Mission, und an diesem Abend waren im Schlafsaal alle besonders bewegt. Sobald ich die Neuigkeit erfuhr, eilte ich in die Bibliothek und vertiefte mich in unsere Akte über Brasilien. Noch am selben Abend schrieb ich einen langen Brief an meine Mutter. Ich teilte ihr mit, daß eine Seite in unserem Leben umgeblättert werden, ich jedoch ein wenig von der Sensibilität im Gepäck haben würde, die sie mir vermittelt habe und ohne die ich das Glück des Teilens nie erfahren hätte. Ich versicherte ihr, daß sie eine großartige Mutter gewesen wäre und bat sie, mir die Beziehung zu Marie-Laure und alle anderen Enttäuschungen zu verzeihen, die sie durch mich erfahren hatte.

Später erfuhr ich, daß meine Mutter sich in ihrer Verzweiflung Franck Roulet anvertraut hatte. Ich habe nie erfahren, was Franck daraufhin unternommen hat. Vermutlich setzte er die Verantwortlichen in Paris von der Verzweiflung meiner Familie in Kenntnis. Ganz zweifellos handelte er aus purer Aufrichtigkeit und Pflichtbewußtsein heraus. Paris wünschte nicht, daß sich jemand gegen den Willen seiner Familie für solche Missionen engagierte. Spürte ich bei den Ausbildern plötzlich so etwas wie Argwohn mir gegenüber? Wie dem auch sei, jedenfalls erkrankte ich im dritten Monat meiner Ausbildung an einem akuten Allergieschub: Mein ganzer Körper war plötzlich mit roten Flecken übersät, und ich mußte in die Notaufnahme gebracht werden. Als Allergiker konnte man mich unmöglich in ein Elendsviertel schicken. Das begriff ich von selbst, noch bevor es mir von offizieller Seite erklärt wurde. Die Enttäuschung war gewaltig, das abrupte Ende des einzigen Daseins, das mich mit mir selbst und den gräßlichen Jahren meiner Jugend hätte versöhnen können.

Einen Monat vor dem für meine Abreise nach Brasilien vorgesehenen Termin brachte man mich zum Zug nach Genf. Es war vorbei, man hatte keine Verwendung mehr für mich als Missionar. Man schickte mich zurück zu meinen Niederlagen, zu mir selbst, zu meiner Familie, die im Chemin Rieu auf mich wartete. Mein Körper war der Spiegel meiner Seele oder meines Geistes, mit eitrigem Ausschlag bedeckt. Ich war nur noch eine lebende Wunde.

5

Ich ging bei einem gewissen François Boré in die Zahntechnikerlehre. Boré war sehr streng, schroff, mürrisch, das Unangenehmste waren aber seine Anfälle abstoßender Vulgarität. Mein Geist schlummerte, ich verlor das Gedächtnis, vergaß, wer ich war. Ich verbrachte vier Jahre dort. Wenn ich von meinen Werkzeugen aufblickte, sah ich verschwommene Bilder meines Körpers, Bilder von blassem Fleisch, das zerriß und sich auflöste. Ich sah mich als Ertrunkenen, sah, wie das Fleisch sich unter dem Druck der Strömung von meinen Knochen löste. Nur am Abend fand ich ein wenig Lebenslust wieder. Ich kehrte zurück zu Frères des Hommes, und wir bereiteten die vierte oder fünfte Dritte-Welt-Ausstellung vor, ich weiß es nicht mehr. Monate vergingen. Mutter war glücklich, ich war fast jeden Abend zu Hause und ging früh schlafen.

Trotz allem versuchte ich, den Sinn all dieser Prüfungen zu begreifen. Worauf wollte man mich dort oben vorbereiten? Ich stellte mir unablässig Fragen. Ich wußte, daß das nicht ausreichte, daß ich außerdem fähig sein mußte, die Antwort zu empfangen. Von wo würde sie kommen? Wieder wartete ich und lauschte.

Da ich entsetzliche Rückenschmerzen hatte und kein Arzt mir helfen konnte, klingelte ich eines Tages bei einem Magnetopathen. Er verschaffte mir Linderung, und wir unterhielten uns über seine Gabe. Ich sagte ihm, daß ich an übernatürliche Einflüsse glaubte, an himmlische Botschaften und Zeichen, und wir kamen auf die spirituelle Welt zu sprechen, die mich seit den ersten Jahren, in denen ich mich intensiv mit der Bibel befaßt hatte, beschäftigte. »Ich kenne da eine außergewöhnliche Frau«, sagte er. »Sie hat mediale Fähigkeiten. Rufen Sie sie an und beziehen Sie sich auf mich.«

Eines Nachmittags lernte ich Valérie Faget kennen, und sofort berührten die Worte dieser Frau eine Saite in mir, als spräche sie in der geheimen Sprache meines Bewußtseins, oder besser gesagt meines Unterbewußtseins, zu mir. Ich hatte das intensive Gefühl, eine Schwester im Geiste entdeckt zu haben. Sie erklärte mein schmerzerfülltes, so verwirrendes Schicksal mit meinem »Karma«, diesem mysteriösen Gedächtnis, das, wie sie sagte, jeder in sich trage und das aus unseren früheren Leben resultiere und allein in der Lage sei zu erklären, warum wir uns zu einem bestimmten Zeitpunkt unseres irdischen Lebens in dieser oder jener Situation befänden. Der Mensch müßte lernen, in der Zeit zurückzugehen, zu ergründen, woher wir kämen, welche Personen vor uns in unserer körperlichen Hülle gesteckt hätten.

Alles, was sie mir erklärte, überwältigte und begeisterte mich. Ich kaufte die Bücher, die sie mir empfahl, die Klassiker der esoterischen Literatur, *Die großen Eingeweihten* von Édouard Schuré, *Das Leben der Meister* von Spalding und viele andere.

Zwei Jahre lang sahen wir uns regelmäßig, Valérie und ich. Zwei oder dreimal im Monat. Das Bewußtsein zu lernen, wie man die Botschaften aus dem Jenseits entschlüsselt, versetzte mich in einen nie gekannten Zustand prickelnder Erregung. Meine Annahme, daß alles einen Sinn hatte, bestätigte sich; nichts geschah zufällig. Ich stand noch ganz am Anfang, lernte erst das Alphabet, aber eines Tages würde ich wissen, für wen, für was ich so leiden und mein heutiges Leben opfern mußte. Vielleicht war ich dazu berufen, ein »Eingeweihter« zu werden, und im Laufe der Monate kam es mir vor, als würde dieses Versprechen, ja dieses Wissen, das ich mir durch Lesen aneignete, mir eine Art Mitgefühl mit jenen eingeben, die dieses Glück nicht hatten, mit jenen, die im Dunkel des Alltäglichen arbeiteten und ums Überleben kämpften.

An einem Abend, an dem ich zutiefst verzweifelt war, hörte ich zum zweiten Mal in meinem Leben eine Stimme. Und diese Stimme sagte: »Thierry, wenn du mich tatsächlich spürst, wenn meine Präsenz in dir so stark ist, knie nieder, wo auch immer du gerade bist.« Ich war draußen auf der Straße. Ich kniete auf der Stelle nieder, inmitten der Passanten, und Christus erschien mir. Ich schreibe das einfach so nieder. Für einen Augenblick erschien mir Christi Gesicht. Ich bitte darum, daß Sie mir glauben. Das war zu einer Zeit, in der ich sehr viel betete. Meine Großmutter Esther, meine Oma mütterlicherseits, würde sterben. Wir wußten es. Ihr blieben nur noch wenige Wochen, vielleicht nur noch Tage. Am Tag nach dieser Erscheinung saßen Mutter und ich an ihrem Bett. Sie lag im Sterben, und ganz plötzlich hatte ich das Gefühl, daß sie ihr Leben aushauchte, vor unseren Augen.

»Schnell, stellen wir uns auf beiden Seiten neben ihr Bett und kreuzen wir die Hände über ihr«, sagte ich zu meiner Mutter.

Meine Mutter gehorchte. Einen Augenblick standen wir da, still und innerlich gesammelt. Ich rief aus tiefster Seele nach Gott, ich rief ihn an, wie ich es bislang noch nie gewagt hatte, und wir sahen, wie die Gesichtszüge meiner Großmutter sich entspannten. Kurz darauf schlug sie die Augen auf und lächelte uns an.

Einige Tage später las ich in einer Tageszeitung, daß spanischen Dorfbewohnern die Heilige Jungfrau erschienen wäre. Auf dem veröffentlichen Foto war nur eine Art weißes Licht zu sehen, das zwischen Himmel und Erde schwebte. Ich schnitt das Bild aus und eilte ins Krankenhaus. Dort teilte man mir mit, daß meine Großmutter mittags ins Koma gefallen wäre. Ich sprach mit ihr, aber sie antwortete nicht mehr. Ich legte das Foto auf ihren Nachttisch und kniete mich hin, um zu beten. Am nächsten Tag wachte Großmutter beim Klang meiner Stimme auf, und ihre letzten Worte waren: »Thierry, heute nacht war eine ganz in weißen Nerz gekleidete Dame bei mir; sie hat am Fußende meines Bettes gestanden. Ich habe keine Angst mehr, ich fühle völligen Frieden.«

Ich sagte zur Krankenschwester: »Ich gehe nach Hause, um zu duschen. Rufen Sie mich an, falls es etwas Neues gibt, dann komme ich sofort wieder.« Ich stand gerade unter der Dusche, als das Telefon klingelte.

»Ihre Großmutter ist soeben gestorben.«

Ich erinnere mich genau, wie ich hastig in irgendwelche Kleider stieg, das Haar klatschnaß, zitternd. Ich lief den ganzen Weg bis zur Klinik. Ich sehe es vor mir, als wäre es erst gestern gewesen. Ich beugte mich über das Gesicht, das ich so geliebt hatte, und sah wie sich auf ihrer Stirn ein Kreuz bildete. Nie werde ich diesen Augenblick vergessen.

Ist es Zufall, daß in diesen vier Lehrjahren, diesen vier Unglücksjahren, Nathalie in mein Leben trat? Es war, als hätte ich dort, in dieser absonderlichen Atmosphäre der Trauer und der Gebete, meine Jahre im Fegefeuer hinter mich gebracht, um endlich in das wahre Leben einzutreten. Nathalie sollte meine Frau werden, die Mutter meiner beiden Söhne.

Meine Mutter war endlich über die Trennung von meinem Vater hinweggekommen. Daß ich sie an dieser Stelle erwähne, hat seine Bewandtnis: Ohne Mutter hätte ich Nathalie nie kennengelernt. Um ihre Unabhängigkeit zu demonstrieren, hatte meine Mutter eine Stelle als Sekretärin in einer großen Genfer Anwaltskanzlei angenommen. Eines Abends betrat ich ihr Büro und sah neben ihr eine junge Frau, blond, zierlich und mit hellen Augen. Meine Mutter machte uns miteinander bekannt, und unsere Blicke trafen sich. Ich wußte sofort, daß diese Begegnung ein Markstein in meinem Leben war. Nie zuvor hatte eine weibliche Gestalt, das Gesicht einer Frau, mich derart verwirrt. Draußen auf der Straße fragte ich meine Mutter nach ihr. Ich wollte vor allem wissen, ob sie frei war, weder verheiratet noch verlobt. Sie wäre unglücklich, hätte Liebeskummer, das war so ungefähr alles, was meine Mutter von ihr wußte. Das machte mir Mut. Zwei Tage später lud ich sie ein, und sie nahm meine Einladung an. Wir aßen an Bord eines Restaurantschiffes zu Abend, das an einem Anlegerplatz auf dem Genfer See vertäut war. Ich erzählte ihr alles über mich, gleich dort, bei unserer ersten Verabredung. Ich verheimlichte ihr keine meiner Niederlagen, auch nicht, daß ich das Gefühl hatte, langsam abzusterben. Wie sollte sie sich in jemanden verlieben, der bislang in allem gescheitert und sogar soweit gegangen war, einen Beruf zu erlernen, der ihm keinen Spaß machte? Aber ich wollte keine falschen Hoffnungen wecken; wenn sie mich trotz dieser Flut von Mißerfolgen und Niederlagen wiedersehen wollte, hatte wenigstens meine Aufrichtigkeit ihr gefallen.

Ich brachte sie nach Hause, und sie war es, die mich am nächsten Tag anrief. Ich hatte sie gerührt. Ihr sei noch nie ein Mann begegnet, der so wenig von sich eingenommen und so wahrheitsliebend wäre. Sie teilte sogar meine existentiellen Ängste und war wie ich auf einer spirituellen Suche, die ich am Vorabend kaum angesprochen hatte.

Wir sahen uns wieder, und schon sehr bald konnten wir nicht mehr ohne einander leben. Später entnahm ich dem, was Nathalie mir im Vertrauen erzählte, daß meine Mutter sanften Druck auf sie ausgeübt hatte, damit wir zusammenkämen. Sie hatte erkannt, daß Nathalie ein starker, fröhlicher Mensch war, und da es ihr selbst inzwischen besser ging, war ihr meine unergründliche Melancholie bewußt geworden. Ich war 23, und tiefe Traurigkeit stand mir ins Gesicht geschrieben – Fotos aus dieser Zeit zeugen davon –, während Nathalie, die nur zwei Jahre jünger war als ich, das blühende Leben war. Mutter mußte gefürchtet haben, daß keine Frau mich mehr würde haben wollen, und so hatte sie Nathalie anvertraut, daß sie sich teilweise für meine Traurigkeit und meine Mißerfolge verantwortlich fühle. Vielleicht hatte sie sich sogar halb bewußt gesagt: Wenn es mir gelingt, Nathalies Interesse an Thierry zu wecken, kann ich ein wenig von dem Schmerz wiedergutmachen, den ich ihm ohne es zu wollen zugefügt habe. Vielleicht. Jedenfalls überschüttete sie Nathalie vom ersten Tag an förmlich mit Aufmerksamkeit und Geschenken: ein Kleid, ein Pullover, Theaterkarten …

Wir beschlossen schon sehr bald, zusammenzuziehen. Nathalie wohnte damals in einem kleinen Apartment, und niemand hatte etwas dagegen, daß ich zu ihr zog. Meine Mutter lebte seit drei Monaten endlich wieder mit einem Mann zusammen; er war Witwer und hatte zwei kleine Kinder. Und so waren wir alle drei, Mutter, Philippe und ich, von der Wohnung im Chemin Rieu in die luxuriöse Villa dieses Mannes umgezogen. Meine Mutter hatte also gewissermaßen noch vor mir das Schiff – unser Trauerschiff – verlassen, nachdem sie mich angefleht hatte, sie nicht im Stich zu lassen, nicht fortzugehen. Sie hatte das Signal zum Aufbruch, zur Wiederauferstehung gegeben, und jetzt, da sie bei diesem Mann wohnte und glücklich war, konnte ich beruhigt und sorgenfrei gehen. Nathalies Eltern ihrerseits waren einverstanden, denn sie waren ihrer Tochter gegenüber sehr tolerant, vielleicht zu tolerant, aber das war auch das einzige, was man an ihnen hätte kritisieren können. Sie waren völlig anders als meine Eltern. Sie standen mitten im Leben und waren zufrieden, ihren Platz gefunden zu haben. Er war Ingenieur in einem Forschungsinstitut, und sie war in derselben Firma Sekretärin eines Physikers.

Unser gemeinsames Leben schien also unter einem guten Stern zu stehen. Nathalie arbeitete zusammen mit meiner Mutter als Sekretärin bei diesem Genfer Anwalt, und ich selbst hatte eine Anstellung – meine erste – als Zahntechniker gefunden, in einem angesehenen Dentallabor in der Stadt. Wir hätten bequem nur füreinander leben können, hätte mein Bedürfnis, immer mehr für die Unterprivilegierten zu tun, mich nicht in einen teuflischen Sog gezogen.

Ich war damals einer der Pfeiler von Frères des Hommes, und allein dieser Aktivität, die ich nie vor Nathalie verheimlicht hatte, widmete ich zwei oder drei Abende die Woche. Ich hätte mich damit zufriedengeben sollen. Aber kaum, daß ich meine ersten Gehaltsschecks bekommen hatte, fing ich an, mich auf privater Basis für Bedürftige einzusetzen, denen wir bei Frères des Hommes nicht helfen konnten, gerade so als hätte ich das Gehalt, das das Labor mir zahlte, im Grunde gar nicht verdient. Schließlich wurde ich von den Leuten, die ich bei Konferenzen von Frères des Hommes traf, angesprochen: »Was Sie für die Dritte Welt tun, ist wirklich großartig, aber ist Ihnen bewußt, daß auch bei uns Menschen in schrecklicher Armut leben?« Ich stimmte zu, bat um die Adressen, und am nächsten Abend suchte ich diese Menschen persönlich auf. So kam ich bald für den Lebensunterhalt eines jungen Mannes auf, von dem mir gesagt worden war, er wäre halb blind, und der zurückgezogen in einer Baracke in einem Genfer Vorort lebte. Ich hatte ihn besucht und mich von seinen Lebensumständen überzeugt. Er hatte weder Heizung noch Strom, konnte kaum die Miete aufbringen, und wenn er sie bezahlt hatte, blieb ihm praktisch nichts mehr für Lebensmittel übrig. Und so kam es, daß ich einmal wöchentlich für ihn einkaufen ging und ihm die Lebensmittel brachte. Dann unterhielten wir uns. Ich machte ihm neuen Mut. Das ging Monate so.

Außerdem kam ich für den gesamten Unterhalt einer alten Frau polnischer Herkunft auf, die keine Verwandten mehr hatte. Zwei oder dreimal begleitete Nathalie mich sogar zu ihr. Es war sehr schmutzig bei ihr, und sie machte uns irrsinnig viel Arbeit. Schon bald wollte Nathalie nicht mehr hingehen.

Darüber hinaus hatte ich begonnen, einmal wöchentlich eine Großmutter in einem Altenheim zu besuchen, in das ihre Familie sie, wie man mir erzählt hatte, abgeschoben hatte. Und noch andere Menschen warteten auf meinen Besuch.

Wir lebten seit etwa drei Monaten zusammen, als es zur ersten Krise kam. Beinahe jeden Abend sagte ich zu Nathalie: »Wir können uns heute abend nicht sehen, ich habe wahnsinnig viel zu tun. Erwarte mich nicht vor Mitternacht zurück.« Sie sagte nichts, und ich machte mir keine Gedanken. Mir schien, als könne nur sie mit mir dieses Bedürfnis teilen, anderen zu helfen, wir, die wir das Glück hatten, uns zu lieben, die wir über zwei Gehälter und ein Dach über dem Kopf verfügten. Die Weihnachtszeit nahte, und ich hatte mich nicht nur bei Frères des Hommes, sondern außerdem bei Terre des Hommes freiwillig gemeldet, in ganz Genf Spielzeug zu sammeln, das wir an unsere Missionen in den Ländern im Osten schicken wollten. Ich sehe noch vor mir, wie ich meinen Wagen belud, ihn vollstopfte, bis ich ihn kaum noch steuern konnte, um spät am Abend in die Zentrale zu fahren und die Ausbeute meiner Sammelaktion abzuliefern. Dann mußte ich den Wagen entladen und das Spielzeug säubern, bevor ich nach Hause fahren und zu Bett gehen konnte. Und am nächsten Morgen mußte ich um acht wieder im Dentallabor sein.

Als ich eines Abends nach Hause kam, war Nathalie nicht da. Das Bett war unangetastet, das Frühstücksgeschirr stand noch genauso im Spülbecken, wie wir es hineingestellt hatten. Ich suchte nach einer Nachricht von ihr, öffnete die Schränke und stellte fest, daß ihr Koffer fehlte. Nathalie war gegangen, ohne ein Wort. Und ich wußte nicht einmal, wohin … Ich lag die ganze Nacht wach. Ich blieb auf, trank Kaffee, betete und ging in der Wohnung auf und ab, um mich zu beruhigen. Wie hatte sie mir das antun können, wo ich doch so hart arbeitete, um den Kindern der Dritten Welt eine Weihnachtsfeier zu ermöglichen, die dieser Bezeichnung würdig war? Wie hatte sie mir das nur antun können?

Sie kam erst zwei Tage später zurück. Ich hatte nichts mehr essen und nicht mehr schlafen können. Und dann, ganz plötzlich, ging mir ein Licht auf.

»Stell dir vor, ich würde zu dir sagen: ›Ich komme erst heute nacht um zwei nach Hause‹«, sagte sie. »Ohne weitere Erklärung. Was würdest du davon halten?«

»Aber Nathalie, die Armen, das Weihnachtsfest für die Kinder der Ostblockländer …«

»Welche Armen? Welches Weihnachtsfest? Drei- oder viermal hast du mir angeboten, dich zu begleiten, aber wer sagt mir denn, daß du deine ganzen Abende bei diesen Menschen verbringst?«

Und dann brach Nathalie in Tränen aus. Ich begriff, daß ich sie, ohne mir dessen bewußt zu sein, behandelt hatte wie meine Mutter, indem ich ihr nie konkret sagte, was ich tat und wo ich hinging. Ich hatte mich verhalten, als wollte ich immer noch mein Privatleben schützen, ja, im Grunde so, als wollte ich mich vor ihr schützen. In meiner Blindheit, meiner Engstirnigkeit hatte ich ihr nicht einmal von der Spielzeugsammelaktion erzählt. Und so war in ihr der Verdacht gekeimt, daß ich meine Wohltätigkeit nur als Alibi benutzte, um mich mit einer anderen Frau, einer Geliebten, zu treffen.

Wir gaben ihr Apartment auf und zogen in eine richtige Dreizimmerwohnung. Ich erzählte ihr, daß mein Protegé sich als falscher Blinder und Sohn einer sehr wohlhabenden Familie entpuppt hatte, die ihn liebend gern unterstützt hätte. Nathalie verspottete mich.

»Du glaubst alles, was man dir erzählt, mein Schatz. Du solltest mich lieber mitnehmen, dann käme uns deine Mildtätigkeit weniger teuer zu stehen …« Ich beschloß, darüber zu lachen. Dann wurden die Abstände zwischen meinen Besuchen bei den Bedürftigen größer, bis ich schließlich nicht einmal mehr zu Frères des Hommes ging. Mein Leben nahm eine neue Wende.

Am 22. Mai 1976 heiratete ich Nathalie. Ich war gerade 26 geworden, sie war 24.

Hätte ich diese Frau kennengelernt, wenn meine Mutter nicht gewesen wäre? Hätte ich dann das Glück erfahren, Nathalie zu heiraten? Meine Mutter hatte zu diesem Glück beigetragen, und es war sonnenklar, daß sie sich mit aller Kraft dafür einsetzen würde, dieses Glück zu beschützen und zu bewahren. Denn einige Monate später war sie es, die Frédéric, unserem ersten Kind, das Leben rettete.

Nathalie war im dritten oder vierten Monat schwanger, als sie mich eines Tages von ihrem Frauenarzt aus anrief. Sie weinte.

»Thierry«, sagte sie, »ich werde unser Kind verlieren. Der Arzt sagt, mein Zustand wäre sehr ernst und ich könnte das Kind nicht austragen. Ich muß morgen früh zu einer Ausschabung ins Krankenhaus.«

Ich war am Boden zerstört. Am Abend rief meine Mutter an, wie sie es damals jeden Abend tat.

»O nein!« rief sie aus. »Ich rufe sofort den Mann meiner besten Freundin an – er ist Gynäkologe. Meine armen Kinder! Ich vereinbare sofort einen Termin für euch.«

Am nächsten Morgen suchten wir diesen Arzt auf. Dem Kind ging es bestens, die Schwangerschaft verlief völlig normal, und ohne meine Mutter hätten wir das Baby getötet. Frédéric kam am 5. Mai 1977 zur Welt.

Inzwischen hatte ich meine erste Stelle in diesem Dentallabor gekündigt und mich – ausgerechnet – mit François Boré zusammengetan, bei dem ich meine Lehre gemacht hatte. Eine Reihe von Zufällen führte mich wieder mit dem Mann zusammen, mit dem mich nur wenig angenehme Erinnerungen verbanden. Sein Dentallabor geriet in große Schwierigkeiten, und als ich mir gerade eine neue Stelle suchen wollte, rief er mich an. Es war ein Hilferuf. Aufgrund seiner unmöglichen Art hatte er die Hälfte seiner Kunden verloren, und er bot mir an, als Partner bei ihm einzusteigen. Später erkannte ich, daß es ihm nicht um mich, sondern nur darum ging, das Geschäft wieder anzukurbeln. Er muß mir leid getan haben: Ich nahm sein Angebot an. Ich suchte seine alten Kunden auf und überzeugte jeden einzelnen von ihnen, es noch einmal mit uns zu versuchen. Innerhalb weniger Monate florierte das Unternehmen wieder. Aber es kam wie es kommen mußte: Die Nähe dieses Mannes weckte in mir die Erinnerung an die Mißerfolge, die dazu geführt hatten, daß ich diesen Beruf ergriff.

Frédéric war geboren, und ich arbeitete tagtäglich an der Seite François Borés, in einer konfliktreichen Atmosphäre, als meine Mutter uns eines Tages den Vorschlag machte, der unser ganzes Leben entscheidend verändern sollte. Sie hatte eine holländische Freundin namens Patricia, bei der sie an diesem Abend zum Essen eingeladen war. Genau genommen handelte es sich nicht eigentlich um ein Essen, sondern um einen Vortrag mit anschließendem Cocktail. »Der Redner«, sagte Mutter, »ist angeblich ein sehr inspirierter Mann. Ein gewisser Monsieur Mercier. Patricia wollte unbedingt, daß ich ihn kennenlerne, aber jetzt kann ich doch nicht. Hättet ihr vielleicht Lust, du und Nathalie, an meiner Stelle hinzugehen?« Ja, wir hätten Lust, große Lust sogar. Wir litten damals alle beide unter der mangelnden spirituellen Anregung in unserem Leben, eingezwängt in unsere bodenständigen Berufe einerseits und die ununterbrochene Zuwendung, die unser kleiner Sohn verlangte, andererseits.

Also fuhren wir zu Patricia. Sie war seit einigen Jahren Witwe. Sie hatte ein kleines Vermögen geerbt und lebte in einer prunkvollen Villa in einem Genfer Vorort. Als wir dort eintrafen, waren bereits etwa zwanzig Gäste anwesend, die in dem Doppelsalon, dessen Türen weit geöffnet waren, in Reihen hintereinander saßen wie im Kino. Auf einem Podium standen ein Tisch und zwei oder drei Stühle. Die Leute lächelten uns zu; Patricia forderte uns auf, Platz zu nehmen, und kurz darauf betrat Monsieur Mercier das Podium. Mercier war ein kleiner rundlicher Mann von etwa 65 Jahren. Er lächelte und begrüßte uns mit einer leichten Verbeugung. Dann fing er an zu sprechen, und schon nach wenigen Minuten erkannten wir, daß er sich völlig von seinem Thema inspirieren und leiten ließ. Er nahm weder Notizen noch ein Buch zur Hilfe. Worüber sprach er an jenem ersten Abend? Vielleicht über Geld und seine spirituelle Bedeutung. Wir hörten ihm fast zwei Stunden lang zu, und kein einziges Mal drückte sein Blick, der auf einen Punkt irgendwo über unseren Köpfen geheftet war, Zweifel oder Unsicherheit aus. Als er schließlich verstummte, erhoben wir uns, erschöpft und gebannt von dem, was wir soeben gehört hatten. Patricia führte uns zum Büfett.

»Sehen Sie, so geht das«, sagte sie. »Er spricht mal beim einen, mal beim anderen. Nächste Woche treffen wir uns bei meiner Freundin Yvonne. Möchten Sie nicht auch hinkommen? Ich bin ganz sicher, daß Sie herzlich willkommen wären!«

»Dann gerne«, entgegnete ich.

Und auch Nathalie stimmte zu.

Wieder zu Hause, waren wir beflügelt. Wir hatten das Gefühl, eine kleine Gruppe kennengelernt zu haben, die entschlossen war, auszubrechen, ihre materielle Welt zu verlassen, um »die Pforten des Geistes« zu öffnen, wie Monsieur Mercier es formuliert hatte.

»Meine Mutter entwickelt sich zu unserem guten Stern«, sagte ich an diesem Abend zu Nathalie und küßte sie.

»Deine Mutter ist wunderbar, Thierry.«

In der folgenden Woche fuhren wir also zu Yvonne. Wir waren etwas zu früh da, einige Leute erkannten uns wieder, und wir begannen, uns mit zwei, drei Pärchen anzufreunden, die älter waren als wir. Dann nahmen wieder alle schweigend Platz, und Monsieur Mercier erschien auf dem Podium. Diesmal sprach er über Träume und ihre Interpretation. Wieder verzichtete er auf jegliche Notizen, und wir lauschten seinen Worten, wie wir der Stimme einer Erscheinung gelauscht hätten, wahrhaft fasziniert und gebannt. Er hatte etwa anderthalb Stunden in der andächtigen Stille gesprochen, als er seinen Vortrag plötzlich unterbrach.

»Eine innere Stimme«, sagte er, »flüstert mir die Namen zweier Personen zu, die unter uns sind. Ich könnte ihre Namen nennen, aber ich möchte, daß sie sich selbst zu erkennen geben. Ich weiß, daß sie dieselbe Stimme hören werden wie ich; ich möchte den Beweis dafür erbringen.«

In diesem Augenblick spürte ich in meinem Inneren einen starken Impuls, wie eine Aufforderung aufzustehen, ja, wirklich, eine Aufforderung. Und die Stimme sagte meinen Namen: »Thierry, steh auf!« Aber ich war zu Tode erschrocken bei dem Gedanken, mich diesem Mann zu erkennen zu geben, diesen Menschen, die ich so gut wie gar nicht kannte. Schüchtern hob ich den Arm.

»Thierry Huguenin«, murmelte ich.

»Ja, tatsächlich«, sagte Monsieur Mercier sogleich. »Ich habe deinen Namen empfangen, Thierry. Und den Namen eines anderen, den ich dort drüben, hinten im Raum sehe …«

Hierauf hob ein Mann einige Reihen hinter uns ebenfalls den Arm.

»Gut, sehr gut«, sagte Monsieur Mercier.

Dann richtete er den Blick auf mich und sprach einige Minuten lang nur zu mir.

»Thierry«, fuhr er fort, »du bist nicht umsonst auf diese Erde zurückgekehrt. Du wirst sehr bald zu einer großen spirituellen Aufgabe berufen werden und wichtigen Menschen gegenüberstehen. Ich weiß es, man hat mir Bescheid gegeben. Bei unseren künftigen Treffen werde ich dich hin und wieder bitten, zu mir an diesen Tisch zu kommen. Du wirst den Vortrag fortsetzen, wo ich ihn unterbrochen habe. Fürchte dich nicht, die Meister des Unsichtbaren werden dich inspirieren.«

Die Meister des Unsichtbaren! Ich! Ich war überwältigt, und auch Nathalie war tief bewegt. Ich traf mich seit langem nicht mehr mit Valérie Faget, dieser jungen Frau, die mich in die Welt des Unsichtbaren, der Esoterik, eingewiesen hatte, aber ich hatte auch weiterhin für mich allein alles gelesen, was zu diesem

Thema veröffentlicht wurde. Und ganz zu Anfang unseres Zusammenlebens hatte ich die Bibel der Materie *Das Leben der Meister* von Spalding an Nathalie weitergegeben. Sie war fasziniert gewesen und hatte sogar wenig später die Publikationen und Lehren der Rosenkreuzer, eines esoterischen Ordens, abonniert.

Wir fuhren in der folgenden Woche wieder zu einem Vortrag von Mercier, aber diesmal waren wir so angespannt, daß wir auf der Fahrt kein einziges Wort miteinander sprachen. Ich für meinen Teil hatte die ganze Woche nur an diesen Abend gedacht, und der Gedanke, endlich anerkannt worden zu sein, endlich mein Schicksal gefunden zu haben, hatte mir meine Arbeit im Labor leicht von der Hand gehen lassen. Es war ein Donnerstagabend – die Einweihungsorden versammeln sich gewöhnlich donnerstags abends, dem Tag, an dem die Eingeweihten traditionell mit der Welt des Unsichtbaren kommunizieren. An jenem Tag setzten wir uns in die hinterste Reihe, und ich saß zusammengesunken auf meinem Stuhl, um nicht gesehen zu werden. Ich konnte es kaum erwarten, nach vorn gerufen zu werden, und gleichzeitig zitterte ich vor Aufregung. Nathalie und ich hielten uns bei der Hand. Mercier begann mit seinem Vortrag, und da war wieder dieses Lächeln, wieder dieser abwesende Blick, als starre er auf einen geheimnisvollen Punkt weit jenseits dieses Raumes. Dann senkte er abrupt den Blick und begegnete dem meinen.

»Steh auf, Thierry«, sagte Mercier, »und komm zu mir. Meine lieben Freunde, ich weiß all das, was ich euch heute abend offenbaren sollte, aber Thierry weiß es auch, und er wird es euch erzählen. Ich möchte sichergehen, daß die Meister des Unsichtbaren ihm auch wirklich dieselbe Botschaft übermittelt haben wir mir …«

Was für eine Botschaft? Mir war nicht bewußt gewesen, irgend etwas Besonderes gehört zu haben. Ich war am Rande eines Nervenzusammenbruchs, mir brach der kalte Schweiß aus, und meine Beine drohten, mir auf dem Weg zum Podium den Dienst zu versagen. Worüber sollte ich sprechen? Ich hatte keinen blassen Schimmer, vor allem, da ich an jenem Abend zu ergriffen gewesen war, dem Vortrag des Redners aufmerksam zu folgen. Er forderte mich auf, neben ihm Platz zu nehmen, und ich fühlte, wie seine Finger sich um mein Handgelenk schlossen.

»Hör auf zu zittern«, sagte er laut. »Keine Angst, Thierry, es wird alles bestens laufen.«

Ich schloß die Augen und fing an zu sprechen. Was ich gesagt habe? Ich kann mich nicht erinnern. Ich ließ mich inspirieren, sagte, was mir gerade in den Sinn kam. Ich muß etwa eine halbe Stunde gesprochen haben, wobei ich die meiste Zeit über die Augen geschlossen hielt, in einem Zustand angespannten In-mich-Hineinhorchens. Als ich aus diesem Traum erwachte, schien der ganze Saal gebannt von dem, was er gehört hatte, nahezu schockiert, aber im positiven Sinne, und Mercier musterte mich mit einem dankbaren Lächeln.

»Ich hätte dieselben Worte benutzt«, raunte er mir zu. »Großartig, Thierry!«

Auch Nathalie war voll der Bewunderung. Ich erinnere mich, daß wir uns, als wir an diesem Abend wieder zu Hause waren, bis spät in die Nacht unterhalten haben, so überwältigt waren wir von diesem Vortrag, der mir von den »Meistern« eingegeben worden war. Nathalie sagte mir in dieser Nacht sehr tiefgreifende Dinge über uns, über unsere Liebe und über mich. Sie gestand mir, daß sie bedaure, mich nicht früher kennengelernt zu haben, und daß sie einige Jahre mit Jungen verschwendet hätte, die sich nur für unwichtige Dinge interessierten. Daß sie mich für meine Tiefe und mein unaufhörliches Streben nach spiritueller Erleuchtung liebe.

Von da an hielt ich an den Donnerstagabenden manchmal den Vortrag ganz allein. Mercier lieh mir seine Bücher, denen er seine Inspiration entnahm, und ich muß gestehen, daß ich diesen Werken gegenüber religiöse Ehrfurcht empfand. Dieser Mann hatte in meinem Geist die Nachfolge Franck Roulets angetreten, er war mein Führer geworden, mein zweiter Vater. Um auf seine Ebene zu gelangen, ihm zu gefallen, widmete ich fortan meine ganze Freizeit der Vertiefung meiner Gedanken.

Inzwischen kannten wir alle Mitglieder der Gruppe. Wir waren sogar ab und an bei dem einen oder anderen zum Essen eingeladen. Einige wurden beinahe Freunde. Bernadette Humeau gehörte diesem ersten Zirkel an. Diese Frau um die 50 hatte uns in ihr Herz geschlossen. Wir hatten bereits zweimal bei ihr zu Abend gegessen, als sie uns eines Donnerstagabends anrief. Also, erklärte sie, ihre Schwester Brigitte aus Paris wäre für 24 Stunden in Genf. Ob wir nicht Lust hätten, auf ein Glas vorbeizukommen, um sie kennenzulernen, bevor wir alle gemeinsam zum Vortrag fuhren? Wir nahmen die Einladung an, und so wurde die Verbindung zu Brigitte Humeau geknüpft. Eine Verbindung, die für unsere Zukunft von entscheidender Bedeutung sein sollte.

Brigitte Humeau war uns freundschaftlich zugetan, und als Nathalie mit Pascal, unserem zweiten Sohn, schwanger wurde, verwandelte diese Freundschaft sich rasch in mütterliche Fürsorge. Bei jedem ihrer Aufenthalte in Genf erkundigte sich Brigitte wie eine Mutter nach Nathalie. Auf diese Weise erfuhren wir auch, daß sie den Tod ihres eigenen Sohnes, der im Alter von 30 Jahren bei einem Flugzeugabsturz ums Leben gekommen war, nie verwunden hatte.

»Wißt ihr, warum ich zweimal im Monat nach Genf komme?« fragte sie uns eines Abends.

»Wegen der Vorträge, nehme ich an«, entgegnete ich.

»Ja, aber nicht nur«, erwiderte sie. »Ich konsultiere eine Frau, Évelyne Chartier, die mich in Wachträume versetzt, und das tut mir unendlich gut.«

Sie sagte, daß diese »außergewöhnliche« Frau und ihre Praktik des Wachtraums es ihr ermöglicht hätten, nach und nach den Tod ihres Sohnes zu akzeptieren und sie darüber hinaus vieles über den Sinn oder besser die Finalität ihres eigenen Lebens erfahren hätte. Sie sprach von der »existentiellen Angst«, unter der sie gelitten hatte, bevor sie Évelyne Chartier kennengelernt hatte, und was sie sagte, klang so vertraut, daß ich mich plötzlich in ihrer Beschreibung wiedererkannte. Auch ich trug meine ständigen Mißerfolge wie einen Trauerflor mit mir herum, auch ich wollte den Sinn all dessen ergründen, da ich inzwischen mehr denn je davon überzeugt war, daß es einen tieferen Sinn gab und nichts im Leben Zufall war. Einen ganzen Abend lang erzählten wir einander von unseren Gefühlen der Ohnmacht, einer Ohnmacht, die Brigitte Humeau dank der Wachtraum-Sitzungen teilweise überwunden hatte.

Schließlich sagte Brigitte: »Aber Thierry, warum gehst du nicht zu ihr? Sie nimmt nicht jeden an, aber dich wird sie nehmen, da bin ich mir ganz sicher.«

Und sie gab mir die Adresse von Évelyne Chartier.

Es war Frühling, ein staubiger Genfer Frühling, der Frühling 1978. Die Vorträge von Monsieur Mercier waren abgebrochen worden, und ich hatte keinerlei spirituelle Stütze mehr. Aufgrund ihrer Schwangerschaft hatte Nathalie sich in sich zurückgezogen. Ich mußte allein und schweigend meine undankbare Arbeit und die Vulgarität meines Partners ertragen. Ich war 28 Jahre alt, und wieder einmal erschien mir das Leben als eine unerträgliche Last. Im August rief ich jeden Abend vergeblich bei Évelyne Chartier an. Ihre Abwesenheit machte mich wahnsinnig, immer wahnsinniger, obwohl ich ihr nie begegnet war, nie ihre Stimme gehört hatte. Aber inzwischen schrieb ich ihr wunderbare Gaben zu, und je größer meine Frustration wurde, desto überzeugter war ich, daß nur diese Frau in der Lage wäre, das Unmögliche möglich zu machen: dem unerträglichen Chaos meines Lebens endlich einen Sinn zu geben.

Endlich, an einem Morgen im September, meldete sich eine Stimme. Eine außergewöhnliche Stimme. Ein entsetzliches Durcheinander wirrer Sätze sprudelte aus mir hervor, als ich versuchte, ihr mein Problem zu erklären: Ich stand ständig kurz vor dem Zusammenbruch. Ich war ein Ertrinkender, der um Hilfe schrie.

»Kommen Sie morgen um 18 Uhr her, ich erwarte Sie«, fiel sie mir ins Wort.

Sie wohnte in einem bescheidenen Haus ohne Fahrstuhl. Sie öffnete und lächelte mich an. Eine Frau von über 60 Jahren mit einem erstaunlich lebendigen Blick. Ihr Büro war mit einem Sofa und zwei Sesseln eingerichtet, die einander gegenüberstanden. Wir nahmen auf den Sesseln Platz.

»Ich höre«, sagte sie.

Ich muß von der Abwesenheit meines Vaters erzählt haben, den Selbstmordversuchen meiner Mutter, diesem Beruf, den auszuüben mir so schwerfiel, da ich doch so gerne Pastor geworden wäre, von den Stimmen und den Erscheinungen, dank derer es mir trotz alledem möglich gewesen war, zu überleben, durchzuhalten.

Ganz sicher habe ich all das erzählt, wobei ich mehrmals mit den Tränen gekämpft haben muß. Ich kann mich nicht mehr genau erinnern. Danach sprach sie. Ihr Ziel, erklärte sie mir, sei es, Menschen zu helfen, in der Zeit zurückzugehen, um ihnen so zu ermöglichen, in ihren früheren Inkarnationen schmerzhafte Erfahrungen wiederzufinden, die sie durchlebt hätten und die die Trauer, die Niederlagen und die Frustrationen ihres derzeitigen Lebens erklären könnten. Évelyne Chartier glaubte an die Reinkarnation, so wie ich seit meinen Einweisungssitzungen bei Valérie Faget daran glaubte. Ich war mir ganz sicher, daß mein heutiges Leid der Preis war, den ich bezahlen mußte, um für Verbrechen oder Schandtaten zu büßen, die ich in meinen früheren Leben begangen hatte. Ich war felsenfest davon überzeugt, ich spürte die Last dieser Vergangenheit, konnte jedoch nichts tun, um gegen diese teuflische Verkettung anzukämpfen, ganz einfach weil ich die Techniken nicht erlernt hatte, die mir den Zugriff an Erinnerungen aus früheren Leben ermöglichten. Évelyne Chartier würde mich in diese Techniken einweisen. Das ganze nannte sich »Wachtraum«. In meinen früheren Leben würde ich den Entschlüsselungscode für mein derzeitiges Leben entdecken. Dann würde ich endlich verstehen und nicht mehr blindes Opfer sein. Aufgeklärt und gewarnt würde ich es schaffen, die Verkettung zu durchbrechen und andere Wege zu beschreiten. Dann erst würde ich Protagonist meines eigenen Schicksals werden.

»Wir müssen uns einmal in der Woche sehen, ganz regelmäßig«, sagte sie. »Es ist ein langer Weg, sind Sie bereit, ihn zu gehen?«

»Ja«, antwortete ich feierlich.

Ich war nicht nur bereit, sondern ungeduldig. Ich empfand die Art von Erregung, wie sie ein Kind empfindet, wenn ein Zauberer die Bühne betritt. Endlich war der Augenblick gekommen, den ich herbeigesehnt hatte.

Bei meinem nächsten Besuch legte ich mich auf das Sofa, während Évelyne Chartier sich ans Kopfende setzte, so daß ich sie nicht sehen konnte.

»Und jetzt, Thierry, wirst du in einen Brunnenschacht hinabsteigen«, befahl sie. »Schließ die Augen. Stell dir diesen Brunnen vor. Kannst du ihn sehen?«

»Ja«, murmelte ich. »Ich sehe ihn.«

»Gut, Thierry. Also, wie wirst du es anstellen? Gibt es eine Leiter? Ein Seil?«

»Ich nehme die Leiter. Ich steige hinab.«

»Du steigst hinab, tiefer, immer tiefer, und was siehst du auf dem Grund des Brunnens?«

»Ich sehe einen Gang … nein, zwei Gänge.«

»Welchen wählst du, Thierry? Den rechten? Den linken?«

»Den linken. Ich gehe im Halbdunkel auf einen Lichtstrahl zu.«

»Ah, das ist interessant. Und wohin gelangst du?«

»Ich betrete einen runden Raum. Auf einem staubigen Tisch liegt ein altes Manuskript.«

»Ein altes Manuskript … Gut, Thierry. Was tust du? Nimmst du es in die Hand? Liest du es?«

»Ja. Ich lege die Hand darauf, aber plötzlich höre ich Schritte. Es kommt jemand. Die Schritte kommen näher … ein Mann kommt herein.«

»Dieser Mann … Du kannst ihn sehen, nicht wahr, Thierry? Wie ist er angezogen? Kannst du erkennen, in welcher Epoche du dich befindest?«

»Wir sind im Mittelalter. Es ist ein Mönch. Er trägt eine Kutte aus grobem Wollstoff. Sein Gesicht ist erschreckend mager. Seine Augen machen mir angst. Er befiehlt mir stumm, das Buch nicht anzurühren, zurückzutreten …«

»Und was tust du?«

»Ich falle auf die Knie, erflehe die Vergebung dieses Mannes.«

»Kannst du sehen, wie du selbst angezogen bist?«

»Ich trage ein Rittergewand, ein Schwert …«

»Ritter, Soldat. Für wen kämpfst du, Thierry? Und was tust du bei diesem Mönch?«

Der Wachtraum setzte sich noch lange fort. Dann forderte Évelyne mich auf, aufzustehen und mich ihr gegenüber in den Sessel zu setzen. Wir versuchten gemeinsam, zu verstehen, warum ich mich im Mittelalter gesehen hatte und wer dieser Ritter sein mochte, der ich ganz sicher gewesen war.

Schließlich sagte sie: »Das sind nur die Anfänge, Thierry. Beim nächstenmal machen wir dort weiter, wo wir den Ritter verlassen haben.«

Voilà, der Anfang war gemacht. Jede Sitzung dauerte etwa eine Stunde. Évelyne Chartier empfing noch andere »Patienten«, und manchmal begegneten wir einander auf dem Treppenabsatz. Jeder zahlte seinen Möglichkeiten entsprechend in bar. Ich geizte nicht mit Lob für diese Frau, die dabei war, mir die Lust am Leben wiederzugeben. Nathalie freute sich für mich, freute sich aufrichtig.

»Sie ist großartig! Möchtest du sie nicht auch kennenlernen?« fragte ich sie ständig.

»Im Augenblick nicht, aber vielleicht später.«

Im November dieses Jahres 1978 brachte Nathalie Pascal zur Welt. Einige Wochen später, nachdem ich ihr erneut von Évelyne Chartier vorgeschwärmt hatte, schlug sie vor, daß ich sie zum Abendessen einladen sollte.

O dieses Essen! Nathalie hatte den ganzen Tag lang darüber nachgedacht, und am Abend stellte sich dann heraus, daß sie alles falsch gemacht hatte. An diesem Abend erfuhren wir, daß wir uns seit unserer Kindheit völlig falsch ernährten. Wir nahmen nicht die Dinge zu uns, die unser Körper brauchte, um in Harmonie mit der Seele zu leben, also im Grunde, um die besten Voraussetzungen zu schaffen, um mit der Welt des Unsichtbaren Kontakt aufzunehmen. Nathalie hatte einen gemischten Salat zubereitet. Aber man darf nie mehr als ein oder zwei Salatsorten essen, und zwar getrennt voneinander. Ich hatte zu Nathalie gesagt: »Ich glaube, sie ißt kein Fleisch«, so daß sie Champignons in Sahnesoße zubereitet hatte. In Sahnesoße! Das war absolut tabu, strikt verboten. In den 15 Jahren, die ich im Sonnentempler-Orden verbracht habe, habe ich nie auch nur den Schatten eines Löffels Sahne zu sehen bekommen. Zum Nachtisch hatte ich einen Obstsalat gemacht, nicht ahnend, daß man auf gar keinen Fall zwei oder verschiedene Obstsorten mischen durfte. Diese Mahlzeit war ein einziger Alptraum. Évelyne stocherte nur in ihrem Essen herum, sichtlich erbost. Am Ende des Essens waren wir, Nathalie und ich, völlig verunsichert und kaum noch in der Lage, zwei zusammenhängende Worte hervorzubringen.

Die nächste Sitzung bei Évelyne war schrecklich. Sie forderte mich nicht einmal auf, mich hinzulegen.

»Thierry, ist dir eigentlich klar, was Nathalie uns da vorgesetzt hat? Dieses ganze zusammengewürfelte Zeug, und diese Sahne! Deine Frau muß den Verstand verloren haben. Ich muß euch beibringen, richtig zu essen, so kann das nicht weitergehen. Siehst du das ein?«

»Ja, ja.«

Ich mußte die Grundregeln der Ernährung lernen, ohne die der Wachtraum ganz und gar unmöglich war. Sie sagte, es wäre gar nicht nötig weiterzumachen, solange ich meine Eßgewohnheiten nicht radikal umgestellt hätte. Nathalie war bereit mitzumachen. Wir mischten nichts mehr, hatten keine Sahne mehr im Haus, kochten Getreide auf eine ganze bestimmte Art und Weise, aßen Fleisch und Gemüse getrennt, tranken dies und nicht jenes und so weiter.

Von jetzt an betastete Évelyne zu Beginn jeder Wachtraum-Sitzung meine Leber.

»Und erst die Leber«, sagte sie. »O là là! Du mußt unbedingt fasten, Thierry. Du wirst Nathalie bestellen, daß sie nichts mehr zu Essen machen darf. Ihr dürft acht Tage lang nichts als Tee zu euch nehmen«.

Évelyne wurde immer autoritärer. »Nein, Thierry, damit ist jetzt Schluß, von jetzt an mußt du so leben, dies tun, darfst du nicht mehr so denken, mußt du dieses Buch lesen, was du da liest, könnte nicht uninteressanter sein, so wirst du nie Fortschritte machen.« Vor jeder Sitzung befragte sie mich zu Nathalies psychischer Verfassung, zu ihrer Laune während der vergangenen Woche, fragte, ob sie ohne zu Murren bereit wäre, umzusetzen, was Évelyne mir auftrug. Und die Kinder? Die Kinder müßten sich unbedingt nach denselben Regeln ernähren wie wir.

Nathalie beugte sich Évelynes Ratschlägen mit viel gutem Willen. Sie verfolgte fleißig den Fernunterricht des Rosenkreuzer-Ordens, und wir stellten mehrfach erstaunliche Übereinstimmungen zwischen dem fest, was sie lernte, und dem, was Évelyne Chartier mir beibrachte.

»Hör mal, Thierry«, sagte Nathalie und las mir beispielsweise einen Abschnitt über das »Panorama des verstrichenen Lebens« vor. Es ging darum zu wissen, wie man »im unterbewußten Gedächtnis Erinnerungen an frühere Leben speichert«. Diese berühmten Leben, in die ich zurückzukehren lernte. »Vom ersten Atemzug bei der Geburt bis zum letzten Atemzug vor dem Tod«, las sie, »atmen wir Luft, die von den Bildern unserer Umgebung erfüllt ist, und derselbe Äther, der diese Bilder zur Netzhaut unserer Augen transportiert, dringt in unsere Lungen, wo er ins Blut übergeht und auf diese Weise das Herz erreicht. In der linken Herzkammer, nahe an der Spitze, befindet sich ein kleines Atom, das ganz besonders empfindlich ist und das ganze Leben über im Herzen verbleibt. In dieser Hinsicht unterscheidet es sich von den anderen Atomen, die kommen und gehen, weil es ganz zu Gott und einem bestimmten Geist gehört. Dieses Atom könnte man auch das ›Buch des Engels der Gerechtigkeit‹ nennen, denn wenn das Blut Schlag für Schlag durch das Herz strömt, werden die Bilder unserer guten und schlechten Taten bis ins kleinste Detail dort wiedergegeben. Wenn sie unmittelbar nach dem Tod dort wiedergegeben werden, bilden sie die Basis unseres zukünftigen Lebens ...«

»Das ist ganz ähnlich wie das, was Évelyne mich lehrt«, sagte ich.

Nathalie und ich hatten das Gefühl, gemeinsam unsere Spiritualität zu vertiefen, auch wenn wir verschiedene Wege beschritten, um dorthin zu gelangen. Dies erfüllte uns mit einer ganz besonderen Kraft, und wir bemitleideten die Außenstehenden, deren Gedanken nur um den nächsten Skiurlaub oder den letzten Film kreisten, der gerade aktuell war. Wir hatten die Vorträge von Monsieur Mercier auf Anraten von Évelyne Chartier nach und nach aufgegeben. Sie hatte ihn gut gekannt und meinte, seine Lehren hätten die Grundlage ihrer Substanz eingebüßt.

»Anfangs war er großartig«, hatte sie zu mir gesagt. »Aber jetzt ist das alles nichts mehr. Mercier ist nur noch eine leere Muschelschale. Du darfst ihn nicht mehr sehen, Thierry. Er kann dir nichts geben.«

Unser Mißtrauen Mercier gegenüber begann in dem Augenblick, da wir erfuhren, daß er Patricia heiraten würde, die schöne und reiche Patricia, die 35 Jahre jünger war als er. Man munkelte, daß er sie nur ihres Geldes wegen heiraten wolle und sich seiner Vorträge bedient hatte, sie sich gefügig zu machen.

Schließlich, im November 1979, nach einem Jahr des Wachträumens, erklärte Évelyne Chartier mir eines Tages: »Thierry, du bist jetzt soweit, einen wichtigen Schritt in deiner Entwicklung zu tun. Hierzu muß ich dir allerdings einen Eingeweihten vorstellen, möchtest du das?«

Ich war überwältigt. Tatsächlich hatte ich einige Jahre zuvor einen verwirrenden Briefwechsel mit einem gewissen Monsieur Belline unterhalten. Diesem Mann war es gelungen, Kontakt zu seinem Sohn aufzunehmen, der bei einem Autounfall ums Leben gekommen war. Er hatte ein sehr bewegendes Buch geschrieben, *La Troisième Oreille* – das dritte Ohr. Später hatte er dank dieser besonderen Gabe, dieser Gabe, mit einem Toten zu sprechen, seine Dienste Menschen angeboten, die nach Erkenntnis strebten, und ich hatte ihm geschickt, was er verlangt hatte, um die Zukunft vorauszusagen: Tintenkleckse, die ich persönlich auf ein weißes Blatt gespritzt hatte. »Monsieur«, hatte er mir geantwortet, »aus Ihren Klecksen habe ich gelesen, daß Sie eines Tages einem Eingeweihten begegnen werden, einem wichtigen Menschen, der Ihr Führer auf Ihrem spirituellen Weg sein wird.« Ich hatte diese Weissagung nie vergessen. Ich hatte geglaubt, Mercier wäre dieser Mensch, aber Évelyne Chartier hatte mich eines Besseren belehrt. Und jetzt war sie es, sie, der ich blind vertraute, die mich fragte, ob ich diesen Eingeweihten kennenlernen wollte, diesen Führer.

»Ja, ich will«, antwortete ich.

6

»Ich werde bei diesem Treffen zugegen sein«, hatte mir Évelyne Chartier gesagt und mir die Adresse genannt, wo die Begegnung stattfinden würde: Stiftung Golden Way in Saconnex-d´Arve, in einem Vorort südlich von Genf. Dort sollten wir uns eines Abends um 19 Uhr treffen.

Als ich dort ankam, sah ich in der Mitte eines Parks, im goldenen Schein der Laternen, ein imposantes L-förmiges Gebäude. Es handelte sich um eine alte Malteserritterkomturei, wie ich aus den kleinen Kapellen mit den spitzbogenförmigen Kirchenfenstern schloß. Im Park herrschte absolute Stille. Ich war zutiefst beeindruckt und erinnere mich, daß ich tief durchatmen mußte, als ich nur noch wenige Schritte von der Freitreppe entfernt war. Dann klopfte ich an die schwere Tür, und jemand öffnete mir. Wer? Daran kann ich mich nicht mehr erinnern. Aber Évelyne kam sofort hinzu. Sie hielt eine Weile meine Hand, die ich ihr entgegenstreckte, als wollte sie ein wenig von ihrer Kraft auf mich übertragen, und führte mich in diesen Salon, der mir später unter dem Namen »grüner Salon« bekannt sein sollte.

»Setz dich dorthin«, flüsterte sie mir zu. »Ich hole Monsieur Di Mambro.«

Der Raum war respekteinflößend, und es herrschte eine beinahe feierliche Atmosphäre. Die Wände waren mit einem Empirestoff bespannt und mit Gemälden aus dem 18. Jahrhundert geschmückt, so daß der Raum an diese düsteren, rekonstruierten Museumswohnzimmer erinnerte. Zu beiden Seiten eines hohen offenen Kamins, über dem ein Spiegel in einem schweren Rahmen hing, standen einige Sessel. Drei oder vier Lampen verströmten schwaches, geheimnisvolles Licht, so daß vereinzelte Abschnitte des Raumes im Dunkeln blieben. Wie lange ich wohl wartete? Vielleicht zehn Minuten. Und während dieser zehn Minuten stellte ich mir den Mann, der gleich erscheinen würde, als einen hinduistischen Meister vor, mit langem weißen Bart und Sandalen an den Füßen ... Er wird kein Wort sagen, dachte ich, er wird mir nur tief in die Augen sehen, und ich werde vor ihm auf die Knie fallen. Dann schwang plötzlich die Tür auf, und ein kleiner schmerbäuchiger Mann kam mit ausgestreckter Hand auf mich zu.

»Jo Di Mambro«, stellte er sich vor. »Évelyne hat mir schon viel von Ihnen erzählt.«

Er setzte sich ganz formlos neben mich und sprach weiter, wobei er mich aufmerksam musterte.

»Sie fühlen sich stark von den Kreuzzügen, dem Mittelalter und Ägypten, dem Ägypten der Pharaonen, angezogen, nicht wahr?«

»Ja, ja, das ist richtig.«

Seine Augen hinter den dicken Gläsern der goldumrandeten Brille blickten seltsam starr, eine Starre, die in krassem Kontrast zur Schlaffheit seines Gesichtes stand.

Dann richtete er den Blick auf einen Punkt oberhalb meines Kopfes, wie es die Eingeweihten taten, wie ich später erfuhr, wenn sie in der Aura eines Menschen dessen Zukunft lesen wollten.

»Ich sehe tatsächlich eine große Anziehung zu diesen fernen Epochen«, fuhr er fort, »aber ich sehe ebenfalls, daß ich eines Tages mit Ihnen nach Lateinamerika reisen muß, es besteht da irgendeine Verbindung zu den Inkas …«

Der Blick, die sehr selbstsichere Stimme … ich war zunehmend beeindruckt. Ich schätzte Joseph Di Mambro zur damaligen Zeit auf etwa 55 Jahre, aber er war wesentlich jugendlicher gekleidet. Schwarzer Blouson, offenes Hemd, enge Hose … Mit den gepflegten Händen strich er ab und zu seinen schmalen Oberlippenbart glatt, der an den Seiten weit herabreichte und das runde, fleischige Kinn umrahmte.

»Sie haben Kinder, nicht wahr?« fragte er nach kurzem Schweigen.

»Ja«, sagte ich, und mir blieb vor Verblüffung der Mund offenstehen. »Und wir versuchen, ihnen Respekt vor der Spiritualität mit auf den Weg zu geben, ihnen nahezubringen …«

»Gut, sehr gut«, unterbrach er mich, »man begegnet so wenigen Menschen wie Ihnen … Die meisten Leute kriegen Kinder, weil es eben dazu gehört, ohne überhaupt zu wissen, warum. Sind Sie nicht auch dieser Meinung?«

»Doch, doch … So klein sie noch sind, versuchen wir, ihnen begreiflich zu machen, daß sie eine Seele in sich tragen, die schon weit gereist ist, viel erlebt hat.«

»Ah, gut, gut! Unsere Einstellungen decken sich. Ich freue mich sehr, Sie endlich kennenzulernen, Thierry.«

Er machte Anstalten, meine Hand zu ergreifen, so als wolle er sich verabschieden, aber dann überlegte er es sich anders.

»Kommenden Sonntag findet hier ein klassisches Konzert statt. Ich würde mich sehr freuen, wenn Sie kämen. Die Sängerin ist eine Freundin von uns, sie hat eine wundervolle Stimme. Also, werden Sie kommen?«

»Mit Vergnügen, tausend Dank! Wissen Sie ... «, sagte ich aus einem plötzlichen Bedürfnis heraus, mich ihm anzuvertrauen, sprach dann aber nicht weiter. Als wir uns erhoben, hatte ich in diesem Raum ein eigenartiges Gefühl, das sich nicht beschreiben läßt.

Er wußte offenbar genau, was ich empfand. »Sie werden früher oder später verstehen, warum Sie dies verspüren«, sagte er mit einem leisen Lächeln. Dann nahm er meine Hände: »Geduld, ich kann es Ihnen heute noch nicht verraten.«

Ich war tief bewegt, und Tränen traten mir in die Augen. Er musterte mich eine Weile ernst und führte mich dann zur Tür.

»Ich rechne am Sonntag mit dir, Thierry«, sagte er.

Das plötzliche Du klang mir in den Ohren wie ein Ritterschlag. Ich wollte etwas erwidern, meine Dankbarkeit zum Ausdruck bringen, aber die Tür hatte sich bereits hinter mir geschlossen.

Endlich war ich Lenker meines Lebens, endlich hatte ich meinen Führer gefunden, dem ich nur noch zu folgen brauchte. Ich war nicht mehr dieses Opfer, das unter einem Hagel von Schlägen blind hin und her lief. Mein bislang wirres, chaotisches, zielloses Leben verlief plötzlich in festen Bahnen, ich hatte den Weg in die Tiefe meiner Seele gefunden, der von meinen vorangegangenen Inkarnationen vorgezeichnet worden war. Und das alles hatte ich nur Évelyne Chartier zu verdanken. Sogar die Banalität Jo Di Mambros und seiner Worte überwältigte mich an jenem Abend. Er war ein Eingeweihter, ja, aber wer würde dies vermuten, wenn er ihm auf der Post oder im Supermarkt begegnete? War dies nicht der eklatanteste Beweis dafür, wie unbedeutend die körperliche Hülle war? Man konnte in diesem Leben äußerlich nicht mehr sein als ein unscheinbares kleines Männlein und nichtsdestoweniger zu den Auserwählten gehören.

Am Abend wartete ich, bis die Kinder im Bett waren, um dann Nathalie alles zu berichten. Sie hörte mir schweigend zu und sagte nichts dazu. Als ich das Konzert am kommenden Sonntag erwähnte, spürte sie sogleich meine Verlegenheit, weil das bedeutete, daß ich sie, wie schon die ganze Woche, mit den Kindern allein lassen mußte, aber sie redete mir zu hinzugehen. Nathalie ist großartig, dachte ich. Wenn ich daran denke, daß ich es zu Beginn unserer Beziehung gewagt habe, ihr zu mißtrauen …

Der Tag des Konzerts kam, und ich kehrte zurück zur Golden-Way-Stiftung. Dort führte man mich sofort in den anderen Trakt des Hauses, das irgendwie an einen Tempel erinnerte, in ein Wohn- und Lesezimmer, in dem ein Konzertflügel aufgestellt worden war. Es saßen bereits an die 20 Personen im Saal, in andächtiger Atmosphäre. Ich ging auf Zehenspitzen zu den Stühlen und setzte mich. Einige Gesichter wandten sich mir zu, und die meisten grüßten mich mit einem leichten Kopfnicken oder einem diskreten Lächeln. Als hätte man ihnen meinen Besuch angekündigt, dachte ich. Ich versuchte, meine Erregung zu unterdrücken und gleichmäßig zu atmen, als auch schon die Sängerin erschien. Sie trat durch eine Tapetentür hinter dem Flügel ein. Sie war eine etwas rundliche Frau mit königlicher Kopfhaltung. Sie begrüßte die Anwesenden mit einem Lächeln voller Grazie.

»Blanche Davout«, raunte mir mein Nachbar ins Ohr. »Sie werden sehen, sie ist großartig …«

»So sieht sie auch aus«, entgegnete ich. »Was für ein schönes Lächeln!«

Mein Nachbar nickte. Er war ein junger Mann mit Bart und hellbraunem krausen Haar. Er hatte etwas von einem Vagabunden an sich.

Blanche Davout begann zu singen, von jemandem auf dem Klavier begleitet, und ich fühlte mich von einer starken Emotion getragen. War es ihre Stimme? War es die Andacht all dieser Leute? War es das Gefühl, nach dieser so schmerzlichen Einweihungsreise endlich am Ziel angelangt zu sein? Es kam mir vor als läge meine Seele bloß.

Es war vorbei. Wir standen auf. Mein junger Nachbar und eine Frau, die seine Mutter hätte sein können, deren Hand er jedoch zärtlich hielt, umringten mich sogleich.

»François und Claude«, stellten sie sich vor. »Du bist Thierry, stimmt's? Évelyne hat mir viel von dir erzählt. Wie hat dir Blanche gefallen?«

Es war François, der sprach. Claude trug ein Kopftuch und eine merkwürdige Sonnenbrille mit schmetterlingsförmigen Gläsern. Die Brille war riesig, als wolle sie ihr Gesicht verbergen.

»Es war phantastisch«, entgegnete ich. »Ein unvergeßliches Erlebnis.«

Claude lächelte mich an, aber ich konnte ihre Augen nicht sehen. Und plötzlich stand Évelyne bei uns.

»Und, Thierry?« fragte sie »Wie fühlst du dich?«

»O Évelyne, das war ...«

»Einmalig, nicht wahr? Weißt du schon, daß wir am kommenden Wochenende ein Seminar abhalten? Jo möchte unbedingt, daß du daran teilnimmst. Wir zählen auf dich ...«

Ein flüchtiger Druck ihrer Hand auf meinem Unterarm, und schon war sie wieder fort.

Jo Di Mambro ging an uns vorbei, ohne uns zu sehen. Er schlängelte sich durch die Grüppchen, die sich gebildet hatten, und klopfte dem einen oder anderen auf die Schulter. Ich war hin und hergerissen, das Herz schlug mir bis zum Hals: Am kommenden Wochenende, hatte Évelyne gesagt ... ah ja! Schon am kommenden Wochenende ... Was wird Nathalie dazu sagen, dachte ich. Die Kinder, ich werde die Kinder das ganze Wochenende nicht sehen ... Jo hatte mich nicht gesehen, und dabei hatte ich die Hand ausgestreckt ... François sprach mit mir, aber ich hörte ihn nicht ... ich war zu sehr damit beschäftigt, Jo mit den Blicken zu folgen. Würde er noch einmal zu uns herüberkommen, oder ging er endgültig? Évelyne folgte ihm, ganz sicher würde sie mit ihm über mich sprechen ... Hatte ich genügend Begeisterung gezeigt? ... Dann nahm ich ein neues Gesicht vor mir wahr, ganz dicht bei François, der endlich verstummt war. Eine junge Frau, blond, recht hübsch.

»Kennst du mich noch, Thierry?« fragte sie mich.

»Entschuldigen Sie, aber ich muß gestehen ...«

»Michèle, Michèle Braun.«

»Großer Gott, Michèle!«

Ich umarmte sie. Welche Freude hier, auf diesem anderen Planeten, ein bekanntes Gesicht zu sehen, das Gesicht einer alten Freundin. Mit acht Jahren hatten wir am Strand des Genfer Sees, vor dem Restaurant meines Vaters, zusammen Tischtennis gespielt.

»Du kommst also auch her ...«

Ich war ergriffen und stammelte unzusammenhängendes Zeug.

»Kennst du François und Claude?« fragte sie. »Sie sind das erste Paar der Stiftung, sie haben sich hier kennengelernt. Das ist großartig, nicht wahr?«

»Ja, großartig«, entgegnete ich.

Wir lächelten einander an. Ich suchte gerade nach etwas Nettem, das ich zu ihr sagen könnte, als eine weibliche Stimme uns aufforderte, den Raum zu verlassen. Den Rest bekam ich nicht mit. Ich wurde in die Eingangshalle gezogen. Die Leute gingen über den Flur in den anderen Flügel des Gebäudes. Sie grüßten mich, lächelten mir zu. Ich lächelte ebenfalls. Kurz darauf fand ich mich draußen im Park wieder. Allein. Endlich allein. Meine Hände waren feucht und mein Hemd im Rücken klatschnaß. Es war vorbei. Ich ging wie ein Roboter zu meinem Wagen. Ich kurbelte die Fensterscheibe herunter, und die frische Luft war ernüchternd. Langsam kam ich wieder zu mir. Nathalie, die Kinder … Es war Sonntagabend. Wenn es noch nicht zu spät war, konnten wir vielleicht noch im öffentlichen Park hinter dem Haus spazierengehen. Nein, es war schon zu spät, es wurde bereits dunkel. Es war Herbst.

Ich umarmte Nathalie. Sie hatte nicht eine Minute Zeit für mich. Sie badete gerade die Kinder, und da ging es bei uns immer ziemlich chaotisch zu. Pascal planschte in seiner kleinen Badewanne, er war erst ein Jahr alt. Frédéric hingegen badete bereits in der großen Wanne, aber man durfte ihn keine Sekunde aus den Augen lassen. Währenddessen köchelte das Abendessen auf dem Herd. Mein Gott! Wie fern das Konzert mir plötzlich erschien …

Später am Abend kamen wir endlich dazu, miteinander zu reden. Ich erzählte Nathalie von der Sängerin und den wunderbaren Blicken all dieser Menschen.

»Weißt du, Nathalie«, sagte ich, »man könnte meinen, sie würden von innen heraus strahlen. Sie haben nichts mit den Leuten gemein, die uns sonst so begegnen. Sie wirken, als ob sie auf einem anderen Planeten leben.

Sie nickte und lächelte zärtlich.

»Du scheinst ganz begeistert zu sein«, sagte sie. »Ich freue mich für dich.«

»Am kommenden Wochenende haben sie mich zu einem Seminar eingeladen«, sagte ich. »Glaubst du, daß du noch einmal allein zurechtkommst?«

»Hör mal, Thierry, es scheint dir so gut zu tun ... Mir ist es lieber, dich dort glücklich zu wissen, als dich deprimiert zu Hause sitzen zu haben.«

»Meine Nathalie! Du bist umwerfend!«

Die Woche verging sehr schnell. Es fiel mir jetzt nicht mehr schwer, die Vulgaritäten François Borés zu ertragen. Er tat mir leid, und das war alles. Ich kümmerte mich jeden Abend intensiv um meine Kinder, im Hinblick auf das lange Wochenende, an dem ich sie nicht sehen würde. Außerdem war ich Nathalie gegenüber aufmerksamer, empfänglicher für ihre Anmut.

Das ganze Wochenende über sprach Jo mit uns über seine Auffassung des spirituellen Lebens. Die körperliche Disziplin, die Ernährung, die Meditation, den Wachtraum: das waren die Grundlagen, die es uns ermöglichen sollten, unseren Ursprung zu ergründen und vorauszusehen, wohin uns das Leben führen würde. Évelyne Chartier war ebenfalls unter uns. Während der Pausen ging sie von einem zum anderen, dann unterhielt sie sich mit Jo Di Mambro. Den wenigen Worten, die ich mit anderen Seminarteilnehmern wechselte, entnahm ich, daß alle oder fast alle bei ihr gewesen waren, bevor sie sich der Stiftung angeschlossen hatten. Wir waren nur etwa 30 Leute, mehr nicht. Manchmal, in feierlichen Augenblicken, sprach Jo uns mit »Brüder und Schwestern« an. Die meiste Zeit nannte er jedoch jeden beim Vornamen und ließ sich ebenfalls ganz unkompliziert von allen nur mit Jo ansprechen. Wir befänden uns gewissermaßen unter

Auserwählten, erklärte er, auf einer Evolutionsebene, die uns bereits den Zugang zu bestimmten Dingen der Welt des Unsichtbaren ermöglichte, Dingen, zu denen der Normalsterbliche keinen Zugang habe. Was für Dinge meinte er? Geduld, sagte ich mir, ich bin ja gerade erst dazugestoßen.

Ich machte mir Notizen, ein ganzes Heft voll. Mir drehte sich ein wenig der Kopf, als wir uns am Sonntagabend gegen 18 Uhr im Halbdunkel unter den Bäumen im Park verabschiedeten. Ich konnte es kaum erwarten, wieder bei Nathalie und den Kindern zu sein. Ich küßte sie und drückte Nathalie fest an mich. Wieder spürte ich die Distanz zwischen den beiden Welten: der Stiftung einerseits und meiner Familie andererseits. Mir war, als hätte ich Nathalie und die Kinder Monate nicht mehr gesehen, so fremd kam ich mir vor. Aber ich war von einem Gefühl der Euphorie beseelt, das ich gern mit Nathalie geteilt hätte.

»Erinnerst du dich daran, wie wir *Das Leben der Meister* gelesen haben?« fragte ich sie unvermittelt. »Da war ein Satz, der mir immer im Gedächtnis haften geblieben ist: ›Wenn der Jünger bereit ist, erscheint ihm der Meister‹.«

»Ja«, entgegnete sie. »Ich kann mich noch gut an diesen Satz erinnern.«

»Nun, genau an diesem Punkt bin ich angelangt. Ich war bereit, ich bin bereit, und in exakt diesem Augenblick ist Jo Di Mambro in mein Leben getreten. Findest du das nicht auch bemerkenswert, Nathalie?«

Sie wollte eben darauf antworten, als das Telefon klingelte.

»Thierry? François ist am Apparat.«

»Ah! François, ja, guten Abend. Wie geht es dir seit vorhin?«

»Hör zu, Thierry, kannst du sofort zurück zur Stiftung kommen?«

»Jetzt gleich? Aber François, da komme ich doch gerade her … Versteh doch, ich habe das ganze Wochenende in der Stiftung verbracht und meine Frau und meine Kinder keine Minute gesehen.«

»Jo bittet dich darum, Thierry. Es ist wichtig, sehr wichtig …«

»In Ordnung, ich werde mal sehen.«

Nathalie war ein wenig traurig, aber verständnisvoll.

»Fahr hin«, sagte sie. »Wenn sie dich zurückrufen, hat das sicher seinen Grund.«

Ich zog mich eilig um und kleidete mich einer vagen Intuition folgend ganz in Weiß, weißes Hemd und weiße Hose. Ich küßte Nathalie und die Jungen, und schon war ich wieder unterwegs. Ich war gleichzeitig verärgert und geschmeichelt, daß man mich zurückgerufen hatte. Geschmeichelt, weil die Bitte von Jo persönlich gekommen war. Unsere Blicke waren sich während des Seminars mehrmals begegnet; vermutlich hatten ihn mein Eifer beeindruckt, mein Wissensdurst und die Emsigkeit, mit der ich mir Notizen gemacht hatte. Plötzlich wärmte mir ein Gefühl von Freude und Stolz das Herz.

François und Claude schienen in der Halle auf mich gewartet zu haben. Claude trug wieder dieses Kopftuch und die seltsame dunkle Brille; sie lächelte nervös. François konnte seine Ungeduld nicht zügeln.

»Komm schnell«, sagte er, »es geht gleich los!«

Hierauf führten mich die beiden in den grünen Salon, den wir durchquerten, und in einen dahinterliegenden länglichen Raum. Sie forderten mich eindringlich auf, keinen Ton zu sagen. Und dort, welche Überraschung! Alle Seminarteilnehmer standen in weißen

Roben im Halbkreis um Jo herum, der kaum wiederzuerkennen war. Er war in ein rot-goldenes Gewand gehüllt; auf dem Rücken war mit goldenem Faden ein zweiköpfiger Adler gestickt, Symbol seines Ranges innerhalb des Tempelordens. Man bedeutete mir, mich so unauffällig wie möglich in eine Ecke zurückzuziehen, und erst da wurde mir bewußt, daß ich glücklicherweise ebenfalls weiß gekleidet war. Auf einer Art dreieckigem Altar in der Mitte des Raumes stand eine Vase mit einer roten Rose, die von einem grellen Spot angestrahlt wurde. Jo stand mit dem Gesicht zum Altar, in einer Haltung tiefer Andacht. Plötzlich bemerkte ich, daß zwei Frauen, die in gleicher Haltung rechts und links von ihm standen, keine weiße Robe trugen. Bei der einen Frau handelte es sich um die Opernsängerin Blanche Davout; die andere Frau kannte ich nur vom Seminar vom Sehen. Ich sollte später erfahren, daß ihr Name Janine Junod war.

François, der nun ebenfalls weiß gekleidet war, kam herüber und flüsterte mir ins Ohr: »Du wirst jetzt einer Talarübergabe beiwohnen. Der Talar ist dieses weiße Gewand, das wir alle tragen. Verhalte dich unbedingt völlig still. Normalerweise hättest du gar nicht das Recht, hier zu sein, aber Jo hat darauf bestanden.«

Auf ein Zeichen von Jo begannen die Frauen, sich zu entkleiden, während die ersten Noten einer Wagnerkomposition erklangen. Sie entledigten sich ihrer weltlichen Kleider mit langsamen, zeremoniellen Gesten, und ließen sie vor dem Altar zu Boden fallen. Blanche trug einen weißen Büstenhalter, Janine hatte schwarze Unterwäsche an. Als das Schwarz zu Tage trat, löste sich die Glühbirne aus dem Strahler, trennte die Rosenblüte vom Stiel ab und zersprang am Fuße des Altars. Ich war verblüfft.

Jo hob ein Schwert und rief mit tiefer Stimme: »Kraft der mir verliehenen Mächte zeichne ich einen Schutzkreis um diese heilige Versammlung, und kraft der mir innewohnenden Ganzheit vertreibe ich alle gegnerischen Kräfte. Ich rufe den Engel des Augenblicks, des Tages, sowie die planetarische Göttin, und bitte sie, uns ihren Schutz zuteil werden zu lassen.«

Während er sprach, zeichnete er mit der Schwertspitze einen Schutzkreis über unsere Köpfe.

»Janine, indem du etwas Schwarzes angezogen hast, hast du das Negative, den Feind in unsere Mitte gebracht.«

Er sprach in magischen Formeln mit den Meistern, und es kehrte wieder Ruhe ein. Die beiden Frauen zogen die Talare über, die Jo ihnen reichte, und plötzlich ertönten von irgendwoher merkwürdige Laute, Vibrationen, die ein wenig an das Summen eines Bienenstocks erinnerten. Jo hob erneut das Schwert. Wir hielten alle den Atem an und lauschten. Wir alle hatten das Gefühl, als kämen diese Vibrationen von allen Seiten gleichzeitig und würden um uns herumwirbeln.

Nachdem die Riten vollzogen waren, kam die Zeremonie zu ihrem Ende, und wir verließen hintereinander den Raum, schweigend und aufgewühlt.

Évelyne stürzte sogleich auf mich zu.

»Thierry, hast du die kosmischen Klänge gehört?«

»O Évelyne! Was war das? Vibrationen ...«

»Das waren kosmische Klänge, Thierry. Stell dir das vor! Es ist das erstemal, daß wir sie gehört haben! Du warst gerade Zeuge von etwas ganz Außergewöhnlichem. Wir waren in Einklang mit den Schwingungen der Ebene der kosmischen Meister, in der vierten Dimension!«

»Das ist wirklich unglaublich ...«

»Und hast du das Negative gesehen und wie Jo es vertrieben hat?«

»Ja, Évelyne. Weißt du, mir fehlen die Worte ...«

François und Claude waren wieder an meiner Seite.

»Deine Patin und dein Pate«, erklärte mir Évelyne. »Sie werden dir während der ersten Wochen helfen, du kannst ihnen alles anvertrauen.«

Wir tranken ein Glas Fruchtsaft, schweigend, so bewegt waren wir von der Zeremonie, der wir gerade beigewohnt hatten. Wir wollten uns gerade verabschieden, als Évelyne mich beiseitenahm und in eine Ecke der Diele führte.

»Du darfst mit keinem Außenstehenden über die übernatürlichen Phänomene, denen du hier beigewohnt hast, sprechen, Thierry. Das würde dir großen Ärger einbringen, nicht durch mich, sondern durch die Meister des Unsichtbaren. Nicht einmal ein Wort zu Nathalie, hast du verstanden? Ich verlasse mich auf dich.«

Auf der Rückfahrt fühlte ich mich nicht wohl in meiner Haut. Zum erstenmal, seit wir uns kannten, mußte ich Nathalie etwas, das mir sehr viel bedeutete, verschweigen. Ich fühlte mich unwohl und war natürlich gleichzeitig fasziniert von dem, was ich erlebt hatte. »Und ich dachte, ich müßte eines Tages nach Indien reisen, um einem Meister zu begegnen, einem Eingeweihten«, sagte ich mir. »Wenn ich bedenke, daß die ganze Zeit einer da war, ganz in meiner Nähe, hier in Genf!« Ich konnte es nicht fassen, war im siebten Himmel.

Ich hoffte, schon am nächsten oder übernächsten Tag für einen Abend oder ein Wochenende eingeladen zu werden, aber ich hatte nicht erwartet, jeden Tag zu einer Versammlung oder einer dringenden Zeremonie in die Stiftung gerufen zu werden. Ich wurde mitten am Tag im Labor angerufen oder auch zu jeder Tages- und Nachtzeit zu Hause. Man nannte mir nie den genauen Grund für eine Zusammenkunft, und die Anrufer benutzten einen Geheimcode. Wenn sie sagten: »Ah! Thierry, heute abend gibt es ein kaltes Büfett«, wußte ich, daß es sich um eine Zeremonie handelte. Wenn sie sagten: »Wir verlassen uns darauf, daß du heute abend kommst, unser Freund wird heute abend da sein«, wußte ich, daß Jo ausdrücklich wünschte, daß wir vollzählig erschienen. Unter keinen Umständen durften wir außerhalb der Stiftung den Namen Jo Di Mambro aussprechen. Jo sei ein Meister des Jenseits, erklärte man mir, ein wichtiges astrales Wesen, das aus spirituellen Gründen, die mir später offenbart werden würden, diese Mission auf Erden angetreten hatte. Jo liefe, wie jeder Meister, Gefahr, mit der Gesellschaft in Konflikt zu geraten, wenn seine wahre Identität bekannt würde, seine wahre Mission.

Im Laufe der Treffen, die in diesem Herbst 1979 immer häufiger stattfanden, begann ich, mit den Stammitgliedern der Golden-Way-Stiftung vertraut zu werden, den treuesten Anhängern Jo Di Mambros. Und mit der Zeit bekam ich immer mehr interne Informationen und entdeckte, wie die Gruppe sich zusammengefunden hatte.

Di Mambro war alleinstehend, als er zum erstenmal zwei Frauen begegnete, die an ihm sogleich die Attribute eines Meisters erkannten: Évelyne Chartier und Laurence Meunier.

Das war im Jahre 1976. Joseph Di Mambro hatte sich gerade als Heiler in Annemasse niedergelassen. Er war fast 50, lebte in Armut und besaß nur zwei oder drei Möbelstücke und einen Renault 4, aber die Leute, die ihn konsultierten, waren beeindruckt von seinen medialen Fähigkeiten. Sein Ruf drang bis in eine kleine Yogaschule in einem Genfer Vorort, wo man sich sehr für alles Spirituelle interessierte. Eine Schülerin suchte ihn auf und berichtete Laurence Meunier, der Gründerin dieser Schule, daß er wirklich außergewöhnlich sei. Laurence war damals mit dem Inhaber eines Geschäftes für Luxusartikel in Genf verheiratet. Sie verfügte über genügend Geld und hatte diese Schule in einem Trakt der imposanten Villa gegründet, die sie mit ihrer Tochter und ihrem Mann bewohnte. Sie unterhielt sich mehrfach mit ihrer Freundin Évelyne Chartier über diesen Monsieur Di Mambro. Die beiden hatten neben der Yogaschule, die Laurence leitete, eine offene Gruppe ins Leben gerufen, die sich mit »Gedanken über die spirituelle Welt« und der »Entwicklung der Lebensqualität« befaßte. Ein Großteil der Yogaschüler nahm auch an den Workshops dieser Gruppe teil. Schließlich beschlossen Laurence und Évelyne, diesen seltsamen Heiler aus Annemasse zu einer ihrer Zusammenkünfte einzuladen. Er fuhr in seinem Renault 4 vor, einfach gekleidet, aber in weniger als einer Stunde hatte er alle Kursteilnehmer mitsamt den beiden Organisatorinnen für sich gewonnen. Was er ihnen erzählt hatte? Daß er früher mit seiner Frau und seinen drei Kindern ein behagliches Leben in Südfrankreich geführt habe, natürlich schon damals als Heiler. Dann sei ihm eines Abends in seinem Büro ein Wesen erschienen, das sich als sein Führer zu erkennen gegeben habe und den mysteriösen Namen Maha trug. »Gib alles auf«, sagte er, »deine Mission ist nicht hier, sondern in der Gegend von Genf. Frauen und Männer dort brauchen dich. Geh, du wirst ihr Führer sein.«

Laurence und Évelyne hatten also in Di Mambro sofort den Meister erkannt, den sie herbeigesehnt hatten. Beide hatten die esoterischen Klassiker gelesen, den Bericht Spaldings *Das Leben der Meister,* aus Édouard Schurés Werk *Die großen Eingeweihten*, Peter Deunovs *Die universelle Liebe* und Max Heindels *Die Kosmogonie der Rosenkreuzer.* Beide hatten seit Jahren den Wachtraum praktiziert und durften endlich an ein Zeichen des Himmels glauben. Die drei sahen einander regelmäßig wieder, und mit jeder Begegnung wuchs die Verehrung der beiden Frauen für diesen Mann, der in den Augen zu lesen schien wie in einem Buch. Bald schon war die Rede davon, zusätzlich zur bereits existierenden offenen Gruppe einen engeren Kreis von Jüngern zu gründen. Hierzu würden die besten aus der offenen Gruppe ausgewählt werden, und Évelyne Chartier würde unter ihren Patienten jene aussuchen, deren Disposition am vielversprechendsten war. Die erste, die aus der offenen Gruppe von Di Mambro rekrutiert wurde, war eine gewisse Marielle Chiron.

Diese Frau war mir schon bei meinem ersten Seminar in der Stiftung aufgefallen. Sie hatte einen langen, dürren Körper, trug das Haar im Nacken zu einem strengen Knoten geschlungen, und ihr spitzes Gesicht entbehrte jeder Sinnlichkeit. Marielle Chiron war damals Buchhalterin bei einer großen Genfer Bank. Sie wohnte in einem Häuserblock in einem Viertel von Annemasse namens »Le Castelet«. In ihrer Wohnung sollten sich, aus einem Grund, der ganz sicher mit Marielles grenzenloser Hingabe zu tun hatte, die ersten Adepten der zukünftigen Golden-Way-Stiftung treffen, aus der sehr rasch der Sonnentempler-Orden entstehen sollte. Auf demselben Stockwerk wie Marielle lebten Freunde von Marielle, Michel und Claudine Salvin. Er war Töpfer. Die beiden tauschten seit langem esoterische Schriften mit Marielle Chiron aus. Als sie sie eines Abends einlud, sich einen »Mann anzuhören, der mit dem Jenseits kommuniziert«, zögerten sie nicht. Und so sollten sie zu Pionieren des Ordens werden.

Inzwischen war Joseph Di Mambro in allen esoterischen Kreisen von Annemasse bis Genf bestens bekannt. Er wurde sogar das eine oder andere Mal eingeladen, einen Vortrag zu halten. Bei einem dieser Vortragsabende lernte er Jocelyne kennen, seine zukünftige Frau, die die Nachfolge der Mutter seiner Kinder antreten sollte, die in Südfrankreich zurückgeblieben war. Jocelyne war 24 Jahre jünger als Jo, sie war schön, hatte Klasse und strahlte so viel Elan und Hingabe für den Mann aus, den sie soeben hatte sprechen hören, daß sie ihn nicht mehr loslassen wollte und die beiden sehr bald zusammenzogen. Sie standen kurz vor der Heirat, als Di Mambro beschloß, daß der Augenblick gekommen war, eine richtige Begegnungsstätte für seine Jünger einzurichten. Es wurde zu unbequem, sich bei Marielle Chiron zu treffen. Warum nicht, auf Kredit natürlich, ein freistehendes Haus erwerben? Évelyne Chartier und Laurence Meunier waren dafür. Laurence, die über ein beträchtliches Vermögen verfügte, bat darum, dieses Projekt unterstützen zu dürfen. Marielle Chiron und die Salvins erklärten sich sofort bereit, zusammen mit dem Paar Di Mambro dort einzuziehen, wofür sie eine Miete in Höhe ihres derzeitigen Mietzinses an die Gemeinschaft zahlen würden.

Schon bald fand man ein geeignetes Haus am Stadtrand von Genf. Ein gewöhnliches dreistöckiges Haus, das Jo sofort auf den Namen »Pyramide« taufte. Jo und Jocelyne bezogen die oberste Etage, Marielle Chiron ein Zimmer im ersten Stock und Michel und Claudine Salvin das Erdgeschoß über dem Töpferatelier im Souterrain. Laurence Meunier und Évelyne Chartier zogen nicht in das neue Haus; erstere, weil sie Mann und Tochter nicht verlassen wollte, und letztere, weil sie ihre Wachtraum-Praxis in der Innenstadt beibehalten wollte. Aber es wurde vereinbart, daß Laurence und Évelyne über den Yogaunterricht, die offene Gruppe »Gedanken zur spirituellen Welt« und die Wachträume zukünftige Jünger auswählen und zur Pyramide schicken würden.

Und so erschien eines Abends ein Jugendlicher von 16 Jahren in der Villa, Jacques Boivin. Er kam aus der Schule und wollte »Monsieur Di Mambro« sprechen. Niemand wird je erfahren, was Jo an jenem Abend zu ihm sagte, aber am nächsten Tag war Jacques gleich nach Schulschluß wieder da. Jacques war nicht sehr gesprächig. Er zog sich in der Diele um, schlüpfte in blaue Arbeitskleidung und machte sich daran, die alten Tapeten im ganzen Haus abzureißen. Zweifellos hatte Jo ihn darum gebeten. Von da an war er jeden Abend und an allen darauffolgenden Wochenenden zur Stelle, arbeitsam, stur und stumm, ganz vertieft in die Renovierung der Pyramide, vom Keller bis zum Dachboden. Als Jo einen Vortrag hielt und den Wahn der Menschen geißelte, die die Welt ins Verderben führen, war Jacques unter den Zuhörern, aufmerksam und schweigend. Er war der Sohn eines Arbeiterpaares, eines schwachen Vaters und einer dominanten Mutter. Jos Dynamik, die Botschaften, die er angeblich aus dem Jenseits empfing und die ihm unvorstellbare Macht verliehen, faszinierten ihn.

Einige Wochen später erschien eine Frau um die 40 in der Pyramide, Claude Galard, meine spätere »Patin«. Sie hatte damals noch nicht das Bedürfnis, ihr Gesicht hinter einer großen Sonnenbrille zu verbergen, weil sie François noch nicht begegnet war, der ihr Sohn hätte sein können. Claude hatte erst bei Laurence Meunier Yoga praktiziert und war anschließend bei Évelyne Chartier in die Geheimnisse der Wachträume eingeweiht worden. Sie war gerade gegen ihren Willen von einem erfolgreichen Genfer Juwelier geschieden worden, mit dem sie zwei erwachsene Kinder hatte. Sie war also eine einsame Frau, die gerade eine depressive Phase hinter sich hatte, als sie bei Jo Di Mambro vorstellig wurde. Und schon im Laufe ihrer ersten Unterhaltung enthüllte Jo ihr den wahren Grund für ihr Unglück: Sie war niemand anders als dieser berühmte römische Soldat, der vor 2000 Jahren mit der Lanze die Brust Jesu durchbohrt hatte. Sie hatte lange mit Évelyne Chartiers Hilfe versucht zu ergründen, wer sie in der Vergangenheit gewesen sein mochte, daß sie ein so übles Schicksal in der Gegenwart verdient hatte. Lange hatte sie vergeblich nach ihren vergangenen Inkarnationen geforscht, und jetzt lieferte ihr Di Mambro, indem er in ihrer Aura las, den Schlüssel zu ihrem Schicksal. Man kann sich vorstellen, mit welcher Hingabe sie von da an den Meister verehrte. Nicht nur, daß sie Di Mambro alles verdankte, sie mußte außerdem ihr grauenhaftes Verbrechen aus einem früheren Leben sühnen. Sie sollte jedes Jahr zu Ostern 14 Tage fasten, um für ihre Tat zu büßen.

Als er am Tor der Pyramide läutete, war François ein ungehobelter, schwerfälliger Mensch. Er war 18 oder 20 Jahre alt, hatte einen langen Bart und langes Haar und sagte, er wäre gerade von einer zweijährigen

Reise durch Amerika zurückgekehrt. »Ich habe in ihm eine Kraft erkannt«, erzählte Jo mir später, »und mir gesagt: ›Ich werde ihn auf die Probe stellen. Entweder zerbricht er und geht fort, oder aber er hält durch, und ich mache einen meiner Jünger aus ihm‹.« Jacques war damals ganz allein bei der Renovierung des Hauses. Jo teilte ihm François für die härtesten Arbeiten als Gehilfen zu, für die Erdarbeiten im Garten, den Abriß einiger Innenwände, die Errichtung einer Gebetsstätte, des Sanktuariums, auf dem Dachboden. François hielt nicht nur durch, er wurde ein eifriger Teilnehmer der Kurse und Konferenzen, die Jo jetzt regelmäßig im Speisesaal abhielt. François konzentrierte sich auf einen simplen Gedanken: Der Weltuntergang sei nah, aber eine kleine Minderheit von Auserwählten würde verschont bleiben, jene, die die Lehren des Meisters exakt befolgt hätten. Da Jo sein Meister war, fühlte François sich geschützt, und für ihn begann ein ungeduldiges Warten auf den Weltuntergang. Ich hörte ihn 15 Jahre lang von nichts anderem sprechen.

Jacques Boivin ging bald darauf trotz seines jungen Alters von der Schule ab und zog in der Pyramide ein. Da er einfallsreich, handwerklich geschickt und phantasievoll war, machte Jo ihn zum Mädchen für alles. Marielle behielt ihre Stelle als Buchhalterin in der Bank bei und bot der Gemeinschaft ihr Gehalt an. Ihre Strenge und ihre absolute Diskretion brachten ihr das Amt der Finanzverwalterin der Pyramide ein. Claude Galard, die ebenfalls in der Stadt arbeitete und ihr Gehalt spendete, übernahm gemeinsam mit Claude Salvin, der Frau des Töpfers, den Haushalt und die Küche, während ihr Mann seine Waren zugunsten der Gemeinschaft verkaufte. François blieb weiter der Mann für alle Fälle und kümmerte sich um alles, vom

Garten bis hin zu den Mülltonnen. Diesem ersten Jüngerkreis saßen Laurence Meunier und Évelyne Chartier vor, wenn ich so sagen darf, Botschafterinnen Jo Di Mambros in der profanen Welt, Patinnen aller Adepten und somit eifrige Beobachterinnen des Gewissens eines jeden, stets bereit, Jo zu berichten, wenn der eine oder andere vom rechten Weg abwich. Und schließlich thronten, im eigentlichen wie im übertragenen Sinne an der Spitze der Pyramide, Jo und Jocelyne Di Mambro. Der Meister war nur zeitweilig zu Hause. Er arbeitete seine Vorträge aus, die sie für ihn abtippte. Dann verschwand er für zwei, drei Tage, um ganz plötzlich wiederaufzutauchen.

Eines Tages verriet Di Mambro das geheime Ziel seiner Reisen: Zürich. Dort residierten die 33 ältesten Brüder der weißen Bruderschaft der Rosenkreuzer, sagte er. Sie seien hochgeistige Meister, die das Gleichgewicht des Planeten wahrten. Er, Jo, wäre Botschafter dieser 33 Wesenheiten aus der Astralwelt. Die Meister in Zürich, erklärte er, hätten eine Art unterirdische Stadt gebaut und bräuchten kein Licht, da ihr inneres Licht genüge, dieses versunkene Heiligtum zu erleuchten. Diese Meister verfolgten wohlwollend die Gründung der Pyramide, da sie, meinte Jo, die letzte Insel des Lebens sein könnte, nachdem die Apokalypse alles vernichtet hätte.

Das war der Stand der Dinge, als Blanche Davout, die Opernsängerin, der Gemeinschaft beitrat. Sie wurde von Évelyne Chartier zu Di Mambro geschickt, und sie, Blanche, stellte Di Mambro seinen ersten wirklich bedeutenden Jünger vor, den Geiger Stéphane Junod, in Begleitung seiner Frau Janine. Junod war in jenem Jahr erst 35 oder 36, hatte jedoch bereits mit den größten Orchestern gearbeitet, und sein Ruf als erster

Geiger sollte unaufhaltsam wachsen. Die beiden Männer waren gleichermaßen voneinander beeindruckt. Junod, der anfangs eingeschüchtert war von Di Mambros seherischen Fähigkeiten, schenkte jedoch seinen Prophezeiungen sehr schnell Glauben. Jo las in seiner Aura und sagte ihm ein außergewöhnliches Schicksal voraus. Jo seinerseits war regelrecht berauscht davon, eine so berühmte Persönlichkeit zu seinen Anhängern zu zählen. Gleich am ersten Tag erzählte er ihm, daß ihre Begegnung kein Zufall wäre. Wenn ein Meister sich inkarniere, benötige er eine gesellschaftliche Dekkung, um von den weltlichen Institutionen in Frieden gelassen zu werden. Junod wäre geschickt worden, ihm diese Deckung zu verschaffen. Jo könnte als sein privater Berater oder sein internationaler Repräsentant fungieren, vielleicht auch als sein Privatsekretär. Wie auch immer, sie würden sich schon auf einen Status einigen.

Einige Wochen nach dem Beitritt von Stéphane Junod kam ein weiteres Paar zur Pyramide, wieder auf Empfehlung von Évelyne Chartier. Jean-Marc Dubois und Jeanne. Er war Therapeut, sie Kosmetikerin. Sie lebten auf großem Fuße, in einem luxuriösen Haus in der Nähe von Genf. Jean-Marc hatte eine große Klientel, und Jeanne war berühmt für ihre Kosmetikprodukte, die sie selbst herstellte. Sie beide kämpften gegen die Brutalität des Alltagslebens, den Streß und den Materialismus. Sie setzten sich für biologische Ernährung ein und hatten versucht, ihren Geist durch Yoga, Meditation und schließlich Wachträume zu erweitern. Als sie Di Mambro von dem langen Weg erzählten, den sie hatten zurücklegen müssen, ehe sie bis zu ihm gelangt waren, wußten sie bereits, daß sie einen Meister vor sich hatten. Für sie bestand daran kein Zweifel.

Das Ehepaar Colineau, das einige Zeit später bei Jo vorsprach, war völlig anders. Sie, Joelle Colineau, war treue Teilnehmerin an Laurence Meuniers Yogakurs und der offenen Gruppe »Gedanken zur spirituellen Welt.« Ihr Gatte hingegen, ein rauhbeiniger, wortkarger Mann, scherte sich offenbar nicht um diese »Devotionalien«. Und doch kamen sie gemeinsam zur Pyramide, und Jo erkannte in André Colineau sofort eine bedeutende Persönlichkeit aus der Vergangenheit. »Du warst Josua, der Nachfolger von Moses«, sagte er. Und Jo selbst schien beeindruckt, einer solchen biblischen Größe gegenüberzustehen. Joelle betrachtete ihren Mann mit demselben Blick, mit dem Maria Magdalena Jesus angesehen haben muß. Und André ließ sich überzeugen. Er, der Ungläubige, fühlte sich plötzlich durch diese Offenbarung beseelt und über die Normalsterblichen erhaben. Im Leben war er Jurist wie seine Frau. Sie hatten eine zwölfjährige Tochter und besaßen ein traumhaftes Chalet oberhalb von Genf.

Inzwischen war die Pyramide zu klein, um alle neuen Jünger zu beherbergen. Nur Blanche Davout, die Opernsängerin, zog in der Gemeinschaft ein. Sie war alleinstehend und benötigte somit nur ein Zimmer. Die anderen, das Ehepaar Junod, der Therapeut Jean-Marc Dubois und seine Freundin Jeanne sowie die Juristen Joelle und André Colineau blieben externe Mitglieder, nahmen jedoch an allen Vorträgen Jo Di Mambros teil. Man bezog sie ganz in das Leben der kleinen Gemeinschaft mit ein, und Jo persönlich eröffnete ihnen eines Tages im Anschluß an die Meditation die große Neuigkeit: François und Claude würden von nun an zusammenleben. »Die Meister aus Zürich haben es mir angekündigt«, sagte Jo. »Ihre Wesenheiten haben einander gesucht. Jetzt haben sie gemeinsam eine Mission zu erfüllen. Welche? Sie werden es bald genug erfahren.« Da sie unter der Führung der Meister zueinandergefunden hatten, bildeten François und Claude das erste »kosmische Paar« der neu erwachenden Menschheit. Es wurde applaudiert. Mehrere Wochen lang wurden sie als ausgewählte Wesen betrachtet. Jetzt, da sie wußte, daß sie das Herz Jesu durchbohrt hatte, befand sich Claude auf dem Weg der Erlösung. Der Beweis: Ihr wurde François geschickt und mit ihm das Glück, gleichzeitig Ehefrau und Mutter zu sein. Unter ihrem Einfluß veränderte sich der schwerfällige Vagabund. Er aß gesittet, wusch sich und verzichtete auf unanständige Ausdrücke.

Kurze Zeit später zog auch Corinne Colineau, die Tochter von André und Joelle, in der Pyramide ein. Schwer zu sagen, ob sie kam, um Jo nah zu sein oder Jacques Boivin, in dessen Bett sie schlief. Sie waren noch jung, und alle zogen es vor, darüber hinwegzusehen. Außerdem handelte es sich bei den beiden, da Jo nichts dagegen hatte, bestimmt um ein kosmisches Paar.

Es war an der Zeit, eine räumliche Vergrößerung ins Auge zu fassen. Die Junods, die Dubois' und die Colineaus konnten es kaum erwarten, unter demselben Dach zu schlafen wie der Meister, Marielle Chiron, Claudine und Michel Salvin, der Töpfer, François und Claude, Jacques Boivin und Corinne Colineau. Die Dubois' und die Colineaus erklärten sich bereit, ihre Häuser zu verkaufen, um sich am Erwerb einer Großimmobilie zu beteiligen, in der alle Platz haben würden. Sie machten sich auf die Suche, und Jean-Marc Dubois entdeckte die seltene Perle: eine Art altes Kloster, das einst dem Malteserritterorden gehört hatte. Das Haus oder besser Anwesen befand sich in Saconnex-d'Arve im Süden Genfs, inmitten eines Parks, der von Ackerland umgeben war. Jo Di Mambro sah in dieser Entdeckung einen göttlichen Fingerzeig: Dieses Haus und kein anderes sollte es sein, gleich, was es kostete. Die Dubois und die Colineaus boten sogleich ihre Häuser zum Verkauf an. Laurence Meunier versprach, einen beträchtlichen Teil der Kaufsumme beizusteuern. Jetzt mußte noch die Pyramide veräußert werden, was sich jedoch als nicht ganz einfach erwies, da sie mit Hypotheken belastete war. Während sie noch überlegten, wie der Verkauf zu bewerkstelligen sei, machte Jo eines Abends den Vorschlag, sie sollten alle ins Kino gehen. »Wir haben für heute genug gearbeitet«, sagte er. »Wir haben uns ein wenig Entspannung verdient.« Alle wurden aufgefordert mitzukommen. Als sie zurückkehrten, stand das Haus in Flammen, und die Feuerwehr war angerückt. Jo schien entsetzt. Michel und Claudine Salvin, die außerdem ihre Töpferei – also alles, was sie besaßen – verloren hatten, waren am Boden zerstört. Claude und Marielle schluchzten. François wollte in das brennende Haus laufen, um wenigstens Jos Schriften zu retten, aber Jocelyne Di Mambro hielt ihn zurück.

Ein paar Tage versuchte die Versicherungsgesellschaft, sich der Verantwortung zu entziehen, indem sie behauptete, es könne sich um Brandstiftung handeln. Alle Bewohner wurden von der Polizei verhört, jedoch schnell als Verdächtige ausgeschlossen. 15 Jahre später sollte ich rein zufällig erfahren, daß Jo ebenfalls lange verhört worden war. Die schweizerische Polizei hatte bei dieser Gelegenheit herausgefunden, daß er in Frankreich wegen verschiedener Delikte, unter anderem wegen Scheckbetrugs, mehrere Monate im Gefängnis gesessen hatte. Aber das Geheimnis blieb gut gewahrt. Drei Wochen nach dem Brand kam die Versicherung für den Schaden auf, und die Gemeinschaft konnte nun endlich das schöne Anwesen der Malteserritter erwerben.

Noch bevor ihm die Schlüssel übergeben worden waren, taufte Jo das Anwesen auf den Namen »Foundation Golden Way«. Jacques und François machten sich sofort daran, die Wohnungen der Mitglieder herzurichten. Jo und Jocelyne zogen ins Obergeschoß des Hauptflügels. Jean-Marc und Jeanne Dubois bekamen mehrere Zimmer im Nebenflügel, wo Jean-Marc später auch seine Praxis wiedereröffnen würde, während Jeanne gleich nebenan ihre Schönheitscremes verkaufte. Die Colineaus zogen gleich neben den Di Mambros ein, die Salvins eröffneten in einem Nebengebäude eine neue Töpferei. Für die Junods wurde eine geräumige Suite unter dem Dach hergerichtet, gewissermaßen ein Künstleratelier. Die anderen, Claude und François, Marielle, Blanche, Jacques und Corinne konnten sich aussuchen, welche Räume sie beziehen wollten, Platz war reichlich vorhanden.

Als alle einigermaßen untergebracht waren – die Renovierungsarbeiten sollten nie ganz zum Abschluß kommen –, wurde ein Sanktuarium eingerichtet, ein Ort des Gebetes, gleich neben dem grünen Salon, in dem ich Jo zum erstenmal begegnen sollte.

Aber noch sind wir nicht im Herbst 1979 und bei meiner Ankunft in der Foundation Golden Way. Während der Monate bis zu meinem Erscheinen sollten sich zwei Paare trennen und unter Schwierigkeiten neu bilden. Jo meinte, die Ehe seines Freundes Stéphane Junod wäre am Ende ihrer »Mission« angelangt. Stéphane und Janine hatten sich nicht mehr viel zu sagen; Jo meinte, Janine läge ihm sehr am Herzen, und ihr Geist sei zwar ergeben, aber doch zu begrenzt, um in Harmonie mit dem großen Musiker zu leben. Eine ähnliche Situation stellte Jo bei den Salvins fest. Diesmal war es der Töpfer, der sich neben seiner Frau Claudine blaß ausnahm, die er langsam aber sicher erstickte. Es stimmte, daß sich Junod und Claudine Salvin ineinander verliebt hatten. »Eure beiden Wesenheiten haben eine große Mission zu erfüllen«, prophezeite Jo sogleich. Stéphane und Claudine, die sich bald darauf von ihren Partnern scheiden ließen und wieder heirateten, bildeten somit das zweite »kosmische Paar« der Stiftung. Janine Junod fand sehr bald Trost in den Armen Michel Salvins, und sie bekamen ein gemeinsames Kind, Bruno.

Die Gemeinschaft befand sich mitten im Einzug und anderen weitreichenden Umwälzungen, als Monsieur und Madame Auneau um eine Audienz bei Jo ersuchten. Sie lebten in Lyon, wo er ein kleines Unternehmen leitete, und wurden wegen ihrer Tochter bei der Foundation Golden Way vorstellig. Élisabeth war nicht zu bändigen, Drogenkonsumentin und sexhungrig, unfähig zu lernen oder sich auch nur das geringste Ziel zu setzen. Sie wüßten nicht mehr weiter, wie sie sie auf den rechten Weg führen sollten, sagten sie, aber er, Jo Di Mambro, wäre ihre letzte Hoffnung. Jo bat darum, Élisabeth kennenzulernen, und in der darauffolgenden Woche stellten Monsieur und Madame Auneau ihm ihre Tochter vor. Élisabeth war mittelgroß, blond, mit großen blauen Augen und roten Lippen; eine Doppelgängerin von Marilyn Monroe. Jo empfing sie allein. Er brachte sie zum Reden und las in ihrer Aura. Dann bat er ihre Eltern hinzu und teilte ihnen seine Diagnose mit: »Ich weiß, warum Élisabeth so ist, wie sie ist. Sie ist von solcher Energie beseelt, daß sie nicht anders kann, als auf die eine oder andere Art auf sich aufmerksam zu machen«, sagte er. »Sie wählt hierzu den falschen Weg, soviel steht fest. Aber ich werde diese Energie in bestimmte Bahnen lenken und ihr eine Richtung geben, denn ich habe in ihr die Königin Hatschepsut erkannt, die Pharaonin, die sich als Mann verkleidete und in Wahrheit stärker war als jeder Mann. Diese Ganzheit muß sich wieder manifestieren können, und ich werde ihr dabei helfen. Vertrauen Sie mir Élisabeth an; in ein paar Monaten werden Sie sie nicht wiedererkennen.«

Élisabeth Auneau war in einer kleinen, frisch gestrichenen Wohnung unterhalb derer der Di Mambros untergebracht, als ich erstmals die Golden-Way-Stiftung betrat. Sie waren alle bereits dort, versammelt in dieser euphorischen Atmosphäre der ersten Monate. In diesem Herbst 1979 vervielfältigten sich die Aktivitäten, und Weihnachten nahte. Als ich sehr spät an einem Sonntagabend im Anschluß an eine Meditation die Stiftung verließ, wurde ich in der Diele von Laurence Meunier und Évelyne Chartier aufgehalten.

»Ah, Thierry!«, sagte Évelyne, »du weißt, daß wir am 24. Dezember eine große Zeremonie abhalten. Jo legt allergrößten Wert darauf, daß alle dabei sind ...«

»Am 24. abends ... Nein, nein, Évelyne, das wußte ich nicht ...«

»Wir verbringen alle die Nacht in der Stiftung«, ergriff Laurence das Wort. »Am nächsten Tag, dem 25., haben wir volles Programm.«

»Gut, gut«, entgegnete ich. »Ich ... ich werde mit Nathalie darüber sprechen.«

»Wir zählen auf dich, Thierry! Es ist sehr wichtig.«

Ich verbrachte eine schlaflose Nacht bei Nathalie und den Kindern, denen ich an diesem Abend wieder einmal keinen Gutenachtkuß hatte geben können. Ich hatte das Gefühl, mich in wenigen Wochen unglaublich weit von ihnen entfernt zu haben. Frédéric war zweieinhalb Jahre alt, und ich malte nur noch selten mit ihm. Was Pascal anbelangt, kann ich mich nicht einmal an seinen ersten Geburtstag im November erinnern. Ich hatte das übermächtige Bedürfnis, sie alle an mich zu drücken und ihnen meine Rückkehr in den Schoß der Familie zu verkünden. Aber gleichzeitig wurde mir ganz schwindlig bei dem Gedanken, den königlichen Weg zu verlassen, der meinem Leben endlich einen Sinn gegeben hatte. »Früher hatten sie einen Vater, der viel öfter da war, ja«, sagte ich mir, »aber in welcher Gemütsverfassung! Depressiv, negativ. Jetzt bekommen sie mich nicht mehr zu Gesicht, oder besser gesagt kaum noch, aber bei den seltenen Gelegenheiten, wenn wir zusammen sind, strahle ich über das ganze Gesicht und bin voller Begeisterung«. Am Vortag hatte Nathalie erst gesagt: »Du bist nicht wiederzuerkennen, Thierry.« Ich lief barfuß durch die Zimmer unserer kleinen Villa, um niemanden zu wekken. Und schließlich traf ich folgende Entscheidung: Ich würde die Stiftung nicht verlassen, das war unmöglich, aber Weihnachten würde ich nicht dort verbringen, auf gar keinen Fall.

»Évelyne, ich habe eine Frau und zwei Kinder«, sagte ich ihr am nächsten Tag. »Das weißt du. Ich kann sie Weihnachten nicht allein lassen .«

Ihr Gesichtsausdruck verhärtete sich abrupt.

»Man muß sich im Leben entscheiden können, Thierry«, sagte sie. »Du kommst seit drei Monaten her, du hattest Gelegenheit genug zu sehen, wie die Dinge hier laufen. Ich verlasse mich darauf, daß du am 24. kommst, das ist alles.«

Dann machte sie auf dem Absatz kehrt und ließ mich einfach in einer Ecke der Bibliothek stehen, wo wir auf Jo warteten. Kurz darauf sah ich sie Laurence Meunier etwas ins Ohr flüstern, und sofort ließ Laurence suchend den Blick durch den Raum schweifen. Sie entdeckte mich und kam auf mich zu.

»Thierry, was höre ich da? Du bist am 24. Dezember nicht hier? Aber das ist unmöglich. Jo wird das nicht dulden ...«

»Aber Laurence, ich habe Familie!«

Ich muß die Stimme erhoben haben, denn sofort wandten sich uns mehrere Gesichter zu. Meine Augen brannten von übermächtigen Gefühlen, die sich meiner bemächtigten. Ich verließ den Raum, um meinen Zorn zu verbergen.

»Thierry!« rief Laurence.

Diesmal schauten alle Anwesenden auf uns. Gleich darauf holten François und Claude mich auf dem langen Flur ein.

»Also wirklich, Thierry, was ist denn mit dir los? Laurence ist am Boden zerstört, und Évelyne ist nach oben zu Jo gegangen .«

»Man verlangt von mir, meine Kinder an Weihnachten allein zu lassen. Das kann ich nicht ... dann verlasse ich lieber die Stiftung.«

»Thierry! Das kann doch nicht dein Ernst sein«, stammelte Claude. »Bleib bei ihm, François, ich bin gleich wieder da.«

Sie lief hinter Évelyne her die Treppe hinauf. Kurz darauf erschien Jo, von Évelyne und Claude flankiert.

»Évelyne hat mir alles erzählt«, sagte er. »Kein Problem, Thierry, wir erwarten dich am Abend des 24. hier in der Stiftung, zusammen mit deiner Frau und deinen Kindern.«

7

Intelligenz der Wesenheiten oder tyrannischer Schurkenstreich, Jo hatte an jenem Abend erkannt, daß er handeln mußte, wenn er mich in der Gemeinschaft halten wollte. Ich sollte im Laufe der Jahre, die ich an seiner Seite verbrachte, noch des öfteren Gelegenheit haben festzustellen, daß er es meisterhaft beherrschte, von einer Sekunde auf die andere seine Haltung und Strategie zu ändern, wenn ein unerwarteter Vorfall seine Pläne zu durchkreuzen drohte.

Indem er vorschlug, daß ich gemeinsam mit meiner Frau und meinen Kindern an der Weihnachtszeremonie teilnehmen sollte, zog Jo mich vollends auf seine Seite. Er befreite mich von dem Unbehagen, das ich dabei empfand, meiner Frau verschweigen zu müssen, was genau ich im Kreise der Gemeinschaft tat.

Als ich ihr die Einladung überbrachte, sagte Nathalie nur: »Gern, Thierry, aber ich möchte mich nicht aufdrängen.« Ich küßte sie, und ich erinnere mich, ihr ins Ohr geflüstert zu haben: »Das wird das schönste Weihnachtsfest meines Lebens, Nathalie, denn an diesem Abend werden der Mann, den ich auf der ganzen Welt am meisten verehre, und ihr drei, die ich über alles liebe, unter einem Dach versammelt sein.«

Als wir durch das Tor in den Park fuhren, brannte im ganzen Haus Licht.

»Es ist wunderschön!« rief Nathalie aus.

Sie war glücklich, und ich war es auch. Ich trug Pascal durch den Park, während Nathalie Frédéric, der inzwischen wunderbar laufen konnte, an der Hand hielt. Als wir eintraten, wurden wir mit Freudenrufen empfangen. Sie saßen bereits alle an einem langen, mit Girlanden und Kerzen geschmückten Tisch. Nur Jo und Jocelyne fehlten. Viele standen auf, um uns zu begrüßen. Laurence Meunier umarmte uns als erste.

»Es ist alles vergessen, Thierry«, flüsterte sie mir ins Ohr, um gleich darauf auszurufen: »Was für großartige Kinder! Ich freue mich so, Sie kennenzulernen, Nathalie.«

Dann traten François und Claude zu uns.

»Ich möchte dir meinen Paten und meine Patin vorstellen«, sagte ich zu Nathalie. »Das erste Paar der Stiftung. Sie sind wunderbar, du wirst sehen.«

Nathalie küßte sie zur Begrüßung. Blanche Davout nahm mir Pascal vom Arm und drückte ihn an ihren imposanten Busen. Joelle Colineau tat zur gleichen Zeit dasselbe mit Frédéric, dem sie anschließend Mütze und Mantel auszog. Dann gesellte sich auch Évelyne Chartier zu uns. Ihre Worte des Willkommens klangen unaufrichtig. Ich las in ihren eisigen Augen, daß sie mit der Anwesenheit Nathalies und der Kinder nicht einverstanden war. Wir gingen um den Tisch herum, um alle zu begrüßen. Stéphane Junod, der uns verärgert und ein wenig verächtlich musterte, wie mir schien, Claudine Salvin, deren Hand er hielt, das Ehepaar Dubois, Jean-Marc und Jeanne, Jacques Boivin und Corinne Colineau, das junge Pärchen, den mürrischen André Colineau, der kaum ein Lächeln zustande brachte, die Neue, Élisabeth Auneau, die Marilyn Monroe wirklich verblüffend ähnlich sah, die strenge Marielle Chiron mit dem spitzen Gesicht bar jeder

Wärme, Michel Salvin, den Töpfer, dem auch dichterisches Talent nachgesagt wurde, Janine Junod und so weiter.

Wir hatten uns gerade gesetzt, als Jo und Jocelyne hereinkamen. Jos Blick streifte mich abwesend, und seine Züge erhellten sich, als er Nathalie erblickte. Sofort kam er auf uns zu.

»Das ist deine Frau, Thierry? Aber sie ist ja wunderbar! Nathalie, nicht wahr?«

Er zog sie auf die Füße und umarmte sie.

»Wunderbar!« sagte er noch einmal. »Weißt du, Nathalie, du mußt deinen Mann in Zukunft begleiten. Das ist sehr wichtig für ihn, aber auch für dich. Du wirst sehen, du wirst es später verstehen. Also abgemacht? Wir können in Zukunft auf dich zählen?«

Nathalie errötete. Sie war gerührt.

»Gern«, stammelte sie. »Aber die Kinder ...«

»Die Kinder dürften kein Problem sein«, fiel Jo ihr ins Wort. »Es sind genug Leute hier. Ihr ruft mich an, und ich schicke euch einen Babysitter. Einverstanden, Nathalie?«

»Einverstanden. Das ist wirklich sehr nett von Ihnen.«

Wir verbrachten zwei sehr merkwürdige Tage dort. Ich bemerkte verschiedentlich, wie sich bestimmte Gäste auf ein diskretes Zeichen von Laurence Meunier oder Évelyne Chartier in den grünen Salon zurückzogen. Ich hatte den Verdacht, daß dort irgendwelche geheimen Aktivitäten stattfanden, von denen ich offensichtlich ausgeschlossen war. Vermutlich stört sie Nathalies Anwesenheit, sagte ich mir. Tatsächlich wurden wir zu allen Mahlzeiten, Spielen, Spaziergängen und anderen profanen Unternehmungen dazugebeten. Aber mich persönlich lud man zu keiner spirituellen Aktivität ein. Ich spürte deswegen eine wachsende Frustration und empfand sogar eine Art Demütigung. Warum hatten sie so sehr darauf bestanden, mich dabeizuhaben, um mir dann nur beim Essen und Trinken zuzusehen?«

Endlich, kurz vor unserer Abfahrt, rief Jo mich zu sich.

»Wir werden aufgefordert werden, die Fackel der Templer zu übernehmen«, sagte er. »Es wurde mir angekündigt. Ich wußte, daß uns eine große Mission anvertraut werden würde, und darum handelt es sich. Thierry, bist du bereit, das Kreuz des Tempels anzufertigen?«

»Das Kreuz des Tempels! Aber Jo, ich habe es nie gesehen ...«

»Ich habe dir eine Zeichnung gemacht. Hier ist sie. Bist du bereit, eine Medaille danach zu fertigen?«

»Ich kann es versuchen, Jo. Das ist eine große Ehre, aber ...«

»Du wirst es schon schaffen, Thierry. Ich weiß es. Und jetzt geh.«

Nathalie war glücklich nach diesen zwei Tagen. Die Gemeinschaft hatte ihr jeden Wunsch von den Augen abgelesen, und einige der Frauen, darunter Claude und Janine Junod, hatten ihr die Kinder abgenommen. Sie hatte gar nicht bemerkt, daß wir sorgsam von sämtlichen spirituellen Aktivitäten ferngehalten worden waren. Auch ahnte sie nicht, daß die Stiftung ein Sanktuarium barg, einen geheimen Ort, den ich selbst seit der Zeremonie, im Rahmen derer die Talare überreicht worden waren, nur zweimal betreten hatte.

Die ganze Woche arbeitete ich daran, im Labor die Templermedaille anzufertigen. Ich ging mit gewaltigem Respekt ans Werk. »Jo ist wirklich unglaublich«, sagte ich mir. »Ich habe nie mit ihm über meinen Wunsch gesprochen, Goldschmied zu werden, und die erste Mission, mit der er mich betraut, besteht eben darin, ein Schmuckstück anzufertigen.« Einige Tage später übergab ich ihm die Medaille, und er pfiff anerkennend.

Eine Woche war verstrichen, als wir plötzlich zu einem »kalten Büfett im Beisein unseres Freundes« eingeladen wurden. Laurence Meunier rief in meiner Abwesenheit bei mir zu Hause an. »Unser Freund legt großen Wert darauf, daß ihr beide erscheint«, sagte sie zu Nathalie. Und so schickte Jo uns eine gewisse Sylvie, die die Kinder hüten sollte.

Die Atmosphäre war spannungsgeladen, als wir eintrafen. François und Claude erwarteten uns auf der Treppe.

»Schnell, schnell«, drängten sie. »Jo ist von einer Reise zurückgekehrt und hat uns eine große Neuigkeit zu verkünden. Wir sollen uns alle in der Bibliothek versammeln.«

Auch Laurence Meunier drängte uns zur Eile. Man nahm uns unsere Mäntel ab und schob uns in den Saal. Endlich saßen wir, in der letzten Reihe. Die anderen waren bereits alle da, aber immerhin lebten die meisten ja auch vor Ort.

»Also«, begann Jo. »Ich bin soeben mit Jacques von einer Reise nach Südfrankreich zurückgekehrt. Wir sind dorthin gereist, um Schwingungen an einem Templerort einzufangen, der mir beim Gebet eingegeben wurde. Wir hatten das Tempelkreuz bei uns, das Thierry so wunderschön angefertigt hat. Du weißt es, Thierry, ich habe es dir selbst gesagt ...«

Er legte eine kurze Pause ein, und alle wandten sich mir zu. Mir schien es, als wären die Gesichter voller Bewunderung.

»Wir spürten, daß dieses Kreuz mit den templerischen Wesenheiten verbunden war«, fuhr Jo feierlich fort, »aber dann ereignete sich ein Wunder: Vor unseren Augen bildeten sich 33 Medaillen.«

Wir hielten buchstäblich den Atem an. Wir wußten, daß wir uns in Anwesenheit eines Meisters befanden, zweifelten keine Sekunde daran. Ich für meinen Teil hatte in seiner Anwesenheit bereits ein außergewöhnliches Phänomen erlebt: die Glühbirne aus dem Strahler, die während der Zeremonie der Talarübergabe herabgefallen war und den Kopf der Rose abgetrennt hatte. Die anderen mußten noch viele weitere erlebt haben. Wir hielten die Luft an, da wir Zeugen eines weiteren übernatürlichen Phänomens sein würden. Jo erhob sich und hielt die Medaillen in den zusammengelegten Händen.

»Hier sind sie!« fuhr er fort. »Es sind 33, wie die 33 Ältesten des Rosenkreuzes, wie die 33 Meister in Zürich ...«

Jo wurde leichenblaß. Geschockt fielen einige von uns auf die Knie, in andächtigem Schweigen meditierend.

Jo setzte sich wieder und sagte mit feierlichem Ernst: »Jede dieser Medaillen trägt eine Nummer. Wir werden jetzt einer nach dem anderen einen Zettel aus dieser Urne ziehen, und jeder erhält die Medaille, deren Nummer der auf dem Zettel entspricht. Anschliessend werden wir die Meister bitten, die Medaille und ihren Träger zu segnen.«

Ich zog die Nummer 13, Nathalie die 33, zwei hochsymbolische Zahlen. Als Jo uns unsere Medaillen übergab, glühten sie in unserer Hand, und wir küßten sie instinktiv.

»Und jetzt gehen wir langsam in den grünen Salon hinüber«, befahl Jo. »Wir betreten einer nach dem anderen das Sanktuarium. Die Meister sind dort, ich weiß es. Sie werden sich einem jeden von euch in der ihnen eigenen Sprache offenbaren. Keiner wird an ihrer Präsenz zweifeln können.«

Endlich bin ich berufen, sagte ich mir. Für Nathalie würde das Sanktuarium eine völlig neue Erfahrung sein. Ich dachte in diesem Augenblick sehr intensiv an sie. Unsere Hände streiften einander, und wir schritten in einer Prozession zum grünen Salon. Die Meister würden sich manifestieren, aber auf welche Weise, um Himmels willen? Und ich würde diesen kosmischen Wesen allein gegenüberstehen? Würde ich in der Lage sein, ihnen zu antworten?

Wir nahmen in der Reihenfolge der Nummern auf unseren Medaillen Aufstellung. Da die Tür zum Sanktuarium einen Spalt breit offen blieb, sah ich, daß einige der Adepten von zwei oder drei Lichtblitzen getroffen wurden, während bei anderen scheinbar gar nichts geschah. Also manifestieren sich die Meister durch diese grellen Blitze, sagte ich mir. Werden Sie zu mir sprechen oder stumm bleiben wie bei einigen der anderen? Endlich war ich an der Reihe. Jo und Jocelyne waren dort, im Halbdunkel, in ihre Gewänder gehüllt. Auch Jacques Boivin war anwesend. Und plötzlich zuckten drei Blitze im Dunkel auf.

»Gut, Thierry«, sagte Jo mit dumpfer Stimme. »Die Meister haben dich anerkannt. Geh.«

Ich kehrte meditierend zurück in den Salon, und wir alle warteten geduldig, bis die letzte dran war, die 33., Nathalie. Als sie eintrat, entlud sich im Sanktuarium ein wahres himmlisches Gewitter. Es waren nicht zwei oder drei Blitze, sondern Dutzende, so daß einige angesichts dieses Spektakels überraschte, vielleicht auch neidvolle Ausrufe von sich gaben.

Kurz darauf tauchte Nathalie wieder auf, ganz blaß, gefolgt von Jo, Jocelyne und Jacques.

»So«, sagte Jo. »Ich wußte, daß heute etwas sehr Bedeutsames geschehen würde. Und soeben ist es eingetroffen. Wir haben die Königin von Atlantis wiedergefunden. Der Zyklus von Atlantis ist wieder in Gang gesetzt worden. Nathalie, du bist Anthea ...«

Alle Blicke richteten sich auf Nathalie. Ich starrte sie an wie eine wahrhaft Auferstandene. Sie wirkte benommen, schwankte, war unfähig, auch nur einen Ton hervorzubringen.

»Du bist Anthea, Nathalie«, wiederholte Jo. »Dein Platz ist von jetzt an in unserer Mitte, unter den Besten von uns.«

Als wir nach Mitternacht nach Hause zurückkehrten, stand Nathalie immer noch unter Schock.

»Thierry«, sagte sie. »Diese Lichterblitze, du ahnst ja nicht ... Jo mußte das Schwert heben, damit es aufhörte. Es war sehr beeindruckend.«

»Hast du bemerkt, wie Évelyne dich angesehen hat, als wir gegangen sind?« fragte ich.

»Nein, ich habe nichts und niemanden wahrgenommen. Ich war ganz erschüttert, verstehst du ...«

»Évelyne schien völlig erschüttert. Sie, die dich bisher wie ein Nichts behandelt hat ... die Königin von Atlantis, sieh an ...«

In den folgenden Wochen stand Nathalie-Anthea im Mittelpunkt. Seit Weihnachten hatten François und ich die Erde hinter dem Stiftungsgebäude umgepflügt, um Gemüse anzupflanzen. Jo hatte uns gebeten, genug anzupflanzen, um die Gemeinschaft den Sommer über zu ernähren. Und so traf ich mich jeden Abend nach der Arbeit mit François, und wir arbeiteten bis tief in die

Nacht mit der Spitzhacke. Aber Jo bat mich nicht mehr, nach dem Abendessen zu bleiben.

»Thierry«, sagte er, »du fährst nach Hause, um die Kinder zu hüten, und schickst mir Anthea. Ich brauche dich heute abend im Sanktuarium nicht, aber ich benötige unbedingt Antheas Schwingungen.«

Es war eine schwere Zeit für mich, da die Rollen unvermittelt umgekehrt worden waren. Den ganzen Herbst über war ich mitten in der Nacht nach Hause gekommen, die Seele brennend von Jos Prophezeiungen und den Geheimnissen, die er mir verboten hatte, mit Nathalie zu teilen. Jetzt war sie es, die schrecklich spät nach Hause kam, und sie war es, die eines Morgens beim Frühstück diese Worte sagte, die in gewisser Weise von ihrer Überlegenheit zeugten: »Jo hat uns gestern nacht unglaubliche Dinge erleben lassen. Ich darf dir nicht davon erzählen, das weißt du, nicht wahr? Aber es war wirklich unglaublich …«

Schließlich, im März 1980, versammelte Jo uns erneut alle in der Bibliothek. Wie er es den Eltern von Élisabeth Auneau versprochen habe, sagte er, habe er einige Zeit damit verbracht, zu versuchen, ihre Tochter auf den rechten Weg zu führen. Und da er in ihr die Wesenheit der Pharaonenkönigin Hatschepsut erkannt habe, hätte er mit Élisabeth eine Pilgerfahrt an den Ort in Ägypten unternommen, an dem diese Königin gelebt hatte: dem Tempel Deir el-Bahari. Die beiden waren soeben von drei Tagen der Meditation in diesem Tempel zurückgekehrt, und die Offenbarung, die Jo zuteil geworden war und die er uns mitteilen wollte, lautete wie folgt: Élisabeth würde in den kommenden Monaten ein Wesen gleichen Ranges wie Christus empfangen, ein Wesen kosmischen Ursprungs, das gleichzeitig die Neugründung des Tempels und die neue Welt verkünden sollte, die die Apokalypse überstehen würde.

Ich erinnere mich, daß wir Élisabeth plötzlich beinahe ehrfürchtig begegneten. Sie würde im Sanktuarium von einem Wesen aus dem Jenseits befruchtet werden, dessen Namen Jo uns verriet: Manatanus. Élisabeth sollte ein Kind von Manatanus empfangen! Jo sprach weiter, aber wir konnten den Blick nicht mehr vom blassen Gesicht des jungen Mädchens abwenden. Sie lächelte, den Mund leicht geöffnet, einen abwesenden Ausdruck in den Augen. »Diese Befruchtung wird nicht von allein stattfinden«, fuhr Jo fort und hob die Stimme. Um es der göttlichen Wesenheit zu gestatten, sich in Élisabeth zu inkarnieren, müßten die Schwingungen der Stiftung in beträchtlichem Maße verstärkt werden, sagte er, das Haus müsse in eine »Wiege der Energie« verwandelt werden. In den kommenden Tagen waren wir also aufgefordert, unsere spirituellen Übungen zu vervielfachen.

Die Ankündigung von Élisabeth Auneaus Schwangerschaft stellte einen Wendepunkt im Leben der Stiftung dar. Anfangs noch locker, sollte die Gemeinschaft sich nach und nach in Erwartung dieses Ereignisses drakonischen disziplinarischen Regeln unterwerfen. Regeln, die tatsächlich die Wiederauferstehung des Tempels, genau genommen die Gründung des Sonnentempler-Ordens vorbereiteten. Als hätte die Gemeinschaft nur auf die Ankündigung dieses Kindes gewartet, um sich in Bewegung zu setzen.

Élisabeth war die erste, die sich verwandelte. Die junge Frau, die bislang nur T-Shirts und ausgefranste Jeans getragen hatte, wurde nur noch in Designerklamotten gesehen. Ihre Kopfhaltung und ihr Gang veränderten sich, vielleicht aufgrund der hochhackigen Schuhe und des Schmucks, mit dem sie überhäuft wurde. Von einem Tag auf den anderen gab sie Haus- und Küchenarbeit auf, um stundenlang in ihrer Wohnung zu meditieren oder mit Jo zu einer 24stündigen Pilgerfahrt an einen geheimen templerischen Ort aufzubrechen.

Wir durften uns Élisabeth Auneau fortan nicht mehr nähern. Wir mußten zwischen ihr und uns eine Distanz von mindestens sechs Metern wahren. Élisabeth trug ständig ein kleines goldenes Kissen mit sich, auf das sie sich setzte, um zu vermeiden, daß unsere Schwingungen die ihren störten. Schließlich wurde eine Frau in ihren Dienst gestellt, um ihr jeden Wunsch zu erfüllen. Jo hatte der großen, knochigen Marielle Chiron diese Aufgabe anvertraut, weil er in ihr eine echte Vestalin erkannt hatte, eine dieser römischen, der Keuschheit geweihten Priesterinnen. Diese Aufgabe machte Marielle, die gleichzeitig Dienerin und Leibwächterin Élisabeths wurde, überglücklich. Sie desinfizierte den Teller und das Besteck der jungen Frau mit reinem Alkohol, fuhr in die Innenstadt, um ihr Parfums und Dessous zu kaufen, oder befahl uns, zu verschwinden, weil Élisabeth gleich herunterkäme, um ihren Tee zu trinken.

Als zukünftige Mutter des neuen kosmischen Christen hielt sich Élisabeth immer öfter im Sanktuarium auf, allein mit Jo. So stand sie in ständiger Verbindung mit den Meistern, was dazu führte, daß sie bald anfing, uns herumzukommandieren. Sie ergriff die Initiative und rief uns zusammen, wie es bis dato nur Jo getan hatte, und begann, uns zu maßregeln. »Ich habe von den Meistern erfahren«, sagte sie häufig,

»daß dieses Wochenende in bezug auf das Bewußtsein jedes einzelnen von euch katastrophal war. Auf diese Weise wird sich die Einheit der Stiftung niemals vollziehen. Auf diese Weise wird es uns nicht gelingen, die energetische Wiege für das zukünftige Wesen aus dem Zeitalter des Wassermanns zu schaffen.«

Eines Tages nach einer dieser Versammlungen, die wir stets von der Last unserer Verfehlungen gebeugt verließen, kündigte Élisabeth uns den Beginn einer Zeit intensiver Meditation an. Diesmal sollten wir wahrhaftig unsere gesamten Energien vereinen, um die Ankunft Manatanus' vorzubereiten, des Meisters, der sie befruchten würde. Die Übungen sollten jeden Morgen um halb sechs im Park beginnen, und jeden Abend sollten wir uns im Sanktuarium zusammenfinden.

Nathalie und ich stellten den Wecker auf Viertel vor fünf und waren während dieses Sommer 1980 jeden Morgen im Park, erschöpft aber vollständig bekleidet und bereit für die Übungen. Élisabeth, Sylvie und Laurence Meunier hatten ein Programm entwickelt, das auf Yoga beruhte und die Verschmelzung der Energien ermöglichen sollte. Wir versammelten uns jedesmal unter der uralten Wellingtonie, einem 33 Meter hohen Sequoia, dem schönsten von ganz Genf, wo es insgesamt nur drei Exemplare dieser Baumart gab. »An dem Tag, an dem der Blitz in diesen Baum einschlägt«, hatte Jo uns erklärt, »werden wir wissen, daß die Apokalypse begonnen hat.« Dort unter dem Sequoia leitete Élisabeth die spirituelle Gymnastik. Manchmal mußten wir eine Viertelstunde auf einem Bein stehen oder in religiöser Prozession barfuß um den Baumstamm herummarschieren. Abschließend berührten wir alle gemeinsam den Stamm, schlossen die Augen und beteten. Élisabeth notierte sich in einem Heft, wie eifrig und andächtig ein jeder war. Abends im grünen Salon kommentierte Jo dann Élisabeths Eintragungen. »Nun, Thierry, wie ich sehe, hast du heute morgen nicht gefehlt«, oder: »François, was war denn los? Warum hat Claude sich denn geweigert, deine Hand zu halten? Ich möchte zum gegenwärtigen Zeitpunkt keine Querelen, ist das klar? Sonst trägst du persönlich die Verantwortung dafür, daß Élisabeths Befruchtung nicht stattfindet ...«

Nathalie und ich lebten in einer Art halluzinatorischem Zustand. Wir schliefen nur noch drei oder vier Stunden pro Nacht, wir waren völlig fixiert auf das angekündigte Erscheinen Manatanus', redeten nur noch darüber und machten uns wegen der kleinsten Unaufmerksamkeit bittere Vorwürfe, als könnte sie dieser Verschmelzung der Energien schaden, die wir aufsteigen spürten. Jo forderte uns auf, von nun an dreimal täglich, die »universelle Einheit« zu praktizieren. Um neun, um zwölf und um 21 Uhr mußten wir alle für mindestens eine Minute in stiller Andacht versinken, wo immer wir gerade waren. Wir kauften uns alle Digitaluhren mit Weckton, da es für die Verschmelzung unabdingbar war, daß die Einheit von sämtlichen Mitgliedern der Gemeinschaft zu exakt derselben Minute vollzogen wurde. Um Borés Fragen zu vermeiden, gewöhnte ich mir an, mich fünf Minuten vor der Zeit auf der Toilette einzuschließen. Boré war immer noch so mürrisch und gleichgültig wie eh und je, so daß ihm mein durch die schlaflosen Nächte, die Bewirtschaftung des Gemüseackers und die ständige intensive Meditation eingefallenes Gesicht nicht aufzufallen schien. Meine Mutter hingegen, die wir, seit sie wieder geheiratet hatte, nicht mehr so oft sahen, ahnte, daß etwas im Busch war. »Ich darf dir nichts Konkretes verraten«, sagte ich ihr schließlich, um sie zu beruhigen, »aber du sollst wissen, daß Nathalie und ich auf spiritueller Ebene etwas ganz Außergewöhnliches erleben.«

Unsere Mühen wurden belohnt. In einer Julinacht, die wir für eine ganz gewöhnliche Nacht hielten und die wir mit Meditieren und liturgischen Gesängen im Sanktuarium begingen, erschien uns endlich Manatanus. Erst nahmen wir nur einen schwachen Lichtschein hinten im Sanktuarium wahr, dann bildeten sich seine Gesichtszüge heraus, und der Meister nahm Gestalt an. Sein Gesicht war blaß wie eine Totenmaske. Sein Körper war gewaltig, an die zwei Meter hoch und in einen schwarzen Umhang gehüllt, so daß wir ihn in der fast völligen Dunkelheit des Sanktuariums nur schwer erkennen konnten. Wir waren wie erstarrt und gleichzeitig erfüllt von grenzenloser Dankbarkeit. Er war gekommen; unsere Gebete waren erhört worden. Er war um unseretwillen gekommen, zum Wohl unserer kleinen Gemeinschaft. Er hatte uns unter allen Sterblichen ausgezeichnet. Wir waren Privilegierte. Ich war ein Privilegierter. Was wäre aus mir geworden, wenn ich Jo nicht begegnet wäre? Wo stünde ich heute? Diese Fragen gingen mir durch den Kopf, während ich mich wie alle anderen Manatanus zu Füßen warf. Dann richtete Jo das Wort an ihn, mit der tiefen Stimme, mit der er nur im Sanktuarium sprach.

»Manatanus!« sagte er. »Wir sind da, dein Wille geschehe.«

Eine bleiche Hand, die ein Schwert hielt, tauchte langsam unter dem Gewand auf. Élisabeth stand neben mir, der ich auf ein Knie gesunken war. Sie hielt sich sehr gerade und wirkte angespannt, als lausche sie einer göttlichen Botschaft, die nur sie allein hören konnte. Langsam hoben sich Hand und Schwert, und während wir die Luft anhielten und es so still wurde, daß man das Pochen unserer Herzen hätte hören können, senkte sich das Schwert auf Élisabeths Bauch. In dem Augenblick, da die Spitze ihn schließlich berührte, erhellte ein greller Blitz das Sanktuarium. Als der grelle Schein verlosch, war es vorbei, Manatanus und sein Schwert waren verschwunden. Die Pforten des Allerheiligsten schlossen sich.

Zwei Tage nach der Erscheinung verkündete Jo uns endlich die große Neuigkeit: Élisabeth war schwanger. Zwar habe sie noch keinen physischen Beweis, aber er wisse es, da die Meister in Zürich ihn davon unterrichtet hätten. Hierauf setzte Jo zu umfangreichen Erklärungen zu der zukünftigen Inkarnation dieses Kindes an. »Einige von euch haben meine Mutter gekannt …« Ich erfuhr, daß Madame Di Mambro die letzten Monate ihres Lebens in der Pyramide verbracht hatte, daß Bernadette, die Schwester von Jacques Salvin, die in Abständen die Stiftung besuchte, Tag und Nacht am Bett der alten Dame gewacht hatte, bis diese starb. Bernadette war auch an diesem Tag anwesend. »Du«, sagte Jo, »hast dir in dieser Zeit den Passierschein für das Jenseits erworben. Dies bestätige ich dir hiermit feierlich im Angesicht der Meister der Hierarchie des Drachen.«

Jos Mutter war also verstorben, und von diesem Augenblick an hatte Jo gewußt, daß sie gegangen war, um die Essenz ihrer körperlichen Hülle einem bedeutenden Wesen zu überlassen, das ihrer dringend bedurfte. Und nun würde sich, was geschrieben stand, endlich erfüllen: Das Kind von Élisabeth Auneau würde eine Reinkarnation von Jos Mutter sein … Wir alle waren gebannt von dieser Erklärung, bereit, sie blind zu akzeptieren, ebenso wie wir voller Dankbarkeit akzeptiert hatten, daß Nathalie Anthea gewesen sein sollte, Élisabeth die Königin Hatschepsut und Claude der Soldat, der mit seiner Lanze Christi Seite geöffnet hatte. Wir waren weit, unsagbar weit davon entfernt zu ahnen, daß diese ganzen metaphysischen Erläuterungen nur einem einzigen Ziel dienten, nämlich dem, uns darauf vorzubereiten, daß das Kind von Élisabeth Auneau seinem wahren Vater ähnlich sehen würde: nicht Manatanus, sondern keinem anderen als Jo.

Während der neun Monate ihrer Schwangerschaft bekamen wir Élisabeth so gut wie gar nicht mehr zu Gesicht. Jo hatte die Distanz, die wir zu ihr wahren sollten, damit unsere Schwingungen dem göttlichen Wesen nicht schadeten, auf zehn Meter erhöht. Die seltenen Gelegenheiten, bei denen Élisabeth ihre Wohnung verließ, wurden uns von Marielle Chiron angekündigt, woraufhin wir vorsichtshalber sogleich in den Park hinausgingen. Gewöhnlich jedoch blieb Élisabeth in ihren eigenen vier Wänden, von einem wahren Sperrgürtel umgeben, der sie vor schädlichen Einflüssen schützen sollte. Sylvie, das ehemalige Aupair-Mädchen der Dubois', das auch unser Babysitter gewesen war, wurde damit betraut, Élisabeth den Haushalt zu führen. Fußboden, Wände und Fenster mußten ständig mit einem Desinfektionsmittel behandelt werden, das gewöhnlich in Operationssälen verwendet wurde. Marielle, die Vestalin, war stets zugegen, um Élisabeth jeden Wunsch zu erfüllen, da der jungen Frau, ebenfalls um die Entwicklung des Kindes keinesfalls zu gefährden, keinerlei Verstimmung zugemutet werden durfte. Marielle hastete den ganzen Tag geschäftig umher, von der Stiftung in die Innenstadt und zurück, um auf Wunsch der werdenden

Mutter eine bestimmte Delikatesse oder neue Kleider zu besorgen. Fortan durfte sie ihr die Einkäufe jedoch nicht mehr persönlich überreichen. Sie mußte sie Jocelyne Di Mambro aushändigen, dem »Schutzengel« des göttlichen Hauses, die alles mit 90prozentigem Alkohol reinigte, Bücher ebenso wie Büstenhalter, um die Schwingungen des Verkäufers auszulöschen. Und da nichts, was wir oder Außenstehende berührt hatten, in Élisabeths Nähe gelangen durfte, bereitete Jo persönlich ihre Mahlzeiten zu. Wenn er nach Zürich oder an irgendeinen geheimen Ort reisen mußte, begleitete ihn Élisabeth, die stets ihr kleines goldenes Kissen bei sich führte.

In ständiger Meditation warteten wir auf das Kind, als André Colineau eines Tages auf Jo zutrat und sagte, daß er ihm gern einen bemerkenswerten Mann vorstellen würde, einen gewissen Pierre Vatel. André war ein Jünger, dem Jo Gehör schenkte, nicht nur, weil er in ihm Josua, den Nachfolger von Moses, erkannt hatte, sondern außerdem, weil André mit seiner Buchhalter- und Juristenausbildung nach und nach die Verwaltung der Stiftung übernommen hatte. Er war es, der die Statuten der Gemeinschaft aufstellte, die regelmäßig den schweizerischen Behörden vorgelegt wurden. Und er war es auch, der bald damit beauftragt werden sollte, die Statuten des zukünftigen Templerordens auszuarbeiten.

Und so empfing Jo diesen Pierre Vatel. Wir sahen ihn am Steuer eines Luxuswagens vorfahren und erfuhren, daß er ein vermögender Industrieller war. Die beiden Männer trafen sich in der Bar der Stiftung, und irgendwann im Laufe der Begegnung bat Pierre zungenfertig und neugierig, das Haus besichtigen zu dürfen, das ihn fasziniere.

»Ich kann Ihnen nicht alle Räume zeigen«, entgegnete Jo.

»Ach! Und warum nicht?« wollte Pierre wissen.

»Weil es hier eine ganz besondere Stätte gibt, zu der Nichteingeweihte keinen Zutritt haben.«

Der Industrielle reagierte erstaunt und blieb hartnäckig, berief sich auf seine Freundschaft zu André Colineau, der doch seit Monaten in der Stiftung lebe. Und so kam es, daß Jo entgegen sämtlicher Regeln zum erstenmal einem Außenstehenden Zutritt zum Sanktuarium gewährte. Spürte er, daß dieser wohlhabende, neugierige und einflußreiche Mann sich rasch als Adept gewinnen lassen würde? Jo war zur damaligen Zeit auf der Suche nach solchen Menschen, die als Sponsoren und Fürsprecher der Stiftung in Frage kamen. Und so öffnete er diesem Fremden die Pforten des Sanktuariums. Pierre war tief beeindruckt von der sakralen Atmosphäre und dem schweren Weihrauchgeruch. Er verlor ein wenig von seiner Selbstsicherheit und verließ den Raum schweigend und ergriffen. Einige Tage später aßen er und Jo gemeinsam zu Mittag. Wieder war die Gemeinschaft Zeuge dieser Begegnung. Das Mittagessen zog sich lange hin, und alle konnten sehen, daß Pierre sehr aufgewühlt war von allem, was Jo ihm anvertraute. Vermutlich teilte er ihm mit, was er in seiner Aura las, mit dieser ganz speziellen Stimme, die Jo benutzte, wenn er mit dem Astralen kommunizierte. Dann eines Morgens, als wir uns gerade nach unserer spirituellen Gymnastik zum Frühstück versammelten, erschien Pierre ganz aufgeregt in der Stiftung. Er verlangte Jo zu sprechen, der uns später von ihrer Unterhaltung berichtete.

»Jo«, sagte Pierre, »mir ist gerade etwas Unglaubliches passiert. »Ich sah vor dem Rasieren in den

Spiegel, und anstatt mein Gesicht zu sehen, sah ich einen Fremden! Ich sah im Spiegel ein fremdes Gesicht ...«

»Das überrascht mich nicht, Pierre«, entgegnete Jo gelassen. »Weißt du, wen du gesehen hast? Du hast das Spiegelbild des Menschen gesehen, der du wirklich bist. Für die Menschen bist du Pierre. Aber in Wahrheit bist du jemand ganz anderes, eine sehr bedeutende Persönlichkeit.«

»Was willst du damit sagen, Jo?«

»Das wirst du später erfahren, ich habe noch nicht das Recht, es dir zu verraten.«

Einige Tage später sahen wir, wie Pierre und Jo gemeinsam das Sanktuarium betraten. All jene, die an jenem Abend gerufen worden waren, wurden gebeten, im grünen Salon zu warten. Die beiden Männer blieben über zwei Stunden an der Stätte, an der Manatanus uns erschienen war. Als sie schließlich wieder herauskamen, waren sie bleich und ihre Züge angespannt. Pierre konnte sich kaum auf den Beinen halten und ließ sich auf einen Stuhl fallen; sein Kinn zitterte wie bei einem erschütterten Kind.

»Wir wissen jetzt, wer Pierre ist«, sagte Jo feierlich. »Er ist kein geringerer als die Inkarnation von Manatanus! Jetzt wißt ihr, warum eine unwiderstehliche Macht ihn hierher getrieben hat. Er ist zu uns gekommen wie von einem gewaltigen Magneten angezogen, tatsächlich von der Hand dieses uns bekannten Meisters geleitet. Es gibt keine Zufälle.«

Von diesem denkwürdigen Abend an kam der Industrielle Pierre Vatel regelmäßig in die Stiftung. Und immer öfter trafen sich Jo Di Mambro, Stéphane Junod, der Musiker, und er zu geheimen Besprechungen. Die drei schlossen sich für Stunden im Sanktuarium ein, aßen von uns getrennt zu Mittag und schlenderten in erregte Diskussionen vertieft durch den Park. Keiner von ihnen übernahm je irgendwelche Pflichten der Gemeinschaft. Im Grunde war es so, als bilde sich vor unseren Augen eine Elite heraus. Und die Mitglieder dieser Elite wurden offenbar nach ihrer Stellung außerhalb, in der profanen Gesellschaft, ausgewählt und nicht nach ihrem spirituellen Engagement. Was für ein Ansehen genossen in der profanen Gesellschaft ein Therapeut wie Jean-Marc oder ein Töpfer wie Michel Salvin, verglichen mit einem berühmten Musiker oder einem angesehenen Genfer Industriellen? Was galten sie? Für uns, die wir Brüder und Schwestern waren, galten sie ebensoviel wie die anderen, aber nun schien es, als würde Jo eine Hierarchie einführen.

Noch war es viel zu früh, davon schockiert zu sein, viel zu früh, es auch nur bewußt wahrzunehmen. Damals war alles, was Jo sagte, die unumstößliche Wahrheit für uns. Es störte uns nicht, daß wir zwei oder drei Stunden vor den Türen des Sanktuariums warten mußten, bis die drei Männer herauskamen, um dann nach Mitternacht zu erfahren, daß es an diesem Tag für uns kein Sanktuarium geben würde. Und es machte uns auch nichts aus, daß wir hinausgeworfen wurden, wenn Élisabeth Auneau durch die Flure wanderte, oder daß wir auf allen Vieren die Fliesen schrubben mußten, während Jo, Junod und Vatel im selben Raum die Köpfe zusammensteckten. Wir waren zu sehr von dem Gefühl eingenommen, Privilegierte zu sein, hatten zu großes Mitleid mit den Menschen der Außenwelt, die nicht soviel Glück hatten wie wir und weiter in Blindheit leben mußten, als daß wir uns mit so trivialen Ärgernissen unseres Alltagslebens aufgehalten hätten. Ja, wir alle gaben unser Bestes für das Gemeinwohl. Jean-Marc Dubois überwies die gesamten Einkünfte aus seiner Therapiepraxis an die Gemeinschaft, und an den Abenden half er uns bei der Bewirtschaftung des Akkers. François, Jean-Marc und ich bildeten ein eingeschworenes Trio. Salvin, der Töpfer, hatte sein stilles Lächeln wiedergefunden, seit er mit Janine, der ehemaligen Madame Junod, zusammenlebte. Er schien nicht mehr allzu sehr unter der Trennung von seiner Frau Claudine zu leiden, die ihrerseits inzwischen Madame Junod geworden war. Auch Salvin arbeitete hart, um die Kasse der Stiftung zu füllen, und Sylvie, die wunderbar zeichnen und malen konnte, dekorierte einige seiner Töpferarbeiten, wenn sie neben der Haushaltsführung für Élisabeth Auneau die Zeit dazu fand.

Nathalie-Anthea setzte sich nach Kräften in der Küche ein. Oft traf ich sie, wenn ich nach meinem Arbeitstag mit Boré im Labor die Stiftung betrat, mit den Kindern in der Küche an, wo sie das Essen für die gesamte Gemeinschaft zubereitete. Joelle Colineau war ebenfalls dort, ein Schälmesser in der Hand, und schluchzte, während Nathalie vergeblich versuchte, sie zu trösten. André hatte sie vor kurzem verlassen, um sich mit der schönen Michèle zusammenzutun, jenem Mädchen, mit dem ich als Kind am Strand des Genfer Sees Tischtennis gespielt hatte. Es war Jos Idee gewesen, die beiden zusammenzuführen. Er hatte geglaubt zu erkennen, daß die Ehe von André und Joelle nicht mehr glücklich war, und da ihm das Wohl Andrés, der die Unterlagen der Stiftung wunderbar verwaltete, sehr am Herzen lag, hatte er eines Tages zu ihm gesagt: »Josua, so kann es nicht weitergehen. Deine Mission mit Joelle ist schon seit langem beendet. Ich habe die

Botschaft empfangen, daß du mit Michèle Großes zu bewirken hast.« Das gleiche vertraute er Michèle an, und schließlich kamen die beiden zusammen. Sie waren ein merkwürdiges Paar, der verschlossene, mürrische, stets brummige und 15 Jahre ältere André und Michèle mit ihrem strahlenden Madonnengesicht. Ein komisches Paar, ja, aber sie würden heiraten, und Joelle glaubte, mit André alles verloren zu haben. Nathalie und Jeanne Dubois, die ihnen in der Küche half, wenn sie mit dem Verkauf ihrer Schönheitscremes in ihrem Kosmetiksalon fertig war, standen ihr zur Seite.

Wir erwarteten die Geburt des göttlichen Kindes in Aufopferung und Brüderlichkeit, und Nathalie und ich erkannten damals, daß unser Leben nie wieder so sein würde wie früher. Uns blieb keine Minute Zeit für unsere Freunde aus der profanen Welt. Nathalie besuchte ihre Eltern nicht mehr, und auch meine Mutter war sehr still geworden. Unser Glaube motivierte uns jeden Tag ein wenig mehr, und es wurde zunehmend schwerer, unsere Aktivitäten außerhalb mit unserem Leben in der Gemeinschaft zu vereinbaren. Die Abende, an denen wir wachten und in die Stiftung gerufen wurden, die spirituelle Gymnastik im Morgengrauen und das ständige Hin und Her zwischen der Stiftung und unserem Haus zehrten an unseren Kräften. Insgeheim beneideten wir jene, die das Privileg hatten, vor Ort zu wohnen. Da es der Stiftung im Augenblick jedoch nicht möglich war, uns zu beherbergen, trafen wir die einzig mögliche Entscheidung: Wir würden uns ein Haus in unmittelbarer Nähe suchen. Alle Mitglieder der Gemeinschaft unterstützten uns dabei, und schon bald bezogen wir ein Haus nur zehn Minuten von der ehemaligen Malteserkomturei entfernt.

Bis zur Geburt von Élisabeths Kind waren es nur noch wenige Wochen, als Jo uns für das Wochenende den Besuch eines belgischen Arztes und seiner Frau ankündigte. »Er ist ein wichtiger, sehr wichtiger Mann«, erklärte er uns. »Ich kann euch im Augenblick nicht mehr sagen, aber ich bitte euch, ihm großen Respekt entgegenzubringen. Sein Name ist Luc Jouret.«

8

Wir waren sofort vom Aussehen dieses Arztes eingenommen. Er war groß und gut gebaut, mit schlanker Taille und breiten Schultern. Er trug seinen schönen, klassischen, unwiderstehlichen Kopf hoch; ein schwarzer, tiefer Blick, den zuweilen ganz plötzlich Trauer verschleierte, und wirres Haar, von dem ihm eine Strähne in die Stirn fiel, verliehen ihm eine ganz besondere Ausstrahlung. Er bewegte sich geschmeidig und grüßte uns mit einer leichten Verbeugung, ein wenig nach Art hinduistischer Meister. Luc Jouret war in jenem Jahr 33. 33, exakt die Anzahl der Ältesten der weißen Bruderschaft des Rosenkreuzes in Zürich. Und auch das Alter, in dem Christus gestorben war. Er war an diesem Tag der einzige, der einen eleganten Anzug mit Krawatte trug. Marie-Christine, seine Frau, machte an seiner Seite eine traurige Figur. Im übrigen hielt sie sich ständig im Hintergrund. Sie war brünett und klein und unscheinbar.

Jo bat sie, an seiner Seite am Tisch des Meisters Platz zu nehmen. »Luc Jouret«, teilte er uns mit, »ist einer der wenigen Ärzte auf der ganzen Welt, die es ablehnen, nur den Körper allein zu behandeln. Er weiß ebenso wie wir, daß die körperlichen Symptome nur das sichtbare Ergebnis einer viel schlimmeren seelischen Erkrankung sind. Und darum ist Doktor Jouret auch ein Heiler der Seele.« Wir erfuhren, daß Menschen aus ganz Europa anreisten, um diesen jungen

Arzt zu konsultieren. Unsere Bewunderung wuchs. Und bald schon wärmte uns ein wenig von der Größe dieses Mannes das Herz, erhob uns, uns, die wir nichts waren. Ein Arzt, und was für ein Arzt!, interessierte sich nicht nur genügend für uns, um die Reise auf sich zu nehmen, sondern eröffnete uns darüber hinaus, daß er unsere Weltanschauung teilte, unsere Wahrheit. Er erzählte uns von seiner spirituellen Suche, von seiner Reise nach Indien und den Lehren eines Meisters namens Bhagwan. Dann erzählte er uns von seinem parallel hierzu durchgeführten Medizinstudium, das er, brillant, wie wir errieten, an der Universität von Brüssel absolviert hatte. Ganz zum Schluß überließ er Marie-Christine das Wort. Eine Stunde lang hatten wir uns von der warmen Stimme Doktor Jourets mitreißen lassen. Marie-Christine hatte eine Fistelstimme und suchte ständig nach den richtigen Worten; die ganze Zeit über starrte sie auf ihre blassen Hände. Sie sagte, daß sie Sophrologie unterrichte, eine Hypnosetechnik, die es möglich mache, körperliche Schmerzen zu kontrollieren und zu vertreiben, um so das innere Gleichgewicht wiederherzustellen.

Später, nachdem der Arzt und seine Frau nach Belgien zurückgekehrt waren, erfuhren wir von Jo, wie er sie kennengelernt hatte. Seit Monaten reisten Jo und Jocelyne regelmäßig nach Belgien, um dort ein Pärchen, die Charbonniers, zu besuchen, die ein Begegnungs- und Ausstellungszentrum unterhielten. Évelyne Chartier und Laurence Meunier hatten Jo mit den Charbonniers bekannt gemacht. Sie waren überzeugt, daß dieses Zentrum geeignet wäre, neue Jünger zu rekrutieren, derer die Stiftung ständig bedurfte, um ihre finanziellen Mittel sowie natürlich auch ihre Anhängerschaft zu erweitern. Warum nicht ein Schwesterhaus in Belgien eröffnen? Man faßte diese Möglichkeit ins Auge. Jo unterhielt enge Beziehungen zu Marc und Amélie Charbonnier, die sich schließlich der Genfer Stiftung anschließen sollten. Aber bevor sie alles aufgaben, um sich ganz in die Gemeinschaft zu integrieren, machten die Charbonniers die Eheleute Di Mambro mit den Jourets bekannt.

Die Jourets waren am Boden zerstört, als Jo ihnen zum erstenmal begegnete. Sie hatten gerade erst kurz nach der Geburt ihr einziges Kind verloren. Marie-Christine weinte, als sie ihnen von diesem Schicksalsschlag erzählte. Luc erklärte, daß das Kind auf seinen Wunsch hin mit einer roten Rose beerdigt worden sei. Als Jo dies hörte, offenbarten die Meister ihm, wie er uns später erzählte, plötzlich die Deutung des Symbols der Rose. »Dieses Kind«, vertraute er Marie-Christine und Luc an, »wurde geboren, um euch euren Eintritt in den Rosenkreuzerorden anzukündigen. Sobald seine Mission erfüllt war, kehrte es heim, eine Rose in der Hand.« Er überzeugte sie von der Wahrheit dieser prophetischen Eröffnung, was ihm wohl nicht allzu schwer fiel, da das Paar bereits an die Reinkarnation glaubte.

Von da an sahen sie einander mehrmals wieder, und Jo erlangte ihr Vertrauen und ihre Freundschaft. Als die Jourets zum erstenmal in die Stiftung kamen, waren sie bereits so gut wie entschlossen, endgültig einzuziehen. Jo hatte Luc überredet, eine Arztpraxis in Annemasse zu eröffnen. Wenn er es wünsche, könne er ebenfalls eine Zweitpraxis innerhalb der Stiftung einrichten. Marie-Christine könnte dort ihre Sophrologie praktizieren und Patienten empfangen. Warum isoliert in Belgien bleiben, wenn die Gemeinschaft in Genf ihnen die Hände reichte?

Jo hegte damals insgeheim den Wunsch, auf dem alten Templeranwesen ein Zentrum einzurichten, das spirituelle, kulturelle und medizinische Aktivitäten unter einem Dach vereinte. Er träumte davon, daß Patienten aus der ganzen Welt zur Kur anreisen würden, zur körperlichen Erholung und zur Erweiterung des Geistes. Jo verfügte vor Ort über alle nötigen Arbeitskräfte. Er selbst, Évelyne Chartier und Laurence Meunier wären für das Geistige zuständig, Stéphane Junod und die Opernsängerin Blanche Davout für das Kulturelle, Jean-Marc Dubois, der Therapeut, seine Frau Jeanne, die Kosmetikerin, und nun noch Luc und Marie-Christine Jouret für den medizinischen Part. Wir anderen würden den Hotelbetrieb, den Bioanbau und den Gastronomiebereich übernehmen.

Einige Tage später waren die Jourets zurück, diesmal endgültig. Jacques Boivin richtete ihnen in aller Eile einen Teil des Dachbodens her, einen einzigen, aber wunderschönen Raum mit weißbespannten Wänden zwischen den offenen Balken. Jo übergab Luc Jouret als Willkommensgeschenk den Wagen von Évelyne Chartier. Évelyne wurde davon nicht vorab unterrichtet, aber was zählte schon ein Wagen, nachdem sie Jo bereits ihr ganzes Leben geschenkt hatte? Außerdem brauchte Luc den Wagen dringender als sie, da er fortan mehrmals täglich zwischen Annemasse und Genf pendeln mußte.

Luc und Marie-Christine waren also bei uns, als endlich Anne auf die Welt kam, das langersehnte Kind Élisabeths. Die Geburt erfolgte in der Nacht vom 20. auf den 21. März 1981. Damit nicht Dutzende profaner Ärzte das göttliche Kind berührten, kam es im Privathaus einer Adeptin, Marie Dupin, zur Welt. Nur Jo Di Mambro in seiner Eigenschaft als Meister wohnte der

Entbindung bei, auch um die negativen Kräfte fernzuhalten, die von einer Hebamme von außerhalb geleitet wurde. Für uns in der Stiftung war es eine berauschende Nacht. Wir waren unterrichtet worden, sobald die ersten Wehen eingesetzt hatten. Sofort begannen unter Anleitung von Blanche Davout, Laurence Meunier und Évelyne Chartier liturgische Gesänge und Meditation. Wir wurden in Schichten eingeteilt, damit die Gesänge und Gebete bis zur Geburt, von der Jo uns in Kenntnis setzen würde, nicht abbrachen. Auch in den drei darauffolgenden Tagen beteten wir ohne Unterbrechung, um die Schwingungen des Ortes zu erhalten, an dem Anne in Kürze zum erstenmal weilen würde.

Dann endlich kam sie, mitten in der Nacht, da niemand sie sehen und mit seinem Blick verunreinigen sollte. In dieser Nacht ging Jo nach oben, um Jacques zu wecken, und gemeinsam vergruben sie im Park Élisabeths Plazenta, über der sie eine junge Roteiche pflanzten.

Drei Monate lang bekamen wir weder Mutter noch Kind zu Gesicht. Nur Jo und Jocelyne Di Mambro, Marielle Chiron und Sylvie, die weiterhin mit der Desinfizierung der Wohnung betraut war, durften in ihre Nähe. Dann wurden sämtliche Mitglieder der Gemeinschaft zu Annes Taufe geladen. Am Vorabend warnte Jo uns erneut: »Da das Kind durch Theomagie gezeugt wurde«, erklärte er, »hat Anne nur ein Blut, was sie sehr empfindlich macht.« Wir müßten sehr auf Körperhygiene achten und einen Sicherheitsabstand von 20 Metern wahren. Jo vollzog die Taufe persönlich, mit Wasser aus dem Jordan, das er aufbewahrt hatte, und den heiligen Ölen Jerusalems, die am Grab König Davids gesegnet worden waren. Dann bekamen wir Anne, auf die wir an jenem Tag einen flüchtigen

Blick hatten werfen können, wieder monatelang nicht zu sehen. Aber wir wußten, daß sie lebte und gedieh, da Marielle Chiron uns jeden Abend den Stuhl des Kindes brachte, den wir unter die Erde des Gemüsegartens mischen sollten.

Die Wiederauferstehung des Tempels über einen langen Zyklus von 88 Jahren hatte begonnen, da Annes Geburt das Zeichen gewesen war, das den Zyklus eröffnete. Jo bat mich, in aller Eile eine zweite Medaille zu fertigen, um dieses Ereignis zu feiern, das den Planeten ebenso erschüttern sollte wie die Geburt Christi. André Colineau arbeitete an der Verfassung der Statuten des neuen Tempelordens. Und dann geschah nichts mehr, nichts deutete in den folgenden Wochen und Monaten auf die so dringend herbeigesehnte Wiederauferstehung hin. Die einzige spürbare Veränderung im Leben der Gemeinschaft war die immer bedeutendere Position Luc Jourets. Jo war ständig an seiner Seite und ließ abrupt sowohl Pierre Vatel als auch Stéphane Junod fallen. Wir wußten nicht genau, was die beiden Männer miteinander besprachen, aber wir stellten fest, daß Jo seinen Rednerposten immer häufiger Luc überließ, und dies sowohl bei uns, als auch außerhalb der Stiftung. Mit Hilfe von Laurence Meunier und Évelyne Chartier gelang es ihm sehr bald, Luc Jouret in die esoterischen Kreise von Genf und Annemasse einzuführen, sogar an der Universität. Kurz darauf wurden in der Stadt Plakate angebracht, die eine Vortragsreihe von »Doktor Luc Jouret, promovierter Arzt von der Brüsseler Universität«, ankündigten. Das Thema des ersten Vortrages lautete: »Die Liebe oder die Lebenskraft«. An die 800 Menschen hörten den Vortrag, und die Genfer Presse berichtete ausführlich darüber, was zur Folge hatte, daß die Praxis in Annemasse regen Zulauf hatte. Man sagte Doktor Jouret nach, er habe ein offenes Ohr für seine Patienten, sei rund um die Uhr verfügbar und gebe homöopathischen Mitteln gegenüber allopathischen Medikamenten den Vorzug. Die Menschen, die ihn konsultierten, verließen die Praxis ganz aufgewühlt von seinen Worten über das Leben und der Tiefe seines Blicks. Keiner dieser Ärzte, die ihre Patienten am Fließband behandelten, hielt dem Vergleich stand. Luc Jouret war einzigartig, und dies begann, sich ebenso in Annemasse wie in Genf herumzusprechen.

Wie schon zuvor bei Pierre Vatel, schloß Jo sich stundenlang mit Luc im Sanktuarium ein. Wir wurden gebeten, uns derweil zu gedulden und im grünen Salon zu meditieren. Jo ließ uns mit Luc noch einmal die gleiche Offenbarungsszene erleben wie bei Pierre, als die beiden die Botschaft empfangen hatten, daß Vatel die irdische Inkarnation des großen Meisters Manatanus wäre. Und so verließen Luc und Jo eines Abends überwältigt das Sanktuarium.

»Es ist soweit«, teilte Jo uns mit. »Wir wissen endlich, wer Luc Jouret ist. Ich habe ja schon angekündigt, daß er eine wichtige Persönlichkeit aus der Vergangenheit sein muß. Das hat sich bestätigt. Luc Jouret ist der heilige Bernhard von Clairvaux.«

Wir wären nicht ergriffener gewesen, wenn man uns erklärt hätte, Luc sei die Inkarnation Jesu Christi. Aber daß er der heilige Bernhard war, die Inkarnation des heiligen Bernhard, war in unseren Augen in gewisser Weise noch befriedigender, da der heilige Bernhard von Clairvaux angeblich derjenige gewesen war, der im Jahre 1119 den Templerorden gegründet hatte. Jo sagte, er habe den Orden inspiriert und ihn ins Leben gerufen. Und so fügte sich alles, wie Jo es angekündigt hatte: Nach der Geburt Annes schickten die Meister uns nun einen Mann, der unseren Kreuzzug für eine neue Welt zum Erfolg führen würde. Hatte Luc nicht genau das richtige Alter und Aussehen, diesen Mann zu verkörpern?

Wir hatten uns kaum von dieser Neuigkeit erholt, als Jo uns zwei Tage später zu einer Geheimversammlung rief. Die Meister in Zürich hatten ihn vor einer großen Komplikation gewarnt, einer Komplikation, die die neue Mission des heiligen Bernhard von Clairvaux gefährden konnte: Die Meister hatten in Marie-Christine Jouret die Wesenheit der ägyptischen Göttin Maat erkannt, Tochter des Sonnengottes Re. Die Schwingungen Maats und des heiligen Bernhard wären grundlegend konträr. Jo würde also Maat ihrer Energie berauben müssen, um den heiligen Bernhard zu retten. Er werde Maat gewissermaßen opfern müssen. »Am Ende dieser Zeremonie«, erklärte er uns, »wird Marie-Christine nur noch eine leere Hülle sein, ein Körper ohne Seele. Es ist also sehr wichtig, daß sie nicht erfährt, was mit ihr geschehen wird, weil sie sich sonst wehren und weigern könnte, das Sanktuarium zu betreten.« Luc Jouret, der bei dieser geheimen Versammlung anwesend war, nickte ernst. Auch er war einverstanden, seine Frau ihrer Energie zu berauben, im Namen seiner Mission, also gewissermaßen zum Wohl der Allgemeinheit.

An diesem Abend wurden wir alle ins Sanktuarium gerufen, die eigentliche Zeremonie, teilte man uns mit, würde jedoch im Allerheiligsten stattfinden, ganz hinten im Sanktuarium, wo uns Manatanus erschienen war, ein Abschnitt, der von zwei automatischen Schiebetüren vom übrigen Raum abgetrennt war, die ihn vor profanen Blicken schützten. Mit welcher Neugier wir an jenem Abend Marie-Christine beobachteten! Welche Neugier, vermischt mit Mitleid! Luc und Jo ließen sie das Allerheiligste als erste betreten, was sie auch sicheren Schrittes tat, da sie völlig ahnungslos war. Hätte sie in diesem Augenblick zurückgeblickt, hätte sie bemerkt, daß 30 Augenpaare ihr folgten wie einer zum Tode Verurteilten, die zum Schafott hinaufsteigt.

Die Türen schlossen sich hinter ihr. Als sie sich eine halbe Stunde später wieder öffneten, war Marie-Christine nach außen hin scheinbar unverändert. Aber nur scheinbar, denn in den folgenden Wochen beobachteten wir die ersten sichtbaren Zeichen des Verfalls. Ihre Augen verloren ihren schwachen Glanz, ihre Wangen wirkten eingefallen, und sie ging vorsichtiger, zögernder. Dann begann ihr Haar auszufallen, und sie nahm praktisch nichts mehr zu sich. Es dauerte nicht lange, und sie, die nicht älter war als 35, sah mindestens 25 Jahre älter aus. Die gespannte, trockene Haut ihres Gesichts bekam einen grünlichen, leichenähnlichen Schimmer. Uns allen war aufgefallen, daß Luc nicht mehr mit ihr sprach. Er gab vor, sie weder zu sehen noch zu hören. Sie war wie der Schatten einer Toten, der ihm, der im Kontrast dazu förmlich zu strahlen schien, überallhin folgte. Und so waren wir nicht überrascht, als wir kurz nach der Zeremonie, im Laufe derer Jo ihr ihre energetische Essenz genommen hatte, erfuhren, daß Luc und sie sich trennen würden.

Jo war es offensichtlich gelungen, die negativen Kräfte Maats zu neutralisieren, denn der Aufstieg des heiligen Bernhard von Clairvaux setzte sich fort.

Der Zufall – wenngleich niemand in der Stiftung noch an Zufall glaubte – lenkte seine Schritte zum Château d’Auty im Departement Tarn-et-Garonne. Dort begegnete der heilige Bernhard einem gewissen

Julien Origas, Großmeister eines Templerordens, dem weltweit bereits 600 Adepten angehörten. Origas hatte den Orden in den 60er Jahren gegründet und war inzwischen alt und krank. Luc hingegen war jung, und sein Ruf eilte ihm voraus. Und doch scheint es, schenkt man heute den Nachfahren dieses Monsieur Origas Glauben, als hätte Luc-Bernhard auf einige Tricks zurückgreifen müssen, um den alten Mann dazu zu bewegen, ihm seinen Orden zu vermachen. Aber davon ahnten wir in der Stiftung natürlich nichts. Wir sahen in all diesen Machenschaften nur das Beste und Ehrwürdigste. Eines Tages kündigte man uns den Besuch des Patriarchen an, und wir waren Zeugen der Ehrerbietung, die die Elite der Gemeinschaft ihm entgegenbrachte. Im Anschluß an eine Zeremonie wurde er zum Mittagessen eingeladen, und nur die Bedeutendsten unter uns, Junod, Vatel, Luc, Jo und Jocelyne, durften an dieser Mahlzeit teilhaben. Julien sollte noch drei oder viermal zurückkommen, und jedesmal wurden wir wie Kinder ermahnt, dem alten Mann mit Respekt und Höflichkeit zu begegnen.

Schließlich erklärten Jo und Luc uns eines Tages, daß die Zeremonie, die offiziell die Wiederauferstehung des Tempelordens feiern sollte, stattfinden könne. An diesem Tag würde der Großmeister Origas die Fackel und seine persönlichen Insignien an den heiligen Bernhard weitergeben. Die Feierlichkeiten sollten in Arch, einem großen Haus in dem Dorf Barroux im Vaucluse stattfinden, das einem Adepten der Stiftung gehörte. Wir alle waren eingeladen. Origas und die Seinen sollten dort zu uns stoßen. Ich erinnere mich noch sehr genau an die Fahrt mit Nathalie und an die Zeremonie. Wir hatten die Kinder in Sylvies Obhut gelassen und uns der Gruppe angeschlossen, die im

Bus nach Barroux fahren sollte. Die Elite, die Führer, würden in Privatwagen nachkommen. Wir waren glücklich, für 24 Stunden unseren zahlreichen Pflichten zu entkommen, die uns zu ununterbrochener hektischer Betriebsamkeit zwangen, so daß uns kaum noch Zeit blieb, ein Wort miteinander zu wechseln. Wie lange hatten wir nicht mehr einfach nur zusammengesessen wie in diesem Bus? Wie lange hatten wir uns nicht mehr geliebt? Manchmal fielen wir abends so erschöpft ins Bett, daß wir nicht einmal die Kraft aufbrachten, uns auszuziehen. Ich erinnere mich, daß ich Nathalie im Bus ansah, als hätte ich sie Monate nicht mehr gesehen, und daß ich mir sagte: »Mein Gott, wie hübsch sie ist«. Nathalie war schlanker geworden, ihre Züge feiner – sie war nie schöner gewesen. Wir leben aneinander vorbei, dachte ich weiter, wir haben keine Zeit mehr, uns zu lieben oder uns einfach nur anzusehen, und doch war unser spirituelles Leben nie erfüllter. Nie ... nie, nicht einmal in der schönsten Zeit bei Frères des Hommes, hatte ich ein solches Gefühl innerer Harmonie empfunden.

»Heute nachmittag gehen wir ganz allein spazieren, wenn die Zeremonie es erlaubt«, sagte ich.

»Meinst du? O Thierry, das würde mich so glücklich machen!«

Die Zeremonie erlaubte es nicht. Wir waren kaum eingetroffen, als wir aufgefordert wurden, uns unter der Dusche zu reinigen, Männer auf der einen Seite, Frauen auf der anderen. Anschließend wurden wir bereits von Blanche Davout erwartet, die mit uns die Choräle probte. Einen Großteil des Nachmittags verbrachten wir mit Singen, während Origas und Luc, beide in weiße Umhänge mit eingewobenem Tempelkreuz gehüllt, auf den Knien in einer an das Haus angrenzenden Kapelle meditierten. Schließlich gingen die beiden Männer langsam aufeinander zu. Geheime Riten und heilige Lesungen folgten, dann entzündete Origas mit seiner Fackel die Fackel, die Luc in der Hand hielt. Den ganzen Abend meditierten wir, bis wir es uns dann mehr schlecht als recht auf dünnen Matratzen bequem machten, die auf dem Boden ausgebreitet worden waren.

In den folgenden Wochen wuchs unsere Stiftung, die sich fortan Sonnentempler-Orden nannte. Als hätten die Fackelzeremonie und der Ritterschlag des heiligen Bernhard von Clairvaux unserer kleinen Gemeinschaft neues Leben eingehaucht. Jo und der heilige Bernhard erwarben von heute auf morgen einen riesigen landwirtschaftlichen Betrieb, der nur wenige Meter vom Templeranwesen entfernt lag. Wir alle wurden dringend aufgefordert, in dem mehrstöckigen Gebäude mehrere Wohnungen einzurichten, vom Apartment bis zur Vierzimmerwohnung, sowie eine Gemeinschaftsküche, einen riesigen Speisesaal und verschiedene Salons. Jo hatte Nathalie und mir gleich versichert, daß wir die größte Wohnung beziehen könnten. »Ihr könnt es euch nicht mehr erlauben, so viel Zeit damit zu vergeuden, hin und her zu fahren«, sagte er.

Für uns alle begann eine Zeit intensiver Aktivität, ebenso im Hinblick auf unsere irdische Entwicklung wie im Hinblick auf das Sanktuarium. »Anthea, ich werde dich künftig als Vollzeitsekretärin brauchen. Was dich betrifft, Thierry, wurde mir mitgeteilt, daß dir bald eine sehr wichtige Mission anvertraut werden wird.«

Der Erwerb des Bauernhofes und sein Umbau trafen tatsächlich mit dem Eintritt des ersten Mäzen in die Gemeinschaft zusammen: René Moulin. Die Familie

Moulin war in ganz Genf bekannt; sie gehörte zu den wohlhabendsten Familien in der Gegend um den Genfer See. Renés Vater, ein Baulöwe der Vorkriegszeit, träumte davon, seine Leidenschaft für den Bau an alle seine Kinder weiterzugeben. Nur einer seiner Sprößlinge enttäuschte ihn: René. Er hatte das weiche Herz seiner Mutter geerbt, einen verschleierten Blick voller Zweifel und Unsicherheit und eine Dichterseele. Er wollte Agraringenieur werden, was es in der Familie noch nie gegeben hatte. Dann träumte er davon, einen Hof zu bewirtschaften, und anstatt erneut wütend zu werden, schenkte sein Vater ihm das schönste landwirtschaftliche Anwesen, das es vor den Toren von Genf gab. Damit hat René eine Aufgabe und ist glücklich, sagte er sich, und das ist die Hauptsache. René hatte eine Aufgabe, ja, aber war er glücklich? Anfang der 50er Jahre heiratete er und machte den Hof schon sehr bald zu in einem florierenden Betrieb. Er lebte genauso wie er es gewünscht hatte, und doch litt er ständig an Magenschmerzen, Kopfschmerzen, Juckreiz und Allergien. Genau genommen hielt er sich für glücklich, während sein Körper ganz offensichtlich anderer Ansicht war. Im Laufe der Jahre suchte er zahlreiche Ärzte auf, aber keiner vermochte, ihn von seinen Leiden zu befreien. Wenn die Magenschmerzen sich legten, brach der Ausschlag aus und so weiter. Wer ihm schließlich empfahl, sich an Évelyne Chartier zu wenden? Ich habe es nie erfahren. Aber Évelyne konnte ihn sehr bald davon überzeugen, daß seine diversen Leiden an dem Tag verschwinden würden, an dem er herausfand, welche Wesenheiten er in der Vergangenheit verkörpert hatte. Ganz sicher trüge er die Last schwerer Sünden, die seine früheren Inkarnationen begangen hätten, und es wäre höchste Zeit, diese Sünden aus der Vergangenheit abzubüßen. René Moulin war Anfang der 80er Jahre gerade 50 geworden. Die Wachtraumsitzungen fanden über einen Zeitraum von zwei Jahren statt, bis Évelyne ihrem Patienten eines Tages eröffnete: »René, du bist jetzt soweit, einen wichtigen Schritt in deiner Entwicklung zu tun, aber dafür mußt du dich einem Eingeweihten anvertrauen. Ich kenne die Wesenheit, an deren Seite du fortan deinen Weg fortsetzen mußt. Möchtest du, daß ich dir diesen Mann vorstelle?«

»Ja«, murmelte René.

Jo Di Mambro war von Anfang an abgestoßen von den chronischen Krankheiten dieses vorzeitig gealterten Mannes, von seiner mangelnden Lebensfreude, seiner ewigen Unentschlossenheit und seiner unheilbaren Skepsis, das spürten wir schon in den ersten Wochen. Aber René war so großzügig und hatte ein solches Bedürfnis zu geben – und er hatte weiß Gott einiges zu geben –, daß Jo sehr bald lernte, seinen Unwillen zu beherrschen und trotz seines schwelenden Zorns zu lächeln. Auch das ahnten wir.

René Moulin brachte also den Hof ein und zahlte sämtliche Umbaukosten, mit dieser typischen Gleichgültigkeit Geld gegenüber, wie sie manchen Tiefverzweifelten eigen ist. Aber im Gegenzug schöpfte René im Orden neue Hoffnung. Die endlosen Pflichten, die Hierarchie, die Disziplin, der strenge Zeitplan und sogar die stundenlange Warterei vor den Türen zum Sanktuarium erinnerten ihn, wie er meinte, an seine Armeezeit, »die schönste Zeit meines Lebens«, wie er sagte. Er trauerte der Armee nach, seiner wahren Adoptivfamilie, der einzigen, innerhalb derer er nicht denken und somit zweifeln mußte. Und so kurierte ihn das strenge Regime innerhalb des Ordens schlagartig vorübergehend von seinen Magenschmerzen und diversen anderen Leiden.

Nathalie und ich zogen im August 1983 auf dem Bauernhof ein. Frédéric war gerade sechs geworden, und Pascal würde im Herbst seinen fünften Geburtstag feiern. In der neuen Wohnung hatte jeder sein eigenes Zimmer, und es verstand sich von selbst, daß wir alle Mahlzeiten mit den anderen im Speisesaal im Erdgeschoß einnehmen würden. Für Nathalie bedeutete das eine Erleichterung, da sie inzwischen die meiste Zeit damit verbrachte, die von André Colineau und dem Hohen Rat aufgesetzten Statuten des Ordens abzutippen, ebenso die Vorträge Jo Di Mambros oder die Unterlagen für den Unterricht, den Luc Jouret uns von Herbst an geben würde.

In diesem August sahen wir Anne zum erstenmal im Park. Das göttliche Kind, das wir nur noch Nanou nannten, ein Spitzname, den Jo dem kleinen Mädchen gegeben hatte, war gerade zwei Jahre alt geworden. Sie trug einen Plastikhelm, weiße Handschuhe und steckte in einem Geschirr, da ein Kind wie sie unter keinen Umständen fallen durfte, wie Jo uns erklärte. Mit jeder Erschütterung, sagte er, werde eine Seite ihres Programmes gelöscht. Auch müsse sie vollkommen vom Element Erde isoliert werden, weshalb sie Handschuhe und Schuhe mit dicken Sohlen trüge. Nur Jo, Jocelyne, Élisabeth und Sylvie war es gestattet, mit ihr spazierenzugehen oder besser gesagt, die Leine ihres Geschirrs zu halten. Allen anderen Mitgliedern der Gemeinschaft – mit Ausnahme von Jacques – war es verboten, sich Nanou auf mehr als 15 Meter zu nähern. Wir durften sie nicht ansehen, und es war uns sogar verboten, sie uns gedanklich vorzustellen, weil unsere Schwingungen ihre Strahlung hätten stören können.

Jacques war die einzige Ausnahme, weil er von Jo beauftragt worden war, die Wohnung, die Élisabeth und Nanou bewohnten, andauernd zu renovieren, weshalb er sich häufig bei ihnen aufhielt, um ein Zimmer zu streichen oder neue elektrische Leitungen zu legen. Diese Nähe führte wohl dazu, daß Sylvie und er aufeinander aufmerksam wurden. Jacques hatte sich bereits vor Monaten von der jungen Corinne Colineau getrennt. Sylvie und er verliebten sich bald ineinander, und ihre Liebe war so außergewöhnlich, daß sie von vielen in der Gemeinschaft beneidet wurden. Jo, der sie, lange bevor sie ein Paar wurden, beide in seine persönlichen Dienste genommen hatte, hatte diese Liebe zweifellos gefördert.

Wir wohnten nicht länger als drei oder vier Wochen auf dem Hof, als eine intensive Sanktuariumaktivität anbrach, wie Jo es angekündigt hatte. Er und Junod hatten mehrere lange Reisen unternommen, im Rahmen derer sie an der Schaffung eines großen musikalischen Werkes gearbeitet hatten, wie Jo uns eröffnete. »Ohne mich«, erklärte Jo, »hätte Stéphane unweigerlich schreckliche Fehler in dieses Werk eingebaut, die dazu hätten führen können, zukünftige Hörer zerebral zu zerstören, sublimale Bilder und die gesamte Evolution der Welt zu gefährden.« Wir sollten diese außergewöhnliche Tonschöpfung nie zu hören bekommen, aber Jo eröffnete uns, daß er und Junod während ihrer Recherchen, als sie die irdische Ebene verließen, um mit astralen Schwingungen in Verbindung zu treten, von oben eine Reihe von Klängen empfangen hätten, die es uns fortan erlauben würden, wahrhaftig mit den Meistern zu kommunizieren. Bislang hatten die Meister sich durch Lichtblitze manifestiert, aber wir hatten nicht mit ihnen kommunizieren können. So war es uns beispielsweise nie möglich gewesen, sie zu fragen, welche Bedeutung der mehr oder minder großen Zahl der Blitze beizumessen sei, die sie schickten, je nachdem, wer sich im Sanktuarium befand. Wir wußten, daß die Meister sich nicht der menschlichen Sprache bedienen konnten, da sie nur in ätherischer Form vor uns erschienen. Jo hatte uns erklärt, daß sie, um uns erscheinen zu können, ihre Schwingungen auf menschliches, also niedrigstes Niveau absenken müßten, was für sie bereits eine beträchtliche Anstrengung darstelle. Wir zeigten Mitgefühl und gaben uns damit zufrieden. Und nun erklärten er und Junod uns, daß wir mit Hilfe dieses neuen Klangalphabets die Meister befragen und Antworten von ihnen würden erhalten können.

Die Versammlungen im Sanktuarium begannen also in so erregter Atmosphäre, daß einigen der Exaltiertesten, darunter Marielle Chiron und François, übel wurde und sie den Raum verlassen mußten. Stellen Sie sich vor, wie wir alle in unsere Talare gehüllt im Halbkreis um die vier Großen unseres Ordens herumstanden, Junod, Jo, Luc Jouret und Pierre Vatel, und in tiefster Andacht auf die Öffnung der Türen zum Allerheiligsten warteten. Wir wußten, daß diese Türen sich nie einfach so öffneten. Wie sie sich öffneten, blieb ein Geheimnis. Jo erklärte uns, daß theoretisch nur die Meister die Macht besäßen, sie aufgehen zu lassen, und zwar nur in eben dem Augenblick, da sie vor unseren Augen Gestalt annehmen würden. Er sagte weiter, daß es ihm unter bestimmten Umständen ebenfalls möglich sei, über diese Macht zu verfügen. Aber keiner von uns wußte, wie er es machte, da weder Schalter noch elektronische Zellen zu sehen waren. Als die Türen endlich aufglitten, erschien zuerst ein Lichtschein hoch über unseren Köpfen. Dann löste sich der

Lichtschein auf und wurde vom bleichen Antlitz eines Meisters abgelöst. Das starre Gesicht schien einen Augenblick auf tintenschwarzem Himmel zu schweben, aber unsere Augen gewöhnten sich an die Dunkelheit, und bald konnten wir die große schwarze Silhouette des Meister erkennen, dessen Gesicht an eine Totenmaske erinnerte. Seine weißen Hände schimmerten mit derselben Intensität wie sein Gesicht. Sie hielten ein schweres Schwert, dessen Spitze auf dem Boden ruhte. Plötzlich hob sich das Schwert und fuhr in einer Folge von Schlägen durch die Luft. Junod und Jo beugten sich über eine Art winziges Pult, das von einer schwachen Lampe erhellt wurde. Beide hielten einen Bleistift in der Hand und wirkten extrem geschäftig.

»Habt Ihr wirklich ›A‹ gesagt, Meister?« fragten sie kurz darauf laut.

Als das Schwert wieder durch die Luft sauste, beugten die beiden Männer sich sogleich wieder über das Pult.

»›P‹, Meister. Ihr sagtet ›P‹, ist das richtig?«

Nein. Ein greller Blitz erhellte flüchtig das Sanktuarium. Das war das Zeichen einer negativen Antwort. Wieder versuchten Jo und Junod den zweiten Schlag zu entziffern.

»Dann ist es ein ›L‹, Meister«, sagte Junod feierlich, das Gesicht in Richtung der unergründlichen Augen des Meisters gehoben.

Ja, es war ein ›L‹. Das Schwert fuhr erneut durch die Luft. Diesmal glaubten die beiden Männer, ein ›X‹ zu hören. Aber L und X waren zwei Konsonanten, die nicht aufeinanderfolgen konnten.

»Wir haben ›X‹ verstanden, Meister«, sagt Junod, »aber das ist sicher falsch, weil ...«

Bum! Bum! Bum!

Die Schläge unterbrachen ihn. Hastig beugten die beiden Männer sich wieder über das Pult. Ein »V«, das Ganze ergab keinen Sinn.

»Meister«, flehte Jo, »verzeiht uns. Ihr befindet Euch auf Astralebene, wir befinden uns jedoch auf irdischer Ebene. Könntet Ihr das wiederholen? Wir kommen nicht mit …«

Bum! Bum! Bum!

»Das könnte ein I sein«. Jo und Junod berieten sich. Die Spannung stieg. Würde der Meister verschwinden oder uns alle strafen, verärgert über unsere Taubheit? Luc Jouret trat an das Pult und wechselte einige lebhafte Worte mit Junod. All unsere Hoffnungen ruhten auf ihm, dem heiligen Bernhard, da es uns höchst unangenehm war, die Geduld des Meisters derart auf die Probe zu stellen. Aber auch der heilige Bernhard schien sich die Haare zu raufen. Plötzlich brachte der Meister seinen Zorn durch zwei grelle Blitze zum Ausdruck. Die drei Männer am Pult gerieten beinahe in Streit. Pierre Vatel hielt es nicht mehr aus.

»Das ist eine Schande«, murmelte er. »Nun sagt doch etwas, laßt uns nicht so dastehen!«

Wir waren der Ohnmacht nahe, buchstäblich gelähmt von den Blitzen des Meisters, die in rascher Folge aus der Schwertspitze schossen.

»Meister«, sagte Jo, »ich flehe Euch an. Beginnt Eure Botschaft noch einmal von vorn …«

Wir verließen das Sanktuarium mit weichen Knien. Manchmal verstanden wir die Botschaften nicht, und Jo machte uns alle für diesen Mißerfolg verantwortlich, weil, wie er meinte, unsere Schwingungen nicht geeignet wären, kosmische Klänge zu empfangen. Hierauf wurde uns der Zutritt zum Sanktuarium für einige Tage verwehrt, oder wir wurden zu einer Woche des Fastens verdammt. Aber häufig gelang es, die Botschaft zu entschlüsseln, und meistens handelte es sich um den Namen eines Wallfahrtsortes in Israel oder Ägypten oder um eine Templerstätte in Südfrankreich. In den Tagen nach dem Erhalt der Botschaft reiste Jo dorthin, häufig in Begleitung von Élisabeth und Nanou, die so unter dem wachsamen Auge des Meisters ihren initiatorischen Kurs begann. Die anderen Mitglieder der Gemeinschaft kamen nie aus Genf heraus. Sie bereiteten die Thronbesteigung dieses Kindes vor, unter dem harten Joch disziplinarischer und inquisitorischer Regeln, die keinerlei Abweichung mehr gestatteten.

9

Im Laufe dieses Jahres 1983 wurde unser Leben ausschließlich von unserem spirituellen Engagement bestimmt. Unsere Berufe waren nur noch obligatorische und lästige Nebensache, der wir widerwillig und nur deshalb nachgingen, weil wir so der Gemeinschaft finanzielle Mittel zukommen lassen konnten, die sie für ihr Bestehen benötigte.

Wir standen jeden Morgen gegen fünf Uhr auf, da wir alle uns zwingend um fünf Uhr dreißig unter dem majestätischen Sequoia zu versammeln hatten. Wir hatten dieses Ritual seit dem Sommer 1980 beibehalten, als wir die Befruchtung Élisabeths spirituell vorbereitet hatten. Mühelos fanden mehr als 20 von uns unter dem Baum Platz. Nathalie und ich waren oft unter den ersten, da wir inzwischen nur noch 100 Meter von dem altehrwürdigen Baumriesen entfernt wohnten. Im Frühjahr war es eine Freude, gemeinsam dorthin zu laufen, nur mit T-Shirt und leichten Shorts bekleidet. Im Winter war es ein Opfer, das wir den Meistern jedoch aus Dankbarkeit darbrachten, weil sie die Geburt Nanous in unserer Mitte ermöglicht hatten. Manche, wie beispielsweise François, gingen sogar soweit, im Schnee die Schuhe auszuziehen, um das Opfer noch zu erhöhen. Nur in der warmen Jahreszeit nahmen wir manchmal Frédéric und Pascal mit zur morgendlichen Gymnastik.

Jede Woche leitete ein anderer die Übungen. Auch wenn die Übungen jeden Tag dieselben waren, variierte ihre spirituelle Intensität doch sehr, je nachdem, ob sie uns von einer Marielle Chiron, einer Blanche Davout oder einer Jocelyne Di Mambro diktiert wurden oder von jemandem, der die Sache anging, als putze er den Speisesaal. Ich denke da an André Colineau, der seinen Pflichten brummig nachkam, als wären sie ihm völlig gleichgültig, und der die Übungen nicht einmal selbst ausführte. Und ich denke auch an den Töpfer Michel Salvin, der immer träger wurde. Jo nahm nie an der morgendlichen Gymnastik teil, ebensowenig Stéphane Junod und Luc Jouret. René Moulin hingegen, unser sanftmütiger Mäzen, war stets pünktlich zur Stelle und beugte sich glücklich den Weisungen von oben.

Wir lehnten uns mit dem Rücken gegen den Stamm, berührten ihn, versuchten, uns von ihm durchdringen zu lassen, da erwiesen war, daß man durch die Berührung eines Sequoias oder einer alten Eiche seine Energiereserven neu aufladen konnte. Anschließend machten wir Konzentrationsübungen, auf einem Bein, auf den Händen und so weiter. Und auch da war festzustellen, daß die Gymnastik unter Anleitung einer Frau durchaus anmutig aussehen konnte, während sie, von einem der Männer des Ordens geleitet, eher lächerlich wirkte.

Punkt halb sieben war die Übung vorbei. Wir hatten nur fünf Minuten, um nach Hause zu laufen, unsere Talare überzuziehen und uns im neuen Sanktuarium zu versammeln, das Jacques auf dem Dachboden des Bauernhauses für uns eingerichtet hatte. Jeweils zwei verschiedene Mitglieder leiteten jede Woche diese morgendliche Meditation. Sie begann immer mit einem bestimmten Gebet, das dazu diente, die Gemeinschaft von der Außenwelt abzuschirmen und zu schützen. Dann baten wir die Meister des Unsichtbaren, uns bei der Erfüllung unserer Mission zu helfen: Sie sollten dem göttlichen Kind erlauben, sich günstig zu entwickeln, denn ihr, Nanou, sollte später die Aufgabe zukommen, anstelle der Meister aus Zürich, die ins Jenseits zurückkehren würden, das Gleichgewicht der Welt zu erhalten. Anschließend erzeugten wir unter Leitung von Blanche Davout, unserer Opernsängerin, Laute, die sich kosmischen Klängen annähern sollten.

Um fünf nach sieben hasteten wir zurück nach Hause, wieder in Eile, da wir nur drei oder vier Minuten Zeit hatten, unsere gewöhnliche Straßenkleidung überzuziehen und uns im Speisesaal zu versammeln. Dort tranken wir in andächtigem Schweigen ein großes Glas Wasser mit ein paar Spritzern Zitronensaft zur Magenreinigung. Anschließend holte sich jeder seine Eßschale, seinen Löffel und seinen Stuhl ab – jeder Gegenstand trug den Namen des jeweiligen Benutzers, weil wir unter keinen Umständen unsere Schwingungen vermischen durften. Zum Frühstück durften wir Getreideschleim zu uns nehmen, der manchmal köstlich, manchmal abscheulich schmeckte, je nachdem, wer in der betreffenden Woche mit der Zubereitung des Frühstücks betraut war.

Dann verließen jene, die außerhalb arbeiteten, die Stiftung. Das war eine Phase reger Betriebsamkeit im Haupthaus, da es außerdem die Zeit war, zu der die Kinder aufstanden, frühstückten und in die Schule gebracht wurden. Ich überließ es Nathalie, sich um unsere beiden Jungen zu kümmern, und oft erboten sich Joelle Ex-Colineau, oder Claude Galard, die Frau von François, ihr zu helfen. Für mich war es Zeit, in mein

Labor in der Stadt zu fahren, zu François Boré, meinem Partner, den wartenden Zahnprothesen, den eiligen oder unzufriedenen Zahnärzten, dem Telefon, das uns ständig bei der Arbeit störte, und so weiter. Jeden Morgen nutzte ich die Fahrt, um mich psychisch auf diese Rückkehr in die profane Welt vorzubereiten. Ich fühlte mich in dieser Welt zunehmend isoliert, wobei selbstverständlich ich es war, der die Distanz zwischen der gewöhnlichen Welt und dem Menschen schuf, der ich geworden war. Aber wie sollte ich Freude an den Früchten des »Erfolgs« haben, an Luxusautos, Zweitwohnsitzen oder Geld, wenn ich jeden Abend – oder doch beinahe – Zwiesprache mit den Wesenheiten hielt, die den Erhalt dieser Welt sicherten? Ich trug die Erinnerung an die Erscheinungen in mir und fühlte mich wider Willen über die Trivialitäten erhaben, die andere Menschen motivierten. Boré bereitete damals fieberhaft die Ankunft einer Yacht vor, die er in Frankreich hatte bauen lassen, um damit auf dem Genfer See zu fahren. Er freute sich wie ein Kind auf das Eintreffen des Bootes, und ich mußte an mich halten, ihn nicht ungeduldig anzufahren. Ich schämte mich für ihn und war gleichzeitig von Mitleid erfüllt.

Ich arbeitete gewissenhaft in meiner Isolation und nickte nur zu allem, was er mir erzählte. Er hatte seine gesamten Ersparnisse in ein 39 Fuß langes Schiff investiert, während ich die gleiche Summe für die Erziehung Nanous, für die Mission gespendet hatte. Was hatten wir uns noch zu sagen, Boré und ich? Nichts, da das Geheimnis, das ich in mir trug, nicht weitergegeben werden konnte. Seit Monaten versteckte ich mich um neun Uhr auf der Toilette, um die »Einheit« zu zelebrieren. Schließlich fiel es ihm auf. »Ist es gleich wieder Zeit für dein geheimes Schlückchen?« fragte er ironisch. Ich zog es vor, die Bemerkungen mit einem Lachen abzutun.

Mittags, sobald ich die zweite Einheit zelebriert hatte (wieder auf der Toilette), fuhr ich neun von zehn Mal zur Gemeinschaft, da uns dort ein Menü serviert wurde, das sich von dem unterschied, was man in der Stadt vorgesetzt bekam: Salat aus dem Garten, Getreide, Obst. Das ideale Mahl zur Erlangung des Bewußtseins, das Di Mambro von uns verlangte. Manchmal opferte ich Boré ein Mittagessen, und es war jedesmal eine Qual. Er stopfte wahllos alles in sich hinein, Schwein, Frittiertes, Kuchen, und spülte es mit Rotwein herunter. Er machte sich über meinen Salat lustig: »Wenn das alles ist, was du ißt, mein armer Thierry, wundert es mich nicht, daß du so leichenblaß bist«. Er redete ununterbrochen von seinem Boot, und ich mußte eine Stunde lang seine Vulgarität und seine Alkoholfahne ertragen.

Was den Nachmittag betrifft, der für meinen Geschmack immer viel zu lange dauerte, gibt es nichts zu sagen. In jenen endlosen Stunden merkte ich besonders deutlich, wie sehr das spirituelle Leben mir fehlte. Ich schleppte meinen Beruf wie eine Sträflingskugel mit mir herum und konnte es kaum erwarten, zu den meinen zurückzukehren, zu unserem gemeinschaftlichen Leben, das auf Austausch und brüderlichem Teilen beruhte. Um 18 Uhr war es endlich soweit, und ich kam in unsere geliebten vier Wände zurück. Ich hatte nur eine Minute Zeit, die Kinder zu umarmen, da ich sofort in den Gemüsegarten hetzen mußte. Die Aufteilung der Pflichten war sehr strikt geregelt: Einige von uns waren mit der Säuberung der Gemeinschaftsräume betraut, andere hatten Küchendienst und wieder andere versorgten die Tiere. Wir hatten Hunde, Katzen und vor allem zwei Zugpferde, da wir den Acker nur auf traditionelle Weise bewirtschafteten. Wir verfügten weder über Traktoren noch anderes motorisiertes landwirtschaftliches Gerät. Die Pferde mußten gestriegelt, mit Heu und Hafer gefüttert und der Stall ausgemistet werden. Ich hatte mich stets um den Gemüsegarten zu kümmern, meistens gemeinsam mit François. Je nach Jahreszeit jäteten wir Unkraut, pflügten, säten oder ernteten. Wir verwendeten keinerlei Dünger, abgesehen von Nanous Stuhl, den wir unter immensem Zeitaufwand gleichmäßig auf dem ganzen Acker verteilten. Wenn wir rechtzeitig fertig wurden, eilten wir Jean-Marc und Jeanne Dubois zu Hilfe, deren Aufgabe es war, sich um die Balkonpflanzen und das Heckenschneiden zu kümmern.

Das Abendessen wurde um Viertel nach sieben aufgetragen. Wir aßen alle gemeinsam im Speisesaal, und wieder holte sich jeder seinen Teller, sein Besteck und seinen Stuhl. Die Schwingungen. Anschließend hatten wir bis Viertel vor neun Freizeit. Nathalie und ich nutzten diese Pause, um ein wenig Zeit mit den Kindern zu verbringen. Ich würde sogar sagen, daß dies die einzige Zeit des Tages war, die wir ihnen widmen konnten. Ich las ihnen vor oder ermunterte sie, von der Schule zu erzählen. Wie alle Kinder des Ordens – mit Ausnahme von Nanou, die nie die Schule besuchen sollte – gingen sie auf die französische Montessori-Schule in einem Genfer Außenbezirk.

Um Viertel vor neun mußten wir uns zur Meditation im Sanktuarium einfinden. Wenn Jo Di Mambro auf Reisen war, verlief der Abend wie folgt: Meditation bis Viertel nach neun. Wir versammelten uns alle in unseren Talaren (die bald durch authentische Templerumhänge ersetzt werden sollten) im Kreis um den kleinen dreieckigen Altar, der Shekinah darstellte, die göttliche Wesenheit. Der Meditation mußte immer ein bestimmtes Thema zugrunde liegen. Ich erinnere mich, daß Laurence Meunier, die ihren Mann nicht mehr ertragen konnte und ihn loswerden wollte, um sein Vermögen dem Orden zuzuführen, uns eines Abends aufforderte, für den »Transit« von Monsieur Meunier zu meditieren. François ergriff als erster das Wort. »Wir haben uns alle heute abend versammelt, um Kraft unserer Gedanken den Ehemann von Laurence auf einen toten Stern zu befördern.« Ich dachte bei mir: Sie wollen diesen Mann umbringen, das ist schändlich. Ich wagte es jedoch nicht, zu protestieren. Ich zog es vor, mich zurückzuziehen. Über ihren Köpfen bildete sich das, was wir einen »Lichtkreis« nannten, wie mir Joelle Colineau später erzählte. Gedanklich stellten sie Monsieur Meunier in die Mitte dieses Kreises. Dann brachten sie den Kreis dazu, sich immer schneller zu drehen, wobei sie die vier Herren der Flamme an den vier Himmelsrichtungen anriefen, bis der Unglückliche in einer schraubenförmigen Spirale in die Astralwelt katapultiert wurde. Glücklicherweise scheiterte die Meditation, und Monsieur Meunier konnte am nächsten Morgen unbeschadet sein Leben fortsetzen.

Die Meditation wurde immer durch eine Reihe von Klängen abgeschlossen, die wir unter uns zirkulieren ließen, und anschließend von einem Choral unter Leitung von Blanche Davout oder Joelle, wenn Blanche irgendwo ein Konzert gab.

Gleich darauf wurde mit der jeweiligen besonderen Aufgabe des Tages begonnen. Montag: Aufstellung der Tagesordnung für alle Tage der Woche. Dienstag: Choräle. Mittwoch: Diskussion über das Thema »Die Stille, Sprache des Seins«, oder »Was ist Reinheit?«, oder »Schmerz beherrschen«, »Der wahre Tod ist der zweite Tod« und so fort. Donnerstag: Empfang der externen Ordensmitglieder, vornehmlich der Adepten des von Origas gegründeten Ordens, die inzwischen bei uns verkehrten. Freitag: Aufstellung des Programms für das Wochenende. Hierbei ging es darum, eine Liste der anstehenden Renovierungsarbeiten anzufertigen, da ständig interne Mitglieder umziehen mußten, damit neue einziehen konnten. Andauernd hieß es, bei einem Umzug zur Hand zu gehen, beim Streichen, Tapezieren …

Punkt halb elf suchten alle ihre Zimmer auf, immer noch vorausgesetzt, daß Jo nicht da war. Wir hatten noch eine halbe Stunde Zeit, uns mit dem Unterrichtsstoff der Kurse zu befassen, die Jo oder Luc uns mündlich erteilten – nach dem Unterricht erhielten wir eine gedruckte Abschrift in einer Klarsichthülle mit goldener Borte. Wir mußten uns alles genauestens einprägen, da Jo uns jederzeit dazu befragen konnte. So kam es beispielsweise vor, daß er von einer Reise zurückkehrte und uns urplötzlich zu einer Versammlung rief. »Zürich möchte wissen, was ihr gelernt habt«, sagte er dann beispielsweise. »Thierry, du bist dran.«

Dann mußte ich auswendig den letzten Stoff aufsagen: »Die Gesamtheit des menschlichen Körpers ist in der Einheit eines einzelnen Organs konzentriert, dem Gehirn: Sitz der Sensibilität, der Motorik und der Intelligenz, Organ oder Instrument des Denkens, Sitz der Einheit, die, aus Liebe und Zusammenhalt das Gebäude aufrechterhält, den Tempel des Menschen, den Körper. Als Organ gehört es der materiellen Sphäre an, als Instrument wird seine Natur durch die Intervention eines supramateriellen metaphysischen Prinzips spiritualistisch«. Ich sagte aufs Geratewohl die ersten Zeilen eines Kurses über die »fünfte königliche Herrschaft« auf.

Unsere Tage waren so vollgepackt, daß wir erst um Mitternacht dazu kamen, uns um unseren Haushalt zu kümmern: Bügeln, Waschen, Fensterputzen und so weiter. Im günstigsten Fall waren wir frühestens um ein Uhr früh im Bett. Aber um fünf Uhr dreißig mußten wir uns bereits wieder unter dem Sequoia einfinden.

Wenn Jo anwesend war, wurde die Alltagsordnung abrupt umgeworfen. Gewöhnlich wurde ich durch einen Anruf im Laboratorium von seiner Anwesenheit in Kenntnis gesetzt. Eine Stimme, die von Laurence Meunier oder Claude, kündigte mir ein »kaltes Büfett« an diesem Abend an. Ein Schild, das deutlich sichtbar in der Eingangshalle des alten Templeranwesens angebracht war, bestätigte die Ankündigung bei meiner Rückkehr: »Jo erwartet uns heute abend um 21.15 Uhr. Um vollzähliges Erscheinen wird gebeten.«

An jenen Abenden brachten wir die Kinder zu Bett, ohne ihnen etwas vorzulesen, weil wir einfach nicht in der Verfassung waren, ihnen Geschichten zu erzählen. Jos Ankunft war für uns immer sehr stressig. Wir hasteten umher wie Ameisen nach einem Angriff auf ihren Bau, unfähig, auch nur zehn Sekunden stillzusitzen oder in aller Ruhe drei Sätze zu wechseln. Wir wuselten mit geröteten Wangen und hektischen Bewegungen wie aufgescheucht umher. Die tägliche Meditation um Viertel vor neun wurde wie ein lästiges Pensum absolviert. Dann fanden wir uns endlich in der Bibliothek ein, unter dem ernsten, stummen Blick des Meisters.

»Ich bin soeben aus Zürich zurückgekehrt«, begann er in einer so vollkommenen Stille, daß man den Flügelschlag eines Schmetterlings hätte hören können. »Ihr wußtet nichts davon, aber ihr werdet seit einer Woche spektrographiert.«

Jo hatte uns erklärt, daß es sich bei dem Spektrographen um einen Meßapparat handelte, der es ermöglichte, auch auf große Entfernung die Schwingungen zu empfangen, die ein Mensch aussandte. Angeblich besaßen die Meister in Zürich den hochentwickeltsten dieser Empfänger. Sie waren also in der Lage, die Gesamtheit unserer Schwingungen zu registrieren, sie dank präziser Parameter zu analysieren und für jeden von uns eine vollständige und detaillierte Bilanz seiner Aura und seiner derzeitigen Schwingungen zu erstellen.

»Ich habe also Neuigkeiten von jedem von euch«, fuhr Jo fort. »Blanche, ich weiß, daß du ein kleines Verdauungsproblem hast, du wirst auf dich achten müssen. Aber du bist auf dem richtigen Weg, die Meister sind zufrieden mit dir. François, du bist dabei überrascht worden, wie du dich in einer Bäckerei vollgestopft hast, obwohl wir uns in einer Phase strengen Fastens befinden ...«

Jeder wartete zitternd, daß er an die Reihe kam, da Jo sich zuweilen jemanden herauspickte und ihn minutenlang vor den anderen demütigte. Ich erinnere mich, daß François eines Abends glatt rasiert erschien, nachdem wir alle ihn immer nur mit Bart kannten. Seine Frau Claude hatte den ganzen Tag über gewettert. Mit Bart hatte François nur zwanzig Jahre jünger ausgesehen als sie, aber glatt rasiert war der Kontrast frappierend; man hätte die beiden für Großmutter und Enkel halten können.

»François, du wolltest Claude demütigen«, sagte Jo an jenem Abend. »Die Meister sind sehr zornig auf dich.

Du wirst zehn Tage lang fasten und den Bart wieder wachsen lassen. Aber ich kann dir nicht garantieren, daß das genügen wird, Zürich zu besänftigen ...«

So teilte Jo Strafen und Pluspunkte aus, sich auf die angeblichen Bilanzen aus Zürich stützend. Tatsächlich gab er nur die kleinen Petzereien von Marielle, Joelle Ex-Colineau und anderer wieder, wie ich erst nach Jahren durchschaute. Marielle und Joelle verbrachten damals einen Großteil ihrer Zeit damit, zu spionieren und uns zu Geständnissen zu bewegen, aber nie hätten wir vermutet, daß sie uns bei Jo denunzieren könnten.

Wenn die Geheimnisse aller enthüllt waren, Verstöße gegen die Regeln hier, kleine intime körperliche Beschwerden dort, trennte Jo die Spreu vom Weizen. »Anthea, Thierry, Blanche, Marielle, Laurence, André, eure Schwingungen waren gut. Ihr seid bereit, das Sanktuarium zu betreten. Erhebt euch. Die anderen warten hier und meditieren«. Eigenartigerweise wurde Junod, Luc Jouret und Pierre Vatel der Zutritt zum Sanktuarium niemals verwehrt.

Inzwischen war es nach Mitternacht. Wir erhoben uns, und Jo führte uns durch den grünen Salon zu den Türen des Sanktuariums. Jacques und er betraten das Heiligtum immer als erste. Wir waren so sehr daran gewöhnt, daß wir uns nie fragten, was die beiden allein im Sanktuarium machten. Vermutlich glaubten wir, daß Jo besondere Anrufungen formulierte, die mit seinem Status als Eingeweihtem zu tun hatten. Was Jacques betraf, der ihm sehr nahe stand, war er ihm wahrscheinlich behilflich, wie ein Meßdiener dem Priester. Zumindest dachten wir das mehr oder minder bewußt. Erst viel später erfuhr ich, daß Jo und Jacques diese Zeit unbedingt brauchten, um die technischen Details der Erscheinung zu regeln.

Manchmal schlossen sich die beiden Männer über eine Stunde im Heiligtum ein, und während dieser Zeit waren wir angehalten, unbedingt zu meditieren. Sicher, wir waren erschöpft, aber wie soll ich in Worte, in gewöhnliche Worte fassen, welch überschäumendes Glücksgefühl uns beseelte: Wir waren unter den Auserwählten! In wenigen Minuten oder auch nur Sekunden würde ein Wesen aus dem Jenseits sich uns zeigen, und wir würden mit ihm kommunizieren können! Mit einer der Wesenheiten, die die Schlüssel zum Universum besaßen. Wenn dieses Wesen zu uns wenigen Auserwählten kam, mußte die Unsterblichkeit uns wahrhaft versprochen sein. Unsterblichkeit und so viele anderen Wohltaten ... Wie sollten wir so kurz vor einer so überwältigenden Offenbarung der Müdigkeit oder gar dem Schlaf nachgeben! Gewöhnungseffekt? Nein, jede Erscheinung war ein neuerlicher, gewaltiger Schock. Jo war sehr wohl bewußt, daß der Ausschluß von diesem Erlebnis uns in tiefe Verzweiflung stürzte. Als würden wir abrupt in den Zustand gewöhnlicher Menschen zurückversetzt, einen Zustand, aus dem Jo uns herausgeholt hatte und in den wir nie wieder zurückverfallen wollten.

Dann endlich traten wir ein, und manchmal fanden wir uns vor den verschlossenen Türen des Allerheiligsten wieder.

»Meister, wir sind da«, flehte Jo.

Aber nichts geschah.

»Eure Schwingungen sind nicht ausreichend«, schimpfte Jo dann, und wir spürten den Zorn, der in ihm schwelte. »Blanche«, fuhr er fort, »ich flehe dich an, laß sie singen, um eine Resonanzebene mit den Meistern zu schaffen!«

Wir sangen. Jo, Luc, Junod und Vatel warteten geduldig, den Blick auf die immer noch geschlossenen Türen des Allerheiligsten geheftet. Wenn dann immer noch nichts geschah, wandte Jo sich uns zu, schrecklich erregt und mit angespannten Zügen.

»Ihr singt schlecht, ihr seid nicht würdig, hier zu sein! Morgen wird die Hälfte von euch dem Sanktuarium fernbleiben.«

Wir versuchten es wieder. Und wieder. Ganz gleich, wie spät es war, zwei Uhr, drei Uhr morgens …

Dann glitten die Türen plötzlich auf, und aus dem Lichtschein tauchte das ätherische Gesicht des Meisters auf. Das Herz schlug uns bis zum Hals. Wir waren erfüllt von grenzenloser Dankbarkeit. Die ersten Schläge der mysteriösen Sprache ertönten in der Stille. Junod und Jo konnten mit ihrer zeitraubenden Entschlüsselungsarbeit beginnen.

»Wir haben ›S‹ verstanden, Meister. Ist das korrekt? Nein? Verzeiht uns. Könntet Ihr noch einmal von vorn anfangen?«

Wenn die Botschaft dann entschlüsselt war, schwarz auf weiß vorlag, löste sich das Antlitz des Meisters auf, und die Türen glitten wieder zu. Sofort wurden wir in den grünen Salon befohlen. Wir mußten unsere Eindrücke wiedergeben und versuchen, in Worte zu fassen, was wir während der Dauer der Erscheinung empfunden hatten.

»Ich«, sagte einer von uns, »habe eine violette Pyramide gesehen, über deren Spitze ein Adler schwebte …«

»Ah, der Adler!« meinte Jo. »Was du da sagst, ist von großer Bedeutung. Und die violette Farbe. Die bedeutendste Farbe in den okkulten Wissenschaften … Gut, sehr gut.«

»Ich«, sagte eine andere, »habe eine Sonne gesehen, die von meinem Plexus zu drei weiteren Sonnen aufstieg, die für die vier Himmelsrichtungen standen«.

»Anthea, schreib sorgfältig auf, was deine Schwester soeben berichtet hat«, sagte Jo. »Ich möchte eine Aufstellung aller Eindrücke haben und sie schon morgen mit nach Zürich nehmen ...«

Manche hatten gar nichts gesehen und wagten, dies einzugestehen, wie François und Michel Salvin. »Immer dieselben, die nichts sehen«, seufzte Jo. »Ich weiß gar nicht, warum ich euch überhaupt noch ins Sanktuarium mitnehme. Das nächste Mal könnt ihr gleich zu Bett gehen.« Laurence Meunier hingegen sah niemals nur eine Pyramide, sie sah ihrer gleich zehn! »Das hast du gesehen, Laurence!« rief Jo aus. »Ist euch klar, was sie heute abend gesehen hat? Wir befinden uns in der Phase, in der der Tempel wiederaufersteht, und sie hat das Tempelkreuz aus einer umgekehrten, versunkenen Pyramide aufsteigen sehen. Das Kreuz hat sich im Thronsaal in Rosenform geöffnet. Stellt euch vor, daß der Orden gerade neu entsteht, daß Laurence gesehen hat, wie das Tempelkreuz von der Erde in den Thronsaal der Pyramide aufgestiegen ist, wo sich auf dem Kreuz eine Rose geöffnet hat ...« und so weiter. Jedesmal, wenn ich nach Laurence dran war, war ich verunsichert. »Mein Gott!«, sagte ich mir, »was ich zu erzählen habe ist so banal, daß ich mich nicht trauen werde, es den anderen mitzuteilen.« Denn in gewisser Weise standen wir alle in Konkurrenz zueinander. Schließlich war ich an der Reihe. »Ich habe eine weiße Lilie gesehen«, sagte ich. Jo dankte mir nicht, gab keinerlei Kommentar dazu ab, nichts. »Der nächste!« seufzte er. »Ich habe ein geflügeltes Pferd gesehen, und ganz plötzlich stand das Pferd in einem

Weizenfeld.« »Ah!« sagte Jo. »Weizen ist sehr wichtig! Wie war der Weizen, golden oder grün?«

Ganz zum Schluß waren die Würdenträger und Eingeweihten dran. Luc Jouret erzählte jedesmal einen ganzen Roman. Er hatte eine Konstellation von Pyramiden gesehen, die alle gemeinsam die Cheops-Pyramide bildeten. Junod und Vatel sprachen, und dann die Fremden, die wir noch nie gesehen hatten, manchmal berühmte Leute, manchmal von sehr weit angereist, aus Kanada oder von den Antillen. Alle waren gleichermaßen aufgewühlt.

10

1984 begann Luc Jouret, immer öfter nach Kanada zu reisen. In der Kartei, die er vom Orden Julien Origas' geerbt hatte, waren besonders viele Namen von Adepten im Staate Quebec. »Dort liegt ein außergewöhnliches Potential«, vertraute er uns an. »Das sind starke, sehr aufrechte und gläubige Menschen. Wir müssen unbedingt eine Einheit mit der Genfer Gemeinschaft herstellen.« Als offizieller Nachfolger von Origas machte er sich ans Werk, wobei er das immense Prestige seiner früheren Inkarnation nutzte, das des heiligen Bernhard von Clairvaux.

Eines Tages kehrte er mit einem gewissen Albert Chateau zurück, den er uns als »Kommandeur des Ordens von Quebec« vorstellte.

Chateau war ein Mann mit unscheinbaren Gesichtszügen, etwa so alt wie Luc, und er achtete sehr darauf, daß man ihm auch den gebührenden Respekt zollte. Kurz, er war sehr empfindlich.

Vom Tage seiner Ankunft an begegnete Jo ihm mit großer Achtung, und die beiden vertieften sich sogleich in rege Aktivitäten im Sanktuarium, wie es Jo mit allen wichtigen Neuankömmlingen hielt. Chateau war Funktionär beim Finanzministerium von Quebec und somit eine ebenso geachtete wie einflußreiche Persönlichkeit. Nach ein paar Tagen kam es, wie es kommen mußte: Jo entdeckte schließlich, wer sein derzeitiger Favorit war. Jo erkannte in Chateau den ägyptischen Geschichtsschreiber, der als einziger Zeuge in der geheimen Krypta von Luxor der Metamorphose Echnatons in das Licht beigewohnt hatte. Allein kraft seines Geistes habe der Pharao sich von innen heraus verbrannt, um die Welt in einem hellen Lichtstrahl zu verlassen. Chateau war höchst geschmeichelt, dieser Schreiber gewesen zu sein. Einige Wochen lang residierte er bei der Elite des Ordens, dann flog er zurück nach Kanada, mit der Aufgabe betraut, die dortige Komturei fest mit der Genfer Niederlassung zu vereinen.

Währenddessen trat der Genfer Elite ein neues Mitglied bei: Hervé Poirier. Die Pioniere der Stiftung und sogar der Pyramide kannten diesen Mann, der ihnen von Jo immer als »der Freund« präsentiert worden war, der ihn nie im Stich gelassen hatte; schon seit langem. Seit Jahren verbrachten Hervé, seine Frau und ihre beiden Kinder ab und zu ein Wochenende bei uns, aus dem einfachen Grund, weil es ihnen Freude machte, Jo zu besuchen. Und so erfuhren wir von Hervé, einem sehr warmherzigen Menschen, daß Jo einstmals in der Gegend von Nîmes Goldschmied gewesen war, bevor er begonnen hatte, seine medialen Gaben auszuschöpfen. Hervé war Physikingenieur, aber nichtsdestoweniger fasziniert von der Esoterik und den okkulten Wissenschaften. Er veranstaltete einen wahren Kult um seinen alten Freund, aufgrund von dessen Gaben und Kenntnissen der Materie. Warum beschleunigte Jo jetzt plötzlich den langsamen Rhythmus dieser Freundschaft, indem er den Physiker in die Gemeinschaft integrierte? Ich weiß es nicht, aber ich denke, daß Hervés Stellung in der Außenwelt, sein Ingenieurtitel und seine Beziehungen Jo plötzlich als nützlich für den Orden erschienen. Ganz wie Vatels

Renommee als Industrieller, Lucs Doktortitel und so weiter.

In dieser Zeit verblaßte der Stern Stéphane Junods, unseres prestigeträchtigen Musikers, rapide. Wie er es im Laufe der Jahre noch mit vielen Mitgliedern des Ordens tun sollte, beschloß Jo urplötzlich, Junod abstürzen zu lassen. Diese »symbolische Vernichtung« sollte eine der schmerzlichsten Episoden in der Geschichte des Ordens darstellen.

Stéphane und Claudine Junod erwarteten ein Kind. Wir alle wußten davon und teilten ihre Freude. Neun Monate lang wünschten wir Claudine, wann immer wir ihr begegneten, tausendfaches Glück für ihr ungeborenes Kind.

Am Tag der Geburt berief Laurence Meunier eine Krisensitzung ein. »Claudine bringt gerade ihr Kind zur Welt«, erklärte sie uns. »Es läuft sehr schlecht; es gibt große Komplikationen. Jo wird gleich hier sein, und ich fürchte, er hat uns sehr schlechte Neuigkeiten mitzuteilen.«

Als Jo schließlich zu uns stieß, sagte er: »Hiermit verkünde ich die Geburt des Antichrist.« Der Antichrist! Aurélien Junod war gerade mal zwei oder drei Stunden alt, und Jo erklärte uns, daß dieses Baby der Antichrist wäre! Seine Worte läuteten einen chaotischen Abend ein; sofort wurde er mit tausend Fragen bombardiert. Wußte Claudine, welches Ungeheuer sie zur Welt gebracht hatte? Nein, nur der Vater wäre informiert worden. Und darum müßten wir, denen die unsagbare Ehre zuteil geworden sei, Nanou, das göttliche Kind, zu beherbergen, nun auch unter demselben Dach Aurélien, den Antichristen aufnehmen. Denn es käme nicht in Frage, Claudine davonzujagen. Aber wie sollte das gehen? »Wir werden sehr strenge Regeln befolgen müssen, sonst sind wir verloren«, erklärte Jo feierlich. »Ihr dürft dieses Kind niemals ansehen und euch Claudine unter keinen Umständen nähern. Ihr müßt ihr aus dem Weg gehen und dafür sorgen, daß sie den Speisesaal und die Küche nie wieder betritt. Und keinesfalls darf sie einen von euch besuchen, sonst wäre nämlich alles vorbei: Auch wenn ihr die gesamte Wohnung desinfizieren würdet, könntet ihr die negativen Kräfte nicht mehr vertreiben«. Wir waren entsetzt. Aber im Augenblick interessierte uns nur die eine Frage: Wie sollten wir Claudine aus dem Weg gehen, wenn sie in unsere Mitte zurückkehrte? An jenem wunderschönen Tag im Leben einer Mutter, an dem sie strahlend mit ihrem Kind auf dem Arm die Glückwünsche aller entgegennehmen würde?

Schließlich war es soweit, und als sie eintraf, stoben alle davon und sperrten sich in ihren Wohnungen ein. Man stelle sich vor, wie diese Frau die riesigen Räume und langen Flure durchquerte, ohne einer Menschenseele zu begegnen. Was muß sie empfunden haben? In den darauffolgenden Tagen drückten sich alle an die Wände oder flohen in den Park, wenn sie auftauchte, und stellten sich taub, wenn sie doch einmal einen überraschte. In der warmen Jahreszeit flüchteten wir alle aus dem Park, sobald wir sie mit dem Kinderwagen entdeckten. »Ich sehe niemanden mehr, warum lauft ihr vor mir davon?« rief sie uns manchmal hinterher, in einem so verzweifelten Tonfall, daß mir noch heute, so viele Jahre später, bei der Erinnerung die Tränen in die Augen schießen. Claudine hielt über sechs Monate durch, dann brach sie zusammen. Junod kaufte ein Chalet im Wallis, und sie verließen das Templeranwesen. Stéphane Junod kam auch weiterhin, aber er hatte viel von seiner Aura eingebüßt und war nur noch ein Schatten seiner selbst.

In gewisser Weise nahm Hervé Poirier seinen Platz ein, denn Hervé war bereit, sich dem Orden anzuschließen, anfangs ohne seine Frau und die Kinder, die er später folgen lassen wollte. Dazu sollte es jedoch nicht mehr kommen. Sehr bald las Jo in seiner Aura wie in einem offenen Buch – Hervé gefiel es, wenn sein Freund ihm die Zukunft voraussagte – und so eröffnete ihm Jo, daß seine Mission mit seiner Frau beendet sei. »Sie ist eine gute Frau, das spürt man deutlich«, sagte er, »aber leider gibt es für euch keine Gemeinsamkeit mehr, keine Hoffnung. Ich sehe keine Zukunft für euch, mein alter Hervé, nur ein schwarzes Loch …« Hervé liebte seine Frau über alles, davon hatten wir uns alle überzeugen können, aber er vollzog dennoch bald darauf die schmerzliche Trennung. Es waren schwere Wochen und Monate. Hervé, den wir als vergnügten Lebemann und guten Esser gekannt hatten, schien sich in sich selbst zurückzuziehen. Man sah ihn weinen, er magerte ab und schlief nicht mehr. Während dieser ganzen Zeit stand Jo ihm zur Seite. Hervé gehörte immer zu den Auserwählten, die das Sanktuarium betreten durften, Jo stellte ihn zu seiner Rechten auf, ließ ihm durch die Meister tröstende Botschaften zukommen und über Zürich Mut zusprechen. »Das Schlimme für ihn«, vertraute er uns an, »ist, daß er nicht ohne Frau auskommt. Ich kenne ihn gut, er geht kaputt, wenn er nicht mit dem nackten Körper einer Frau in den Armen einschlafen kann.«

Jo war sichtlich besorgt. Immerhin hatte er schon Joelle Ex-Colineau auf dem Hals, deren Augen sich jedesmal mit Tränen füllten, jedesmal, wenn sie André an der Seite der schönen Michèle, ihrer Nachfolgerin, sah. Darüber hinaus mußte er die chronische Depression von Marie-Christine Ex-Jouret ertragen, deren Zustand sich stetig verschlechterte, seit er sie ihrer Energie beraubt hatte, was soweit ging, daß wir um ihr Leben fürchteten. Er wollte um jeden Preis vermeiden, daß Hervé das gleiche Schicksal erlitt wie diese beiden Gestrandeten. War er es, der das Scheitern der Ehe Dubois herbeiführte, oder war dies nur einer jener unerklärlichen Zufälle des Lebens? Jedenfalls begannen Jean-Marc, der Therapeut, und Jeanne, die Kosmetikerin, öffentlich zu streiten, noch während Hervé vor Kummer verging. Bald darauf teilte Jo Hervé und Jeanne zu gemeinsamen Aufgaben ein. »Ihr beide«, sagte er beispielsweise, »würdet ihr euch darum kümmern, die Hecken zu schneiden? Sie haben es dringend nötig.« Dann sorgte er systematisch dafür, daß sie bei Tisch und im Sanktuarium immer nebeneinandersaßen beziehungsweise -standen. Als Jeanne ihn wie in der Gemeinschaft üblich aufsuchte, um ihn zu fragen, was er von Hervé hielte, muß Jo voll des Lobes gewesen sein. Ich kann mir vorstellen, wie er zu Jeanne sagte: Tatsächlich, ja, es stimmt, daß man euch beide in letzter Zeit viel zusammen sieht ... Nun ja ... Hervé! Du möchtest wissen, was ich von ihm halte? Er ist ein großartiger Mensch, Jeanne. Ich habe Jahre mit ihm zusammengearbeitet, er kann dir eine Menge geben. Du bist an ihm interessiert, stimmt's?« Ein wenig später muß er seinem Freund Hervé Ähnliches ins Ohr geflüstert haben. Schließlich, drei oder vier Monate nach der Trennung von seiner Frau, teilte Hervé das Bett mit Jeanne, und von da an blühte er wieder auf. Er nahm zu und fand seine gute Laune wieder. »Eine unglückliche Beziehung belastet die Gemeinschaft«, sagte Jo uns immer wieder. »Sie bremst die Mission.« Jean-Marc und Jeanne waren eine Last geworden, und so hatte Jo nur seine Pflicht getan, indem er die Trennung vorantrieb.

Eine gut funktionierende Beziehung war hingegen ein Antrieb, nicht nur für die Gemeinschaft, sondern für die universelle Evolution. Und so interessierte Jo sich stets für die intimen Beziehungen eines Paares und erteilte uns bald Sexualkundeunterricht. Er lehrte uns, daß die einzige energieschaffende menschliche Initiative die Sexualität sei. Und das planetare System, erklärte er uns, würde Unmengen von Energie verbrauchen. Wenn es an sexueller Aktivität fehlte, würde es ins Stocken geraten und sich nach und nach auflösen, wie ein Auto, das zu lange ohne Benzin bleibt, aufgrund der Starre und des Rostes verfällt. Und also wäre der Mensch mit einem Sexualorgan ausgestattet, um regelmäßig das Universum mit neuer Energie zu versorgen. Aber der Mensch mußte sich nicht nur regelmäßig dieses Organs bedienen – weshalb ein nicht mehr harmonierendes Paar rasch erkannt und getrennt werden mußte – sondern außerdem lernen, es zu beherrschen. Er mußte lernen, Erektion und Ejakulation zu kontrollieren, anstatt sich von ihnen leiten zu lassen. Denn die Energiemenge sei um so bedeutender, je länger der Mann sich zu beherrschen wisse, um seiner Partnerin zur Ekstase zu bringen. Neben der Geduld lehrte Jo uns die in Verbindung mit den Planeten günstigsten Stellungen. Und schließlich sollten wir noch erfahren, daß die Energie, die von einem Paar erzeugt wurde, nicht zu irgendeiner Tages- oder Nachtzeit produziert werden dürfe, da das Universum nicht immer gleich empfänglich wäre. Je nach Stellung des Mondes und der Sterne wären manche Phasen weit günstiger als andere. Auch wäre es wichtig, stets einen Kompaß bei sich zu haben, da das Paar sich je nach Sternenkonstellation verschieden orientieren und darauf achten müsse, während des Aktes die entsprechende Richtung beizubehalten. Und so ging Jo dazu über, uns die Tage zu nennen, an denen wir miteinander schlafen mußten, sowie die entsprechende Ausrichtung. »Mit vier funktionierenden Paaren an den vier Himmelsrichtungen kann ich die negativen Ströme des Planeten umkehren«, erklärte er uns.

Für Nathalie und mich wurden diese Ratschläge immer sinnloser. Tatsächlich hatten wir uns, seit wir auf dem Bauernhof wohnten, voneinander entfernt. Natürlich lag das zum Teil an dem anstrengenden Tagesablauf, der dazu führte, daß wir ständig so im Streß waren, daß nicht einmal Zeit für einen Kuß blieb. Zum Beispiel an diesen Marathonabenden, wenn wir den Pflug vorbereiten mußten, um am nächsten Tag mit der Aussaat beginnen zu können, dann den Kindern Essen machen, ins Sanktuarium hetzen und dort bis tief in die Nacht ausharren mußten. Und hinzu kam, daß wir keinerlei Intimsphäre mehr hatten. »Brüder« und »Schwestern« kamen herein, ohne anzuklopfen. Zwar gab es keine Regel, die es uns verboten hätte, abzuschließen, aber allein der Gedanke war unvorstellbar. Wir lebten in einer Gemeinschaft, und keiner hätte es gewagt, seine Tür zu verriegeln. Da rund um die Uhr etwas zu tun war, gingen die Mitglieder der Gemeinschaft ständig beieinander ein und aus, um Hilfe bei der einen oder anderen Aufgabe zu erbitten. Bei uns ging es zu wie in einem Taubenschlag. »Schnell, Nathalie, du wirst in der Küche verlangt«, hieß es, »Thierry, Jo hat gerade angerufen, wir müssen ein Zimmer für einen unserer Brüder aus Kanada herrichten«. Manchmal war Nathalie am Ende ihrer Kräfte, ich sah es ihr an. Sie brachte nicht einmal mehr die Kraft auf zu antworten und schlug dem Eindringling die Tür vor der Nase zu. Ihre Hände zitterten, und ihre

Augen schwammen in Tränen. Ich sah das alles, hatte aber nicht die Zeit, sie zu trösten oder zu entlasten. Nicht einmal soviel Zeit hatte ich. Wir lebten uns immer mehr auseinander. Ich glaube, wir waren uns dessen bewußt, aber wir waren Gefangene des Systems, unfähig, unsere Ketten abzustreifen. Weder sie noch ich sprachen im Laufe der Monate, obwohl wir spürten, daß wir langsam aber sicher untergingen, auch nur einmal die rettenden Worte aus: »Verschwinden wir von hier.« Kein einziges Mal verlangte die Vernunft ihr Recht. Denn zu fliehen hätte gleichzeitig bedeutet, sich zu verlieren: Keinesfalls wollten wir unsere Intimität mit den Meistern aufgeben und zu diesem Zustand des Normalsterblichen zurückkehren, der uns, vor allem mich, mit solcher Verzweiflung erfüllt hatte.

In der Öffentlichkeit hatten wir keine zärtliche Geste mehr füreinander, vielleicht nicht einmal mehr ein Lächeln; wir waren zu ausgelaugt, zu erschöpft. Und natürlich registrierte Jo diesen Zustand ebenso, wie er ihn bei Jean-Marc und Jeanne und den anderen Paaren vor ihnen gespürt hatte: den Colineaus, den Junods, den Jourets, den Salvins … Unmerklich waren wir ebenfalls zu einem nicht funktionierenden Paar geworden, zu einer Bürde für die Gemeinschaft. Jo rief uns nacheinander zu sich. »Thierry, du bist nicht mehr der Richtige für Anthea. Ihr mußtet ein Stück des Weges gemeinsam beschreiten, aber jetzt seid ihr am Ende des Weges angelangt. Ihr habt euren karmischen Zyklus abgeschlossen.« Zweifellos sagte er Nathalie das gleiche; ich erinnere mich, daß wir sehr bald darüber sprachen, wie wir das angekündigte Ende unseres gemeinsamen Weges empfanden. Wir waren beide erschüttert von der Neuigkeit, aber es kam uns gar nicht in den Sinn, sie anzuzweifeln. So wie man das Wort eines Krebsexperten nicht in Zweifel zieht, der einem erklärt, man sei an Krebs erkrankt. Da die Information, so dramatisch sie auch sein mochte, von Jo kam, war sie richtig, zwingend richtig. Es wäre zwecklos gewesen, dagegen anzugehen: Es stand geschrieben, wir waren unwiderruflich dazu verurteilt, uns zu trennen. Von diesem Abend an schliefen wir nicht mehr im selben Bett. Ich legte mich auf dem Sofa im Wohnzimmer schlafen und überließ unser Zimmer Nathalie. »In Kürze wird jeder von euch ein neues Karma erfahren«, hatte Jo uns angekündigt, »aber schweigt vorerst noch, ich werde die anderen beizeiten davon unterrichten.« Jo wußte, daß wenn eine begehrenswerte Frau innerhalb der Gemeinschaft frei wurde, sich sogleich männliche Kandidaten meldeten, die zuweilen sogar ihre Frauen verließen, um sich in das Abenteuer zu stürzen. Und das wollte er vermeiden. Er wollte jedes Paar unter Kotrolle haben, von Anfang bis Ende. Wir konnten also nichts anderes tun als abzuwarten.

Einige Wochen später betraute Jo Nathalie mit einer neuen Aufgabe. »Anthea«, sagte er, »der heilige Bernhard ist völlig überlastet. Die Praxis in Annemasse und die vielen Reisen nach Kanada sind einfach zuviel für ihn. Zürich ist sich des Problems bewußt. Wir haben also beschlossen, dich zu seiner rechten Hand zu ernennen.« Und so wurde Nathalie Luc Jourets Sprechstundenhilfe in Annemasse. Von einem Tag auf den anderen gab sie ihre Arbeit in der Gemeinschaftsküche auf, um fortan das klassische Dasein einer Sprechstundenhilfe zu führen (wenn auch ohne Gehalt). Erst viel später, nachdem die Trennung zwischen mir und dem Orden vollzogen war, erkannte ich, daß Jo damals unter dem Deckmantel einer aus Zürich erfolgten Anweisung versucht hatte, Nathalie mit Jouret zu verkuppeln.

Er hatte alle Hebel in Bewegung gesetzt, damit Luc seine Frau Marie-Christine verließ, die Jo als eines Mannes von Lucs Schlag für unwürdig erachtete. Im Gegensatz zu Marie-Christine hatte Nathalies Strahlen ihn vom ersten Tag an bezaubert, und ich glaube beinahe, daß er der Ansicht war, sie wäre zu gut für mich – und passe viel eher zu einem Mann vom Rang eines heiligen Bernhard.

Heute kann ich mir die Unterhaltung der beiden Männer lebhaft vorstellen: »Du hattest mit Marie-Christine keine Zukunft«, sagte Jo.

»Ich weiß, sie ist erbärmlich.«

»Aber Anthea ist eine fabelhafte Frau.«

»Stimmt, sie ist bezaubernd.«

»Nun, dann werden wir sie dir zuteilen, Luc. Alles andere geht mich nichts mehr an …«

Ich kann mir die Unterhaltung deshalb so lebhaft vorstellen, weil Nathalie, als sie noch keine Woche in Annemasse arbeitete, eines Abends verunsichert und verwirrt nach Hause kam. »Ich weiß nicht, was da gespielt wird«, sagte sie mir, »aber Luc versucht ständig, meine Hand zu halten. Heute Abend hat er sogar versucht, mich zu küssen …« Jo und Luc hatten vergessen, Nathalies Geschmack zu berücksichtigen. Trotz seines Aussehens und seines tiefen Blickes weckte Luc keinerlei Verlangen in ihr. Das Komplott schlug also fehl, und nach einigen Wochen in Annemasse wurde Anthea gebeten, ihre Arbeit als Sekretärin des Ordens wiederaufzunehmen. Aber noch hatte Jo das letzte Wort nicht gesprochen.

Vor einigen Monaten war sein ältester Sohn Siegfried zum Orden gestoßen. Schon lange vor seiner Ankunft hatte Jo uns wiederholt von diesem Sohn erzählt, in dem er schon sehr früh die Reinkarnation des Propheten Elias erkannt hatte. Er hatte uns sogar eines Tages anvertraut, daß Elias (denn so nannten wir ihn fortan) in Israel gezeugt worden wäre, in der bis heute erhaltenen ehemaligen Höhle des Propheten. Diese prestigeträchtige Vergangenheit rechtfertigte selbstverständlich, daß dem Jungen eine »Mission größter Wichtigkeit« anvertraut wurde, wie sein Vater es gern formulierte. Aber damals war Elias erst 15 und besuchte eine Privatschule.

Da ihm als Sohn des Meisters somit eine große Zukunft beschieden war, wären wir vor Elias auf dem Boden gekrochen, wenn er es von uns verlangt hätte. Aber der Junge war aufgrund seiner überraschenden Bescheidenheit, seiner Gutherzigkeit und dem offenen Lächeln eines jungen Menschen, der sich zumindest nach außen hin in seiner Haut wohl fühlte, schon bald bei allen beliebt. Es war offensichtlich, daß er seinem Vater blind vertraute und ihn zutiefst bewunderte und daß seine Position als »Sohn des Meisters« ihn mit stiller Freude erfüllte. Er war damit zufrieden und bestand sogar darauf, sich wie jeder andere an den Haus- und Gartenarbeiten zu beteiligen. Vor allem letzteres machte ihm Spaß, da er vom Körperbau her bereits ein Mann war und besonders gern mit Pferden umging.

»Sag Mal, Thierry«, meinte Jo eines Tages »Würdest du Elias einige Zeit bei dir aufnehmen? Es kommt ein neues Paar aus Kanada her, und diesmal ist das Haus voll belegt.«

Ich sprach mit Nathalie darüber. Wir legten unsere beiden Söhne in ein Zimmer und sagten selbstverständlich zu. Zwei Tage später kam Elias zu uns.

»Du bist hier zu Hause«, sagte ich, »wir werden dich aufnehmen, als wärst du unser Sohn, der du im übrigen beinahe sein könntest ...«

Nathalie stimmte zu, wir lachten, und das Leben ging im gewohnten irrsinnigen Tempo weiter. Hinzu kam jedoch nun dieser neue Schmerz, den es zu ertragen galt, diese angekündigte und doch unerträgliche Trauer: der Umstand, daß Nathalie fortan allein hinter verschlossener Türe schlief. So nah und doch so fern. Wochen verstrichen. Nathalie und ich hatten die Gewohnheit beibehalten, abends um Viertel vor neun zur Meditation gemeinsam zum Sanktuarium hinaufzugehen – in das neue Sanktuarium auf dem Dachboden des Bauernhofes. Gewöhnlich begleitete uns Elias. Dann plötzlich schützte Nathalie Erschöpfung vor, um nicht an der Meditation teilzunehmen, und sagte, sie wolle sich hinlegen. Elias erklärte gleichzeitig, daß er ein wenig fernsehen wolle – sein Vater hatte einen Fernseher in seinem Zimmer installieren lassen. Tatsächlich war es die Zeit, zu der der Spielfilm begann. Einige Zeitlang ging ich also allein hinauf zum Sanktuarium. Manchmal traf ich die beiden bei meiner Rückkehr zusammen beim Fernsehen in Elias' Zimmer an.

»Man könnte euch für Mutter und Sohn halten«, sagte ich.

Wir lächelten einander zu, und der Abend setzte sich an anderer Stelle mit ihnen gemeinsam fort.

Monate verstrichen. Eines Tages eröffnete mir Jo, daß er Elias und Nathalie in ein Haus in Südfrankreich schicken würde, das er gerade gekauft habe …

»Elias und Nathalie!« rief ich aus. »Aber Jo, Nathalie kann doch nicht so einfach unsere beiden Kinder verlassen … Und warum Elias?«

»Ich schicke dir Sylvie oder auch Claude für die Kinder. Es ist unabdingbar, daß Elias und Anthea einige Zeit allein miteinander verbringen; Zürich hat mir mitgeteilt, daß ihnen in den kommenden Monaten eine

Mission von allergrößte Wichtigkeit anvertraut werden könnte.«

»Elias und Nathalie! Aber Jo …«

»Ich habe dir doch angekündigt, daß ihr beide sehr bald einem neuen Karma begegnen würdet. Elias und Anthea haben einen langen Weg gemeinsam zu beschreiten. Du weißt es vielleicht nicht, aber die Meister haben ihre Verbindung im Sanktuarium gesegnet.«

Ich war wie vor den Kopf geschlagen. Sie mußten seit Monaten miteinander schlafen, und ich hatte nichts bemerkt, nichts geahnt. Elias war noch keine 16, und Nathalie war 32. Nathalie, die ich keine Sekunde aufgehört hatte zu lieben, die ich mehr liebte als in den ersten Tagen unserer Ehe, würde mich tatsächlich verlassen. Und für wen? Für diesen großen Jungen, den ich sie mehrfach gebeten hatte, als unseren Sohn zu betrachten …

Wenn ich heute daran zurückdenke, schäme ich mich. Ich schäme mich, nichts dagegen unternommen zu haben. Jo hat uns zerstört, obwohl wir uns liebten, obwohl wir uns heute noch lieben würden, wenn er nicht in unser Leben getreten wäre. Dann manipulierte er uns wie folgsame Lämmer. Er hat uns gedemütigt, Nathalie. Erst hat er versucht, dich in Jourets Bett zu lotsen, und als das nicht funktionierte, hat er dich seinem Sohn geschenkt. Wie konnten wir nur so blind sein? Was mich betrifft, weiß ich, daß die Ursache für meine Verblendung zweifellos in meiner Kindheit liegt, in der ich nichts anderes gelernt habe, als der Realität, der unerträglichen Realität, zu entfliehen, um in irrealen, aber vielversprechenderen Überzeugungen Trost zu suchen. Was dich betrifft, Nathalie, weiß ich nicht, was der Grund für deine Blindheit war. Die Ursachen sind mir bis heute ein Rätsel.

Zu dieser Zeit erfolgte auch der Verkauf des Templeranwesens, und ich kam zum erstenmal einer Betrügerei auf die Schliche, die mir die Augen hätte öffnen müssen. Wir würden das ehrwürdige Anwesen verkaufen, um in Kanada und bald auch in Australien »Überlebenszentren« zu errichten, weil die Apokalypse näherrückte. Bis diese Zentren fertiggestellt waren, sollten wir auf dem Bauernhof etwas enger zusammenrücken. Die Woche des Umzugs kam; alle Wohnungen des Templeranwesens mußten leergeräumt werden. Wir mußten alle mit anpacken, und inmitten eines dieser chaotischen Tage betrat ich zufällig die Wohnung von Jo und Jocelyne – zum erstenmal, da ich bis dahin nie zu ihnen eingeladen worden war. Dort herrschte das für einen Umzug übliche Durcheinander; die Teppiche waren zusammengerollt worden, die Schubladen der Kommoden standen offen. Jo führte mich in ihr Schlafzimmer, da wir gemeinsam das Ehebett hinaustragen wollten. Wir waren gerade dabei, das Bett aufzurichten, als Jocelyne aus dem Wohnzimmer nach ihrem Mann rief. Jo ließ mich einen Moment allein, und mein Blick fiel auf den Krimskrams, der buchstäblich aus dem weit offenstehenden Schrank quoll. Da waren Kleidungsstücke, Vasen, Kultgegenstände, eine Schreibmaschine, Bücher und so weiter.

Plötzlich entdeckte ich ein Schwert. Mein Blick glitt darüber hinweg, fiel jedoch ein wenig später darauf zurück, da das Schwert merkwürdigerweise an der Spitze mit einer Birne versehen war, deren Kabel sorgfältig an der Klinge entlanggeführt waren, als hätte man sie verbergen wollen. Ich betrachtete die elektrische Konstruktion genauer, und plötzlich traf mich die Erkenntnis wie ein Schlag: mein Gott, dieses Schwert! Sollte es das sein, das Manatanus benutzt hatte, um

Élisabeth zu befruchten? Ein gewaltiger Blitz hatte das Sanktuarium in grelles Licht getaucht, als die Waffe Élisabeths Bauch berührt hatte. Ein gewaltiger Blitz, ja … Und dort vor meinen Augen, war das nicht ein Blitzlicht, das mehr oder minder geschickt an der Schwertspitze befestigt worden war? Das Herz schlug mir bis zum Hals, meine Knie gaben nach. Ich lehnte mich an die Wand und fühlte, wie ich daran herabglitt, bis ich schließlich auf dem Fußboden saß. »Nein, das ist unmöglich«, sagte ich mir. »Das nicht! Das ist nicht wahr …« Das Atmen fiel mir plötzlich schwer, ich wollte fliehen, die Kraft aufbringen zu fliehen, aber jetzt hatte ich Angst vor Jo. Merkwürdig, daß dieser Mann mir urplötzlich solche Furcht einflößte. Und da kam er auch schon wieder herein.

»Thierry, was ist los? Fühlst du dich nicht wohl? Du bist ja ganz blaß.«

»Es ist nichts, Jo, nur ein Schwindelanfall Es geht gleich wieder.«

»Jocelyne! Bring Thierry ein Glas Wasser.«

Sie gaben mir zu trinken, klopften mir auf die Wangen. Kurz darauf rappelte ich mich hoch, und wir machten mit dem Umzug weiter. Am folgenden Tag zweifelte ich bereits daran, das Schwert tatsächlich gesehen zu haben. Und auch wenn ich es tatsächlich gesehen hatte, mußte es sich um ein Karnevalsutensil gehandelt haben, das früher einmal Elias gehört hatte. Natürlich, so mußte es sein, ein altes Faschingsschwert.

Einige Tage verstrichen. Elias und Nathalie waren nach Südfrankreich abgereist, in Jos Haus. Schließlich war es Marie-Christine Jouret, diese kleine zierliche und trockene Frau mit dem gelblichen Teint und dem dünnen Haar, die mir mit den Kindern half. Es kam mir vor, als würde ich im Wachzustand einen Alptraum durchleben, als säße mir der Tod im Nacken. Im Labor stürzte ich immer wieder auf die Toilette, um meinen Schmerz zu verbergen. Boré beobachtete mich aus den Augenwinkeln, gab aber kein einziges Wort des Mitgefühls von sich. Sein Boot war endlich eingetroffen, und er dachte nur daran, über den Genfer See zu schippern. Wir waren Lichtjahre voneinander entfernt. An diesem Punkt, als ich fühlte, wie ich unterging, ohne irgendwo auf ein mitfühlendes Herz zu stoßen, sagte ich mir: Marie-Christine Jouret hat diesen Alptraum ebenfalls durchgemacht, an wen mag sie sich gewandt haben? Ich war also an diesem Punkt angelangt, als ich eines Nachts kurz hintereinander zwei außergewöhnliche Träume hatte. Im ersten Traum saß ich am Fuß einer hohen Eiche und hörte eine ferne Stimme, die immer wieder sagte: »Thierry, du bist Ram. Du bist Ram ...« Im zweiten, sehr schönen Traum, sah ich mich an Christi Seite gehen. Évelyne Chartier ermutigte uns ständig, unsere Träume aufzuschreiben. Dies tat ich also, und am nächsten Morgen suchte ich noch ganz aufgewühlt Hervé Poirier auf, um ihm alles zu erzählen. Jo war in Kanada und hatte den Orden für die Dauer seiner Abwesenheit der Obhut seines Freundes anvertraut. Hervé hörte mir mit sehr viel Wärme zu; wir mochten uns gegenseitig gut leiden.

»Das ist merkwürdig«, sagte er, »Jo hat mir nämlich aufgetragen, euch ein Theaterstück für Ostern einstudieren zu lassen, und ich wollte ein biblisches Thema mit Christus auswählen. Möchtest du nicht versuchen, deinen Traum konkreter aufzuschreiben?«

Noch am selben Abend übergab ich ihm die Texte zu meinen beiden Träumen, und am darauffolgenden Morgen rief Hervé mich zu sich.

»Thierry, ist dir eigentlich klar, was du da erlebt hast?«

»Ich bin an Christi Seite gegangen, ja, das ist unglaublich ...«

»Nein, ich meine nicht Christus, Thierry, ich meine den Traum, in dem eine Stimme zu dir sagte: ›Du bist Ram ...‹.«

»Und ?«

»Du weißt nicht, wer Ram ist, Thierry?«

»Nein, ich habe mich sogar schon gefragt, ob es der Name eines Ortes oder einer Person ist.«

»Dann mußt du unbedingt *Die großen Eingeweihten* von Schuré lesen. In diesem Buch wird alles erklärt. Ram ist gewissermaßen der erste Eingeweihte des Planeten, der Erretter der menschlichen Rasse ...«

Ich fand die Seiten, die sich mit Ram befaßten, der sich 5000 Jahre vor Jesus Christus inkarniert haben soll, aber vor allem las ich schwarz auf weiß eine Geschichte, die meinem Traum auf verblüffende Weise ähnelte: Ein junger Mann, ein zukünftiger Druide, schlief am Fuß einer Eiche ein. Im Schlaf erschien ihm ein Meister. Dieser Meister offenbarte ihm, daß sein kosmischer Name Ram wäre. Das war zur Zeit von Atlantis, inmitten einer Pestepidemie. Der Meister gab dem jungen Mann ein Mittel zur Bekämpfung der Seuche, einen Trank, der aus Misteln hergestellt war. Tatsächlich benutzte der Meister die körperliche Hülle des jungen Mannes, um auf die Erde zurückzukommen und die Pest zu bekämpfen. So ließ es sich deuten. Und nun manifestierte sich Ram erneut, diesmal durch mich! Da wir nicht an Zufälle glaubten und dazu neigten, das kleinste Zeichen zu interpretieren und auch dem kleinsten Zufall einen Sinn beizumessen, ermaß ich sogleich die Bedeutung meines Traumes, ganz so wie Hervé sie erkannt hatte.

Zwei Tage später kehrte Jo aus Kanada zurück, und Hervé berichtete ihm sofort von meinem Abenteuer. Innerhalb einer Viertelstunde wurde ich gerufen.

»Thierry, das ist absolut unglaublich!« sagte Jo. »Ich reise sofort nach Zürich, wir werden in unseren Archiven nachschlagen, das muß unbedingt geklärt werden. Was du erlebt hast, ist wirklich bemerkenswert, das übersteigt sogar die Ebene des Ordens; es rangiert auf planetarischer Ebene ...«

Jo sprach zu mir als wäre ich plötzlich so etwas wie ein Halbgott geworden, ich, der bislang verglichen mit Anthea nur ein Staubkorn gewesen war. Nathalie war gerade fortgegangen, meine Kinder befanden sich in der Obhut von Marie-Christine Jouret, diesem Gespenst, Boré und meine Arbeit wurden mir immer unerträglicher ... Kurz, ich hatte alles, oder fast alles, verloren, und nun katapultierte dieser Traum mich urplötzlich ans Firmament. Nie zuvor hatte Jo mich mit solchen Augen angesehen. Ich hatte das Gefühl, neu geboren zu werden, aus meiner Asche aufzuerstehen.

Jo reiste tatsächlich noch am selben Nachmittag nach Zürich. Zumindest behauptete er das mir gegenüber. Am nächsten Tag rief er mich nach seiner Rückkehr erneut zu sich.

»Es ist alles klar«, sagte er. »Zürich will dich unbedingt haben. Du darfst nicht mehr arbeiten, Thierry, von nun an mußt du dich voll und ganz deiner Wesenheit widmen.«

»Aber Jo, das ist unmöglich! Da ist das Labor, und meine Kinder ...«

»Thierry, es ist der Wille der Meister aus Zürich, ich kann nichts dafür. Du mußt dich frei machen und nach Zürich gehen, um dort zu lernen.«

»Ich soll in Zürich lernen! Aber ich spreche doch gar kein Deutsch. Sprechen die Meister denn wenigstens Französisch?«

»Das sind Kleinigkeiten, Thierry. In wenigen Tagen wirst zum Großpriester des Ordens von Melchisedech geweiht.«

»Entschuldige, Jo, aber das kommt alles so plötzlich.«

Ich mußte Fieber haben, das Blut pochte in meinen Schläfen. Gestern war ich noch Ram, morgen würde ich ein großer Priester sein. Ich gab es auf, verstehen zu wollen, andere wußten, was zu tun war, und entschieden für mich. Ich empfand, was Neugewählte in höchsten Regierungsämtern empfinden müssen: Ich hatte das Gefühl, getragen zu werden, war überzeugt, nie wieder in meinem Leben eine Tür aufstoßen zu müssen, und gleichzeitig war ich nicht mehr in der Lage zu denken und das, was mit mir geschah, bei klarem Verstand zu analysieren.

Am nächsten Morgen fuhr ich trotz allem ins Labor. Ich sagte Boré noch nichts, sondern wartete auf Anweisungen von Jo. Ich war Wachs in seinen Händen, sagte ich mir, sollte er mit mir machen, was ihm beliebte.

An jenem Abend behielt Jo mich im Sanktuarium. Wir ließen die anderen hinausgehen, und als die Tür sich endlich hinter ihnen geschlossen hatte, erklärte Jo mir feierlich: »Thierry, ich werde dich in die höheren geheimen Wissenschaften des Ordens einweihen müssen. Ich möchte, daß du ein Meister wirst. Ich werde dich lehren, mit den Meistern zu kommunizieren, und anschließend wirst du erkennen, daß deine Wünsche erfüllt werden, kaum daß du sie ausgesprochen hast. Deine Macht wird beträchtlich sein. Siehst du dieses

Schwert? Außer mir hat es noch niemand berührt. Es hat Cagliostro gehört, dem berühmten italienischen Mystiker aus dem 18. Jahrhundert, auch Giuseppe di Balsamo genannt. In den kommenden Wochen werde ich dir dieses Schwert anvertrauen, denn dank seiner wird es dir möglich sein, mit den Meistern in Verbindung zu treten. Aber bevor du lernst, diesen Kontakt herzustellen, muß ich deine Schakren harmonisieren. Das wird unsere erste Aufgabe sein; wir fangen gleich morgen damit an ...«

Am folgenden Abend blieben wir wieder allein im Sanktuarium zurück. Unmittelbar davor hatte ich auf Jos Geheiß ein brühendheißes Bad mit speziellen Ölen genommen, um meine Schakren zu »öffnen«. Schakren waren jene Punkte des Körpers, durch die die Energie drang, so etwas wie Türen, die sich an den sieben wichtigsten Stellen des Körpers befanden: oben auf dem Schädel, zwischen den Augen, am Hals, in Höhe des Herzens, auf dem Plexus, auf dem Bauch und auf dem Kreuzbein.

Ein zukünftiger Meister mußte lernen, diese sieben Punkte zu harmonisieren, denn eine Dysfunktion dieser Energieempfänger war es, die das Ungleichgewicht hervorrief, unter dem die Normalsterblichen litten. Jo forderte mich auf, mich auf einen Tisch zu legen, und tastete meine Schakren ab. Zu jedem einzelnen Punkt befragte er die Meister. Wenn der Empfänger gestört war, ließen die Meister es ihn sogleich durch einen Blitz oder einen sehr schrillen Ton wissen. Dann blies Jo auf dieses Schakra, um mir, wie er sagte, »den heiligen Atem des Meisters einzuhauchen«. Im Anschluß an jede dieser Sitzungen setzten wir uns vor die Türen des Allerheiligsten, wobei wir uns bei den Händen hielten, damit Jos Energie auf mich übergehen konnte.

In ein von zwei Fällen gelang es Jo, eine direkte Verbindung zu den Meistern herzustellen. Wenn sie uns nicht sichtbar erschienen, hörten wir Klänge, die nur Jo allein entschlüsseln konnte.

»Gut, Thierry«, sagte er. »Die Meister sind zufrieden mit dir.»

In dieser Zeit, die ich exakt datieren kann, da sie unmittelbar vor dem Verkauf meines Labors lag – von April bis Juni 1985 –, erlebte ich mit Jo Augenblicke unglaublicher Intensität, Augenblicke, die mich über die Trennung von Nathalie hinwegtrösteten oder sie mich zumindest vergessen machten.

An manchen Tagen ging ich nicht einmal mehr arbeiten, da Jo mich mit auf Reisen nahm, damit ich möglichst stark mit seiner Energie verbunden bliebe. Wir reisten zusammen nach Paris und nach Südfrankreich. Ich hatte fortan ständig ein kleines Kissen bei mir, wie Élisabeth, ein kleines Kissen, das ich sogar ins Restaurant mitnahm, da meine Schwingungen von nun an sehr kostbar für die Gemeinschaft waren. Ich mußte keine häuslichen Arbeiten mehr erledigen und war von der Gartenarbeit freigestellt, da Staub und Mist die Harmonie meiner Schakren empfindlich stören konnten. Im Grunde war aus mir eine Person höchsten Ranges geworden.

Am 15. Juni 1985 teilte ich Boré mit, daß ich aussteigen würde. Ich war damals einerseits euphorisch wegen dem, was mir widerfuhr – meine Übersiedlung nach Zürich war immer noch im Gespräch – und andererseits fürchtete ich mich entsetzlich vor der vorhersehbaren Reaktion meines Geschäftspartners. Da ich ihm keine Erklärung geben konnte, zumindest keine andere als die Trennung von Nathalie, behauptete ich, daß ich die Aussicht auf die Scheidung nicht ertrüge und darum eine Anstellung in den Vereinigten Staaten angenommen hätte. Boré tobte. Egal, sagte ich mir, das wahrhaft Wichtige liegt woanders.

Das Wichtigste war damals die Vorbereitung eines außergewöhnlichen Konvents, bei dem sich die Vertreter sämtlicher Komtureien aus Kanada, den Antillen, Frankreich und natürlich der Schweiz in Genf versammeln sollten. Jo wünschte, daß ich der »Schwerpunkt« des Konvents wäre. Ich würde zu seiner Rechten sitzen und meinen prophetischen Traum erzählen. Außerdem wollte er die Gelegenheit wahrnehmen, meine Abreise nach Zürich bekannt zu geben, die um so außergewöhnlicher war, als keiner von uns je eingeladen worden war, die 33 ältesten Brüder des Rosenkreuzer-Ordens in ihrer unterirdischen »Stadt« aufzusuchen, die 33 geheimnisvollen Meister aus Zürich.

»Thierry«, sagte er, »du mußt sehr gut auf dich achtgeben, schone deine Kräfte für den Konvent. Und vor allem, ich flehe dich an, werde nicht krank. Halte dich von allem fern, berühre niemanden. Ich verlasse mich unbedingt auf dich, ich möchte, daß alles perfekt funktioniert ...«

In den Tagen vor dem Konvent rief Jo mich zehnmal am Tag an.

»Und, Thierry, alles in Ordnung, geht es dir gut? Heute abend findet eine Sitzung im Sanktuarium statt, und ich möchte, daß du die Meditation leitest. Bis dahin ruhst du dich aus und rührst keinen Finger.«

Stundenlang verharrte ich reglos auf meinem kleinen Kissen. Wenn ich in den Garten hinunterging, zog ich mehrere Strümpfe übereinander und trug hohe Stiefel, aus Furcht vor der Erde und dem Pferdemist, die meine Schwingungen negativ beeinflussen könnten. Ich streifte Handschuhe über und achtete sehr darauf, nicht zu fallen, ganz wie Nanou, deren Weg ich manchmal auf Entfernung im Park kreuzte und die immer noch mit Helm und Handschuhen bewehrt war.

Am Vorabend des Konvents fühlte ich mich ein wenig müde, was ich der Aufregung zuschrieb. Jo setzte mich unter massiven psychischen Druck. Endlich brach der große Tag an. Ich wollte aufstehen, aber es gelang mir nicht. Ich war schweißgebadet, und meine Augen schmerzten. Ich hatte über 40 Grad Fieber. Ich rief sofort Jean-Marc Dubois zur Hilfe.

»Mein lieber Thierry«, sagte er, »du hast die Röteln.«

Die Röteln! In meinem Alter und am Tag des Konvents! Ich wagte es nicht, Jo anzurufen, aber das Gerücht verbreitete sich wie ein Lauffeuer, und so war er es, der mich unmittelbar nach der feierlichen Eröffnung der Zusammenkunft anrief. Seine Stimme war nicht wiederzuerkennen, in ihr schwang eine unbändige Wut mit, die an Haß grenzte.

»Thierry«, sagte er, »dir ist doch klar, was du mir antust, oder? Ich habe mich auf dich verlassen, habe alles auf dich gesetzt. Du hast den Konvent sabotiert, das verzeihe ich dir nie. Du bist deiner Mission nicht würdig, Thierry, du bist unwürdig, auch nur dem Orden anzugehören ...«

Ich erinnere mich, daß ich mich unter der Wucht seiner Worte auf meinem Bett zusammenkrümmte, mit dem erschreckenden Gefühl, plötzlich nichts mehr wert zu sein, nur noch ein Haufen toter, nutzloser und verachtungswürdiger Materie zu sein. Gestern war ich noch der aufsteigende Stern der Gemeinschaft, ein Stern, dem höchste Ämter winkten ... Nur einmal in meinem bisherigen Leben hatte ich eine solche Enttäuschung erfahren: An jenem Tag, da Frères des Hommes meine Abreise nach Brasilien wegen eines akuten Allergieschubes gestrichen und mich nach Genf zurückgeschickt hatte. Und dabei hatte es sich damals nur um eine humanitäre Mission gehandelt, während mir nun eine Mission kosmischer Art entging.

Ich zitterte unkontrolliert und übergab mich. Drei Tage lang ließ Jo nichts von sich hören. Drei Tage phantasierte ich und wurde vom Tod verfolgt. Manchmal erschien er mir wie der einzige ehrenhafte Ausweg aus einem Leben, das Mißerfolgen geweiht schien. Am Morgen des vierten Tages meldete Jo sich endlich, um mir den Gnadenstoß zu versetzen.

»Thierry«, teilte er mir brüsk mit, »ich habe keine Verwendung mehr für dich, du kannst in dein Labor zurückkehren.«

»Aber Jo, das ist unmöglich! Ich habe es verkauft ...«

»Nun, das ist dein Problem, deine Mission hier bei uns ist jedenfalls beendet.«

Ich hatte meine Anteile an Boré verkauft, für 45.000 Schweizer Franken. Die gesamte Summe hatte ich Marielle ausgehändigt, als Spende für die Gemeinschaft. Ich hatte nicht einmal 100 Franken für mich behalten, um den Kindern neue Schuhe zu kaufen.

Seit unserem Eintritt in den Orden hatten wir extrem bescheiden gelebt, da ich meine gesamten Einkünfte gespendet hatte, woraufhin ich von der Ordensverwaltung lediglich 500 Schweizer Franken Taschengeld monatlich zurücküberwiesen bekam. Was unsere Kleidung betraf, mußten wir diese bei der Gemeinschaft beantragen. Fünf Jahre lang hatte ich alles gegeben, alles, bis hin zum Erlös aus dem Verkauf meines Labors; ich hatte Nathalie verloren, mein gesamtes Hab und Gut verkauft, die Verbindung zu all unseren

Freunden abgebrochen, und das alles, um jetzt auf der Straße zu sitzen. Ich war 35 Jahre alt und ohne Einkommen. Ich war allein und am Ende. Von meinem bisherigen Leben waren mir Gott sei Dank Frédéric und Pascal geblieben, unsere beiden Söhne. Aber wie sollte ich sie in Zukunft ernähren? Wie sollten wir drei in der feindseligen Außenwelt überleben?

11

Jo Di Mambro war es gelungen, mich durch die Aufnahme meiner Frau und meiner Kinder an den Orden zu binden. Merkwürdigerweise verstärkte der Schlag, den er mir versetzt hatte, diese Bindung noch.

Mein Ausschluß aus dem Orden war kaum ausgesprochen worden, als Jos Garde auch schon an mein Bett eilte.

»Jo hatte einen Wutanfall«, teilten mir Évelyne Chartier und Laurence Meunier mit. »Aber wir flehen dich an, nimm nicht wörtlich, was er dir gesagt hat. Du wirst sehen, die Wogen glätten sich nach und nach wieder.«

Die beiden »Mütter« des Ordens waren in diesen schwierigen Tagen ständig anwesend. Nicht ein Nachmittag verstrich, ohne daß die eine oder andere oder auch beide mich besuchten und eine Weile an meinem Krankenbett saßen. Für sie kam gar nicht in Frage, daß ich fortging, und wenn ich mich schluchzend meinem Zorn hingab: »Ich habe ihm doch alles gegeben, und seht doch, wie er mich behandelt!« stimmten sie mir sofort zu.

»Ja, Thierry, du bist großartig gewesen, das ist wahr, das wissen wir. Und jetzt beruhige dich, es wird sich schon alles wieder einrenken.«

Wenn ich heute daran zurückdenke, kommt es mir vor als hätten sie alles getan, damit mein Zorn nicht nach außen drang und möglicherweise zu einer Solidaritätsbewegung führte, die sich gegen Jo hätte wenden können, gegen seine wankelmütige, launenhafte Macht. Zweifellos wirkten sie gleichzeitig auf Jo ein, denn nach zwei Wochen des Schweigens hörte ich endlich wieder seine Stimme.

»Thierry«, sagte er, »ich möchte dich in Arch sehen, komm sofort her.«

Arch war das Haus in Barroux, im Vaucluse, wo Julien Origas die Fackel des Ordens an Luc Jouret übergeben hatte. Noch am selben Nachmittag fuhr ich hin. Jo wirkte düster, hegte noch tiefen Groll gegen mich, zeigte sich jedoch diesmal sehr besorgt um meine Zukunft. Rückblickend denke ich, daß Évelyne und Laurence ihm vor Augen geführt haben, wie gefährlich es für ihn und die gesamte Gemeinschaft sein könnte, mich in die Außenwelt zu verstoßen. Und was, wenn ich redete? Und was, wenn ich den Orden anzeigte wegen meiner unbezahlten Arbeit?

»Kannst du deine Stelle im Labor wiederaufnehmen?« fragte Jo geradeheraus.

»Aber Jo, das ist unmöglich! Wir haben uns zerstritten, Boré und ich, es war schrecklich. Wie soll ich heute hingehen und ihm vorschlagen, mich wieder als Partner aufzunehmen und mir meine Anteile zurückzuverkaufen? Außerdem habe ich gar nicht die Mittel, meine Anteile zurückzukaufen, ich habe alles dem Orden gespendet.«

Ob er mir das Geld zurückgeben würde? Nein, er schwieg.

»Nun gut, wir werden versuchen, eine Lösung zu finden«, sagte er nach einigem Überlegen leise. »Geh schlafen, wir sprechen uns morgen früh.«

Am nächsten Morgen war er völlig entspannt, lächelte beinahe.

»Ich denke, für dich ist noch nicht alles verloren, Thierry«, sagte er. »Mir wurde mitgeteilt, daß deine Mission möglicherweise wieder in Gang gebracht werden kann. Im Augenblick weiß ich selbst noch nicht mehr, aber es gibt Hoffnung. Bis dahin möchte ich, daß du die Leitung der Genfer Gemeinde übernimmst.«

Und sogleich ernannte Jo mich zum Komtur, wobei er mir wohlweislich verschwieg, daß er erst zwei Wochen zuvor Pierre Vatel mit demselben Amt betraut hatte.

»Und jetzt«, sagte er, »fahr zurück nach Genf. Versammle bei deiner Rückkehr alle und unterrichte sie von deinem neuen Aufgabenbereich. Ich verlasse mich darauf, daß alles glatt geht; das ist deine letzte Chance, Thierry.«

Die Versammlung sorgte für helle Aufregung. Vatel, Junod, Luc Jouret und André Colineau liefen Sturm. »Ich bin von Jo persönlich zum Komtur ernannt worden, und nur er allein kann mich dieses Amtes wieder entheben«, wiederholte Vatel und machte Anstalten, den Saal zu verlassen, um sich dann schließlich doch wieder an seinen Platz zu setzen. Erst jetzt wurde mir bewußt, welcher Groll sich in jenen drei Frühlingsmonaten, in denen Jo mir seine gesamte Zeit gewidmet hatte und wir uns stundenlang im Sanktuarium eingeschlossen hatten, in den vier Würdenträgern angestaut haben mußte. Einige Tage später bestätigte Jo mich im Amt, mit dieser Vulgarität, die er jetzt immer öfter an den Tag legte. Als wir allein waren, vertraute er mir an: »Keine Sorge, Thierry, Vatel ist ein eitler Volltrottel, der beruhigt sich schon wieder. Tu, was du zu tun hast, ich stehe voll und ganz hinter dir.«

Hierauf begann für mich eine großartige Zeit, ich erlebte traumhafte Monate. Nach und nach strukturierte ich das Leben des Ordens um und schaffte eine wahrhaft gemeinschaftliche Ordnung. Ich strich den Autoritarismus völlig aus unseren Beziehungen und ersetzte ihn durch Freiwilligkeit, brüderlichen Geist, Gemeinschaftsgefühl. Bisher hatte jeder seine eigenen Werkzeuge gehabt; von jetzt an gehörten sie der Gemeinschaft, und wir entwickelten ein Karteikartensystem für die Ausleihe und Rückgabe. Einige wenige kümmerten sich fortan ausschließlich um den Garten, während andere sich dieser Arbeit nicht mehr widmen mußten. Ich bildete Dreiermannschaften, die für diesen oder jenen Aufgabenbereich zuständig waren. Ich führte abwechselnden Küchendienst ein. Für die wenigen Kinder der Gemeinschaft – Nanou, meine Söhne, den Sohn der Salvins, der 1982 auf die Welt gekommen war, den Antichristen Aurélien Junod, der manchmal zu Besuch kam, und noch ein paar andere – beschloß ich, geschützte Spielplätze anzulegen. Während der Besprechungen fiel ich nie jemandem ins Wort, ich predigte das Zuhören, Toleranz und Altruismus.

Sehr bald schon wurde ich von allen akzeptiert. Die Mitglieder gratulierten sich zur veränderten Mentalität und der neuen, warmherzigeren, brüderlicheren Atmosphäre. Jo nahm die Veränderung ebenfalls wahr, obwohl er sich nur noch selten in Genf aufhielt – meistens war er auf Reisen, in Kanada oder sonstwo. Er bat mich regelmäßig, die Meditationen und Gebete zu leiten. Ich wurde in gewisser Weise der biblische Hirte, der seine Herde führte und schützte. Ja, wenn ich an diese Zeit zurückdenke, fühle ich noch heute Freude in mir aufsteigen, denn das war die einzige Phase in meinem Leben, in der ich das Gefühl hatte, endlich dem Priesteramt nahe zu sein. Als wäre ich 20 Jahre, nachdem ich meine Berufung aufgegeben hatte, auf Umwegen wieder auf diesen Pfad zurückgekehrt. Und was für Umwege! Vom Guru Mercier über Évelyne Chartier zu Jo Di Mambro; die Vorträge, die Wachträume, die Stiftung Golden Way, der Orden …

Dieser neue brüderliche Elan, diese Wiederbelebung der Solidarität unter uns war um so willkommener, als die Bedrohung durch die Apokalypse sich verstärkte. Jo erklärte uns bei jedem seiner Aufenthalte, daß mehrere »Überlebenshäuser« bereitstünden, uns in Kanada aufzunehmen. Kurze Zeit später bat er René Moulin, unseren Mäzen, den Mann, der bereits den Hof gestellt hatte, der uns inzwischen alle beherbergte, für die Gemeinschaft eine riesige »Überlebensfarm« in Perth, Australien, zu erwerben. Jo versprach, auf diesem gewaltigen Gelände, auf dem 800 Obstbäume standen, das größtvorstellbare Refugium für die Gemeinschaft und die Mitglieder des Ordens zu errichten. Monatelang meditierten wir in Genf vor dem Modell dieses Refugiums, das ein Architekt, der dem Orden nahestand, angefertigt hatte.

Jo hielt uns in einer angespannten Atmosphäre drohender Gefahr. Er verstärkte den Druck immer mehr. »An dem Tag, an dem die Meister mir grünes Licht signalisieren«, sagte er immer wieder, »gehen wir fort. Dann brechen wir innerhalb der nächsten Stunden auf. Eure Flugtickets sind bereits von Zürich übernommen worden. Ihr werdet in Gruppen eingeteilt, je nachdem, wohin ihr reist: nach Kanada, Australien, Martinique und so weiter.« O, diese Krisenversammlungen! Nie stellte irgend jemand auch nur eine Frage. Wir verließen diese Sitzungen mit verkrampftem Magen und weichen Knien. Fortan besaß jeder von uns eine »Überlebenstasche«, die eigens entwickelt worden war, druckstabil war, und von der wir uns auf keinen Fall trennen durften. In der Tasche befanden sich eine Gasmaske, Tabletten zur Wasserreinigung, eine Wasserflasche, Besteck, ein Messer, Kleider zum Wechseln und eine Miniaturdecke aus Aluminium. Sogar in Genf mußten wir die Tasche ständig unter unserem Bett aufbewahren, da wir, sobald Zürich grünes Licht gab, nur noch Zeit haben würden, die Tasche zu greifen und zu verschwinden. Jene, die in der Hektik ihre Tasche nicht finden würden, müßten zurückbleiben, waren wir gewarnt worden. Auch bei unseren Reisen nach Südfrankreich oder wohin auch immer, führten wir die Tasche mit uns.

Natürlich würden wir nicht ewig in den Überlebenshäusern bleiben. Während diese Erde und die Normalsterblichen unter schrecklichen Leiden zugrunde gegangen wären, »wohlverdienten Leiden«, wie Jo meinte, würden wir zu einem bestimmten kosmischen Ziel aufbrechen. Von dieser letzten Reise, diesem »Transit«, wie Jo es nannte, wußten wir nicht das geringste. Nicht mehr als diese Meditation voller Andeutungen und Geheimnisse, die Jocelyne uns gern mit monotoner Stimme unter den Blicken ihres Mannes vorlas.

»Die kosmische Stunde des letzten Gerichts rückt näher, da jeder sich fortan seiner eigenen Wahrheit gegenübersehen wird. Eine Wahrheit, die die Kraft sein wird, sich wiederzuerschaffen oder zu verleugnen. Die Transmutation über den alchimistischen Weg ist abgelaufen, es bedarf einer Integration des kosmischen Bewußtseins in uns durch einen aktiven Willen. Wir müssen sterben können, um wiedergeboren zu werden.

Und wir müssen wiedergeboren werden durch ein durch die Einheit mit dem Vater wiederbelebtes und mit ihr verbundenes Bewußtsein. Der, der Ohren hat, höre! …«

Der Winter 1986 verging für alle in der Gemeinschaft in einer Atmosphäre des Wartens auf die Apokalypse. Nie zuvor war das Wort »Überleben« so häufig gefallen; es kam in allen Unterhaltungen ständig vor. Für mich war dieser Winter der der Wiedergeburt. Mein Erfolg an der Spitze der Gemeinschaft, die Lobreden Jos, hatten die Erinnerung an den durch meine Schuld gescheiterten Konvent ausgelöscht und halfen mir, die Trennung von Nathalie zu verwinden. Elias und Nathalie lebten nun wieder als vollwertiges Paar in unserer Mitte. Sie waren zur damaligen Zeit das letzte »kosmische Paar« der Gemeinschaft, und hatten aufgrund dessen ein Anrecht auf die Aufmerksamkeit aller. Ich gab mir ebenso große Mühe wie die anderen, sie zu feiern, trotz des Schmerzes, den ich immer noch empfand. Schließlich gab ich als Sühneopfer das mich belastende Zölibat auf.

Und dann geschah, was ich bereits geahnt hatte; Jo bat mich, nach Kanada zu reisen, um dort zu wiederholen, was mir in Genf gelungen war. Vor wenigen Monaten war eine Überlebensfarm in Sainte-Anne-de-la-Pérade, zwei Autostunden nördlich von Quebec, eröffnet worden. Selbstverständlich unterstand diese Farm Albert Chateau, dem Komtur für Kanada, in dem Jo den Schreiber des Pharaos Echnaton erkannt hatte. Aber Chateau war schrecklich von sich eingenommen, und sein Autoritarismus hatte nach und nach auch den besten Willen untergraben. Meine Mission war kniffflig, da Jo mir wie schon zuvor in Genf sämtliche Befugnisse übertrug, jedoch wohlweislich, ohne Chateau hiervon in Kenntnis zu setzen. »Ich schicke euch Thierry, der mein absolutes Vertrauen besitzt«, erklärte er den Kanadiern lediglich in einem knappen Fax.

Anfang Mai 1986 flog ich also nach Quebec und überließ die Erziehung unserer beiden Söhne Nathalie. Albert Chateau holte mich persönlich vom Flughafen ab. Er brachte mich auf die Farm, wo er mich vom ersten Augenblick an behandelte wie einen Dienstboten.

»Du wirst damit anfangen, dich um den Garten zu kümmern«, teilte er mir mit, »und wenn das gut läuft, werde ich dir eine etwas schwierigere Aufgabe anvertrauen.«

Ich stimmte zu. Ich sagte mir: Erst werde ich mir einen Platz in der kanadischen Gemeinschaft schaffen, und von dort aus werde ich meine Macht nach und nach ausweiten, wie Jo es von mir verlangt hat. Glücklicherweise stieß ich dort auf Marc und Amélie Charbonnier, das Paar, das Jo mit Luc Jouret bekannt gemacht hatte. Nachdem sie einige Zeit in Genf verbracht hatten, wo wir uns angefreundet hatten, hatten die Charbonniers beschlossen, nach Kanada auszuwandern. Ich war um so erfreuter, sie zu sehen, als alle anderen Mitglieder der kanadischen Komturei mir unbekannt waren. Die meisten wohnten nicht vor Ort, sondern kamen zu Vorträgen, Meditationen oder den seltenen gemeinschaftlichen Aktivitäten extra aus Quebec oder Montreal. Es gab zwar ein Sanktuarium, aber es war niemandem gestattet, es ohne Chateau zu betreten.

Schon am zweiten Wochenende meines Aufenthaltes versammelte ich alle Mitglieder der Gemeinschaft, um im Sanktuarium eine Essenermesse zu zelebrieren, in Anlehnung an die Riten, die die Zeitgenossen Jesu und Johannes des Täufers in Qumran am Toten Meer vollzogen hatten. Chateau war nicht da, was mir nur recht war. Gleich im Anschluß an die Messe schlug ich den versammelten Gemeinschaftsmitgliedern vor, die gemeinschaftlichen Arbeiten neu aufzuteilen. Die Farm mußte dringend renoviert werden. Ich erklärte den Anwesenden, daß mehrere Monate harter Arbeit vor uns lägen, um aus dem Hof ein wahres Überlebenszentrum zu machen. An den 1000 Fragen der Leute maß ich das neuerwachte Interesse, das mein Vorschlag weckte. Noch an diesem Nachmittag machten wir uns ans Werk.

Einige Tage später waren wir wieder alle versammelt, die einen auf Leitern stehend, die anderen kniend, als Chateau eintraf. Er war hochrot im Gesicht und schäumte vor Wut.

»Thierry«, brüllte er, »ist dir klar, daß ich nicht einmal davon in Kenntnis gesetzt wurde, daß du eine Arbeitsgruppe ins Leben gerufen hast!«

Ich war gerade dabei, eine Tür mit Glaseinsatz zu streichen. Er wartete gar nicht auf meine Antwort, sondern kam auf mich zu und zerschmetterte die Scheibe mit einem schwungvollen Fausthieb. Dann beschimpfte er mich und titulierte mich als Ehrgeizling, Usurpator und Schweinehund. Als ich mich aufrichten wollte, stieß er mich brutal auf den mit Glasscherben übersäten Fußboden. Die Szene nahm kein Ende, und während dieser ganzen Zeit erhob sich nicht eine Stimme zu meiner Verteidigung.

Am darauffolgenden Morgen behandelte mich Chateau wie einen Strafgefangenen. Er führte mich in den Kuhstall, in dem 60 Kühe untergebracht waren, und befahl mir, auf den Knien mit einem Taschenmesser die Kuhfladen und den eingetrockneten Urin vom Boden zu kratzen. Ich reagiere allergisch auf Rinderurin. Mittags war mein Gesicht dick geschwollen, und meine Augen tränten. Ich war nicht wiederzuerkennen. Amélie Charbonnier gelang es, als sie mich in diesem Zustand sah, Jo zu benachrichtigen. Jo hielt sich gerade in der Nähe von Toronto auf, in einem neuen Haus, das er dank einer großzügigen Spende, der x-ten Spende von René Moulin, hatte erwerben können.

»Wenn das so ist«, sagte er, »soll Thierry sofort herkommen, ich brauche ihn hier.«

Am Abend stieß ich auf der Terrasse dieser imposanten Villa mit Namen »La Colline« zu Jo.

»Sie sind deiner nicht würdig«, sagte er leise. »Ihr Pech. Ich habe eine weit wichtigere Aufgabe für dich.«

Hierauf erklärte mir Jo, daß diese Villa ausschließlich den Meistern vorbehalten wäre. Aus diesem Grund müsse ihre Existenz geheim bleiben; niemals dürfe ein Normalsterblicher über die Schwelle treten. Meine Aufgabe bestand darin, das Haus in Schuß zu bringen, genauer, auf dem Acker hinter dem Haus einen Gemüsegarten anzulegen, der später der Versorgung einiger Privilegierter dienen sollte.

»Ich muß zurück nach Europa«, sagte Jo. »Ich vertraue dir das Haus an; es darf niemals unbeaufsichtigt bleiben.«

Für mich begann eine sehr arbeitsreiche Zeit. Ich mußte einen steinigen Acker, auf dem nichts anderes wuchs als Quecke, in einen Gemüsegarten verwandeln. Ohne motorisiertes landwirtschaftliches Gerät und nur mit einer völlig unzureichenden kurzstieligen Harke ausgestattet, harkte ich 15 Stunden täglich unter sengender Sonne auf allen Vieren. Zwar gab es vor dem Haus ein Schwimmbad, das von gepflegtem Rasen umgeben war, aber mir war verboten worden, es zu benutzen. »Das Schwimmbad ist Élisabeth und Nanou vorbehalten«, hatte Jo mir gesagt. »Achte darauf, daß niemand sonst sich dem Becken nähert.« Wenn ich zum Einkaufen in die Stadt fahren mußte, auf dem Fahrrad, das Jo mir dagelassen hatte, starb ich tausend Tode bei dem Gedanken, daß ein Hund, der Postbote oder sonstwer das Anwesen betreten und mit seinen Pfoten oder profanen Füßen den kostbaren Rasen der Meister entweihen könnte.

Tage und Wochen verstrichen; es dauerte nicht lange, und ich verlor jegliches Zeitgefühl. Ich erfuhr keinerlei Neuigkeiten aus Genf. Manchmal war ich unter der halluzinogenen Sonne und in der komaähnlichen Stille soweit, daß ich mir sagte, daß die Apokalypse von mir unbemerkt über die Menschheit hereingebrochen sein mußte, meine Freunde längst in die Astralwelt übergewechselt waren und ich der letzte Überlebende war, der noch die Erde umgrub. Ich vermißte Genf, die Kinder, die Gemeinschaft und das Sanktuarium, und gleichzeitig war ich überzeugt davon, in eine neue Phase meiner Entwicklung eingetreten zu sein. Wie viele Auserwählte hatten schon das Glück, damit beauftragt zu werden, ein Haus der Meister zu hüten und zu bewachen? Wohl nur sehr wenige.

Endlich hörte ich eines Morgens eine Stimme, die mich von der Terrasse her rief. René Moulin! Der gute alte René! Ich war so glücklich, einen der Genfer wiederzusehen, daß ich ihn küßte. Ich erfuhr, daß in Genf alle noch sehr lebendig wären, wenn auch völlig überlastet. Überall entstanden Überlebenshäuser; Jo und Luc verbrachten die meiste Zeit an Bord irgendwelcher Flugzeuge und jetteten von einem Kontinent zum anderen. Im übrigen würde Jo in zehn Tagen bei uns sein. Er wolle den Gemüsegarten und den Zustand des Anwesens überprüfen, bevor er nach Zürich weiterreiste, um Bericht zu erstatten. Über zwei Monate waren seit meiner Ankunft vergangen.

René hatte seine neue Frau mitgebracht, Brigitte. Sie war 30 Jahre jünger als er. Jo hatte ihn überredet, seine erste Frau zu verlassen, mit der er ein halbes Jahrhundert lang diesen bemerkenswerten Hof vor den Toren Genfs bewirtschaftet hatte, um eine 35jährige Engländerin zu heiraten, die kürzlich in den Orden eingetreten war. René litt immer noch unter der erzwungenen Scheidung. Gleich am ersten Tag erzählte er mir, daß seine Ehe mit Brigitte schwierig sei. Und doch war den beiden aufgetragen worden, ein Kind zu zeugen, das angeblich in Zürich ungeduldig erwartet wurde. Damit sie diese Aufgabe unter möglichst günstigen Bedingungen erfüllen konnten, hatte Jo sie in dieses geheime Haus geschickt.

Einige Tage später erschien Jo dann tatsächlich auf dem Anwesen. Bei ihm waren seine Frau Jocelyne, Élisabeth Auneau und merkwürdigerweise Marielle Chiron, die Genf gewöhnlich nicht verließ. Die vier richteten sich im Haus ein, und am Abend, als wir den Sonnenuntergang betrachteten, legte Jo Marielle und mir unvermittelt eine Hand auf den Nacken. Er drückte uns an sich wie ein Vater und sagte folgende unglaubliche Worte: »Na, ihr beiden, wann werdet ihr heiraten?«

Die Überraschung war so perfekt, daß es mir die Sprache verschlug und beinahe den Atem raubte.

»Ihr beide seid schon zu lange allein, und die Mission Athias muß weiterverfolgt werden ...«

Ich erfuhr, daß Jo, Marielle und einige andere lange vor meinem Eintritt in die Stiftung nach Korsika gereist waren und vor zwei Menhiren meditiert hatten. Zwei hochrangige Wesenheiten, die seit Jahrtausenden spirituell diesen Menhiren innewohnten, hatten sich bislang nicht inkarnieren können, weil die Schwingungen der Erde bis dahin unzureichend gewesen seien, erklärte mir Jo. Nun hatte Jo aus Zürich sehr gute Neuigkeiten hinsichtlich dieser Inkarnation erhalten, die unter dem Namen »Mission Athias« bekannt war: Dank Marielles Schwingungen standen die beiden Geister kurz davor, ihre steinerne Hülle zu verlassen, um in zwei existierende menschliche Hüllen einzudringen, die Hüllen meiner beiden Söhne Frédéric und Pascal. Jo erklärte mir, welche Bande mich fortan mit Marielle verbinden würden, ob ich es wolle oder nicht: Sie hatte die Mission Athias ins Rollen gebracht und meine Kinder auserwählt, sie fortzuführen.

Widerstreitende Gefühle stiegen in mir auf: Marielle war mir nie sympathisch gewesen, aber ihr war es zu verdanken, daß meine Söhne, die bislang im Orden nichts gewesen waren, einen Rang erlangt hatten. Nathalie und ich hatten, wenn wir auch nie darüber gesprochen hatten, lange darunter gelitten, daß man den nicht vom Orden geplanten Kindern so wenig Aufmerksamkeit schenkte. Sie waren eine Last und störten. Einige Kinder, die kosmischen Kinder, wurden verehrt, während man die anderen kaum eines Blickes würdigte. Damit war jetzt Schluß: Frédéric und Pascal hatten von nun an ein Anrecht auf die Achtung der ganzen Gemeinschaft. Diese gute Nachricht war eng mit einer zweiten verknüpft, von der ich nicht recht wußte, was ich im Augenblick von ihr halten sollte: Jo wollte mich also mit Marielle verheiraten. Im Hinblick auf die Mission schien es durchaus logisch, da Marielle nun ständig über die Entwicklung des Programmes Athias würde wachen müssen, das meine Kinder fortführen würden. Von meinem Standpunkt aus war das Ganze weniger selbstverständlich. Marielle hatte mich körperlich nie angezogen, sie war dürr und vertrocknet, hatte ein knochiges, spitzes Gesicht und trug das Haar stets zu einem strengen Knoten geschlungen wie eine alte Jungfer. Andererseits hatte ich seit über einem Jahr keine Frau mehr angerührt, und vielleicht war Marielle mit offenem Haar, vor Erregung geröteten Wangen und geschwollenen Lippen gar nicht so übel … Vielleicht steckte ja in Marielle eine gewisse unerkannte Schönheit. Dies alles sagte ich mir insgeheim, während ich sie verstohlen musterte und Jo mit ihr in Erinnerungen an jene Reise nach Korsika schwelgte.

Und dann hörte ich plötzlich, wie er zu uns sagte: »Dann ist es also abgemacht! Morgen früh reist ihr beide zu den Niagarafällen. Das wird euch beiden guttun, ihr habt ein wenig Erholung verdient, nicht wahr, Thierry?«

»Aber Jo, der Gemüsegarten, die viele Arbeit …«

»Der Gemüsegarten kann warten, das eilt nicht.«

Die erste Nacht verbrachten wir in einem Hotel. Ich begriff sehr bald, daß Marielle sich auf Jos Geheiß zu jedem ins Bett gelegt hätte. Von allen Erinnerungen an meine 15 Jahre im Orden ist diese vielleicht die demütigendste. Noch nie hatte eine Frau mir ihren Körper angeboten wie man ein Opfer darbringt. Den ganzen nächsten Tag schämte ich mich entsetzlich. Am Abend versuchten wir es noch einmal, das letzte Mal, bevor wir einige Tage später nach Toronto zurückflogen.

Jo erwartete uns bereits.

»Ihr reist mit dem nächsten Flugzeug nach Genf«, teilte er uns gleich bei unserer Ankunft mit. »Die Gemeinschaft braucht dich, Thierry.«

Ich hatte das Gefühl, daß Marielle erleichtert war; endlich würde alles wieder in Ordnung kommen. Während unserer »Hochzeitsreise« hatte sie die ganze Zeit über ein falsches Bodenstewardessenlächeln zur Schau getragen. Ich hätte sie beschimpfen und zurückweisen können, und sie hätte dennoch weitergeläche1t, wie um mir zu zeigen, daß sie an meiner Seite eine Mission erfüllte, die Jo ihr aufgetragen hatte, und nicht aus irgendwelchen sentimentalen Gründen bei mir war. Aber immerhin hatte ich durch einiges von dem, was sie mir anvertraut hatte, erfahren, warum diese junge Frau Jo derart vergötterte und warum das beinahe monastische Leben in der Gemeinschaft ihrem inneren Gleichgewicht entgegenkam: Sie hatte sehr früh ihren Vater verloren, woraufhin ihre Mutter sie in ein Kloster gesteckt hatte, das sie erst als erwachsene Frau wieder verlassen hatte, um Jo, ihrem spirituellen Vater, in die Arme zu laufen.

»Gleich bei eurer Ankunft in Genf«, hatte Jo gesagt, »versammelt ihr eure Brüder und Schwestern und verkündet, daß ihr künftig ein Paar seid. Auf diese Weise werden alle sofort Bescheid wissen. Wer Kritik üben will, soll das tun ...« Wir befolgten seine Anweisungen, und natürlich freuten sich alle in der Gemeinschaft. »O Thierry, das ist großartig! Marielle ist ein so gutherziger Mensch ... Ihr seid wie füreinander geschaffen ...« Elias und Nathalie waren ebenfalls dort, Hand in Hand. Nathalie sagte kein Wort.

Marielle kehrte jedoch sehr bald in das kleine Apartment zurück, das sie zuvor mit einer anderen alleinstehenden Frau des Ordens geteilt hatte, während ich bei Elias und Nathalie unterkam, bei meinen Kindern, auf dem Sofa im Wohnzimmer. Alles schien wieder seinen gewohnten Gang zu gehen, als hätte es die Bande zwischen mir und Marielle nie gegeben, als Jo plötzlich aus Kanada zurückkehrte und eine Krisensitzung einberief.

»Marielle und Thierry«, begann er, »haben euch erklärt, daß sie ein Paar wären. Die Meister haben diese Verbindung hundertprozentig befürwortet. Nun, Anthea, möchte ich dir eine Frage stellen.«

Jo wandte sich Nathalie zu.

»Anthea, bist du bereit, mit Elias nach Kanada zu gehen? Dort wartet eine wichtige Mission auf euch. Seid ihr bereit? Nur für drei Monate ...«

Ich wandte mich ebenfalls Nathalie zu und sah, daß ihre Wangen sich gerötet hatten und sie wohl zu ergriffen war, gleich zu antworten.

»Du brauchst dir um deine Kinder keine Sorgen zu machen«, fuhr Jo fort. »Marielle und Thierry werden sich um sie kümmern. Marielle, bist du damit einverstanden, dich wie eine Mutter um die Kinder von Anthea und Thierry zu kümmern?«

»Ja«, murmelte Marielle schließlich nach kurzem Zögern.

»Nun, Anthea«, sagte Jo, »ich frage dich ein letztes Mal: Bist du bereit, nach Kanada zu gehen?«

»Ja«, flüsterte Nathalie.

Zwei Wochen später flogen Elias und Nathalie nach Kanada. Der Herbst 1986 ging zu Ende. Nathalie kehrte erst im Juli 1989, also drei Jahre später, nach Genf zurück. Während all dieser Zeit sahen und hörten Frédéric und Pascal nichts von ihr. Auf Jos Anweisung hin wurde Nathalie radikal von ihren, unseren Kindern getrennt. Sogar Telefonate wurden ihr untersagt. »Wenn sie deine Stimme hören, werden sie sich an dich erinnern«, sagte Jo, »und dann sind all unsere Bemühungen umsonst gewesen.«

»Unsere Bemühungen« ließen sich mit wenigen Worten beschreiben: Von Nathalies Abreise an zog Marielle in unserer Wohnung ein, und gleich am ersten

Abend lagen wir gemeinsam im Ehebett, dem Bett, in dem ich mit Nathalie geschlafen hatte, bevor sie es dann mit Elias geteilt hatte. Die Kinder blieben selbstverständlich im Nebenzimmer.

Wie konnte Nathalie es nur ertragen, 30 Monate von ihren Kindern getrennt zu sein? Wie konnte ich akzeptieren, daß Marielle ihren Platz einnahm, als wäre eine Mutter austauschbar? Wie konnte ich mich einige Zeit später einverstanden erklären, Marielle rechtmäßig zur Frau zu nehmen? Wir handelten allein zugunsten der Mission. Je mehr Jo von uns verlangte, desto bedeutender fühlten wir uns vor den Meistern. Sie hatten uns über Jo vor so vielen anderen ausgewählt, das konnte nur der unwiderlegbare Beweis für unser spirituelles Wachstum sein. Und ein solches Wachstum kam der Garantie einer »Eintrittskarte in die Astralwelt« gleich, wie Jo sagte, der Garantie, die Apokalypse zu überleben. Was bedeutete schon der Schmerz einer Scheidung oder sogar der Schmerz unserer eigenen Kinder angesichts eines solchen Lohnes? Immerhin würde auch unseren Kindern das ewige Leben zuteil werden, und das war einige Opfer wert. Kurz, die Wege der Meister waren unergründlich, manchmal schmerzlich, scheinbar unlogisch, ja, vielleicht, aber letztendlich brachten sie nur Gutes.

Ich übernahm wieder meine Aufgaben an der Spitze der Gemeinschaft. Während des ersten Monats war Marielle die perfekte Hausfrau. Zwar zeigte sie den Kindern gegenüber nie eine spontane Geste der Zuneigung, aber sie sträubte sich nicht, wenn ich sie beispielsweise am Abend bat, mich ins Zimmer der Jungen zu begleiten, um ihnen einen Gutenachtkuß zu geben, oder wenn ich ihr einen diskreten Wink gab, auf den einen oder anderen zuzugehen, wenn er einen traurigen Eindruck machte. Frédéric wurde in jenem Jahr zehn Jahre alt, Pascal war fast neun. Dann braute sich ein Gewitter zusammen. Marielle arbeitete immer noch in der Bank, und das ihr aufgezwungene Familienleben nach Feierabend hielt sie davon ab, wie in der Vergangenheit Jo und Élisabeth Auneau zu umsorgen. Sie war müde und wurde immer gereizter. Schließlich und endlich war sie für die Mission Athias verantwortlich und zeigte sich im Laufe der Wochen immer unzufriedener mit der Entwicklung der beiden Inkarnationen meiner Söhne. Sie war die spirituelle Mutter dieser beiden »Programme« – Frédéric und Pascal galten fortan als »Programme« – und wußte, daß man einen eventuellen Mißerfolg ihr anlasten würde.

Sämtliche Fotos von Nathalie waren aus den Rahmen entfernt und durch Aufnahmen der berühmten korsischen Menhire ersetzt worden. Wir meditierten alle vier ausdauernd vor diesen mineralischen Phallussymbolen. »Frédéric, Pascal«, wiederholte Marielle immer wieder mit monotoner Zelebrantenstimme, »diese heiligen Steine waren Behältnisse eurer Seelen, richtet den Blick auf sie, damit ihr Abbild sich in eure Netzhaut einbrennt, und erweist euch ihrer würdig.« Eine unmögliche, übermenschliche Aufgabe. Immer wieder enttäuschten meine Jungen Marielles Erwartungen. Sie aßen nicht vernünftig, kleideten sich schlampig und machten sich schmutzig, sie redeten unwichtiges Zeug, konnten sich nicht länger als fünf Minuten am Stück auf das Meditieren konzentrieren, spielten Krieg, machten ihre Betten nicht anständig … Tatsächlich schien nichts von dem, was Nathalie und ich ihnen beigebracht hatten – Spontaneität, körperliche Freiheit, Spaß an Wortspielen – mit der Mission Athias vereinbar. Von einem Tag auf den anderen hätten ein Jahrzehnt liberaler Erziehung und die Montessori-Schule ausgelöscht werden müssen, um diese beiden Jungen in zwei Kind-Mönche, Kind-Götter zu verwandeln.

Ich zögerte, war hin und her gerissen. Einerseits wünschte ich mir, daß sie dieses hohe vibratorische Niveau erlangten, da ich mich dann nicht mehr um ihre Zukunft zu sorgen bräuchte, ihnen alles offenstünde. Andererseits spürte ich, daß sie derart aus dem Gleichgewicht gerieten, daß ich außerstande war, sie für Dinge, die mich noch vor sechs Monaten zum Lächeln gebracht hatten, mit aller Strenge zurechtzuweisen. Marielle machte mir Vorwürfe, und wir stritten uns. Immer häufiger rief sie Évelyne Chartier und Laurence Meunier zu Hilfe, und bald begannen die drei Frauen, mit vereinten Kräften die Erziehung meiner beiden Söhne über den Haufen zu werfen und auf mir herumzuhacken, damit ich mich ihren Prinzipien anschloß.

Pascal brauchte nur bei Tisch den Löffel fallenzulassen, und schon ging es los: »Also wirklich, Thierry«, begann Laurence, »sieh dir nur dieses unmögliche Kind an!«

Ich hob den Löffel auf und murmelte: »Benimm dich bitte, Pascal.«

»Hör doch nur, wie du mit ihm sprichst!« rief Laurence aus. »Wie soll er es denn auf diese Art lernen?«

Marielle seufzte, und Évelyne mischte sich mit vorgetäuschter Ruhe ein: »Wenn du bedeutende Wesenheiten aus ihnen machen willst, Thierry, mußt du dich endlich ändern. Marielle tut schon alles Menschenmögliche. Wenn die Mission scheitert, werden wir dich dafür verantwortlich machen, merk dir das!«

Die drei Frauen erstatteten regelmäßig Jo Bericht, der mich ständig zu sich rief.

»Laurence hat mir berichtet, daß du deinen Kindern wieder von Anthea erzählt hast.«

»Aber Jo, sie ist ihre Mutter …«

»Ich habe dir doch gesagt, daß sie sie vergessen müssen, der Erfolg der Mission hängt davon ab. Was glaubst du, warum ich dich mit Marielle zusammengeführt habe?«

Ich verstieß gegen die Regeln. Wenn die Kinder mich nach ihrer Mutter fragten, erzählte ich ihnen ausführlich von Nathalie, sagte ihnen, daß ihre Mutter nicht eine Sekunde aufgehört hätte, sie zu lieben, erfand eine Mission allergrößter Wichtigkeit, die sie auszuführen habe, und natürlich versprach ich ihnen, daß sie bald zurückkommen würde. Tatsächlich wußte ich, daß Nathalie mit dem Sekretariat und der Organisation des Ordens in Kanada betraut war, daß Chateau sie wahnsinnig machte und sie hundertmal die Regeln neu tippen ließ, die er alle acht Tage änderte, und daß Jo sie behandelte wie eine kleine Bedienstete.

»Ich war nahe daran, mir das Leben zu nehmen, weil die Kinder mir so gefehlt haben und ich nervlich am Ende war«, gestand sie mir später. »Es war unglaublich, was man alles von mir verlang-te. Ohne Vorwarnung wurde ich nach Ottawa geschickt. Dort ging es plötzlich nicht mehr, und ich mußte nach Quebec, von wo aus man mich gleich darauf nach Toronto sandte. Ich hatte nie Gelegenheit, etwas fertigzustellen, und kaum war ich fort, wurde alles, was ich begonnen hatte, wieder zunichte gemacht.«

Wochen verstrichen in dieser für die Kinder ebenso wie für mich unerträglichen Atmosphäre, bis Jo mir eines Abends im Juni 1987 in einem Ton, der keinen Widerspruch duldete, eröffnete: »Thierry, ich brauche dich in Südfrankreich. Wir fahren gleich morgen früh.«

12

Wir fuhren den ganzen Vormittag durch, und Jo redete ohne Unterlaß. Er war an jenem Tag guter Laune, freute sich auf den bevorstehenden Frühling und war ganz begeistert von seinem neuen Wagen, einem Jaguar mit Ledersitzen. Irgendwann im Laufe der Fahrt mußte ich an die Anekdote denken, die Laurence Meunier uns erzählt hatte, wie Jo das erstemal zu ihrem Yogakurs gekommen war, am Steuer eines uralten Renault 4. Das war Mitte der 70er Jahre gewesen. Gott! Dachte ich bei mir, er hat es in zehn Jahren wahrhaft weit gebracht.

Als wir in Pernes-les-Fontaines eintrafen, einem Dorf südlich von Carpentras, wußte ich bereits alles über das Haus, das Ziel unserer Reise war. Jo hatte es vor einem Jahr gekauft, für sich und die Seinen, das heißt, Jocelyne, Élisabeth und Nanou. Er hatte das Haus gekauft, um in Frieden arbeiten und meditieren zu können, peinlich genau die Anweisungen der Meister aus Zürich befolgend, die ihm eröffnet hatten, daß diese Region im Vaucluse auf wundersame Weise von der Apokalypse verschont bleiben würde. Jetzt ging es darum, aus »La Vignères« – das war der Name des Hauses – ein wahres Meister-Haus zu machen. Jacques und Sylvie hatten bereits einige Monate dort gearbeitet, wie Jo mir berichtete, und Maler-, Elektriker- und Gartenarbeiten verrichtet, aber dann hatte Jo genug von ihnen gehabt und sie nach Kanada geschickt.

Unverkennbar herrschte zwischen Jo und Jacques, dem genialen Bastler, nicht mehr die ungetrübte Beziehung der ersten Stiftungsjahre. Jo schien wütend auf ihn zu sein, aber ich wagte es nicht, Fragen zu stellen. Ich wagte es nicht. Meine Aufgabe bestand darin, die begonnenen Arbeiten fortzuführen und insbesondere auf einem Hügel, der das Haus überragte, terrassenförmige Gemüsebeete und einen Garten anzulegen. Mir wurde ganz schwindlig bei der Erinnerung an den Gemüsegarten in Toronto und die beiden Monate, die ich auf allen Vieren inmitten der Quecke verbracht hatte. Im Grunde war dies die exakte Wiederholung dieser Episode. Ich schwankte zwischen Stolz, erneut für die gleiche Aufgabe ausgewählt worden zu sein, und einem obskuren Gefühl der Entmutigung, als der Jaguar schließlich vor einem hohen, reinweißen Tor hielt.

La Vignères war ein Haus ohne jeden Stil aus den 50er Jahren, mit einem Gemisch von Holzarbeiten, die an ein Bergchalet erinnerten, und Balkoneinfassungen aus Rauchglas. Aber es war ein sehr geräumiges Haus, das durch die Überwachungskameras, die Garage und den Antennenwald auf dem Dach jeden Besucher sogleich beeindruckte. Jo war sichtlich stolz, daß das Haus ihm gehörte. Die oberen Geschosse und der Balkon, der um das ganze Haus herumführte, waren ihm vorbehalten. Ich würde unten wohnen, in einer der beiden hübschen Einliegerwohnungen im Erdgeschoß. Jo zeigte mir alles mit herrschaftlichen Gesten. »Wie gewöhnlich«, ermahnte er mich, »ist der Rasen allein Nanou vorbehalten. Ich verlasse mich auf dich, Thierry.« Dann gingen wir hinter das Haus, und dort erkannte ich auf den ersten Blick das Ausmaß der Aufgabe, die vor mir lag: Ein hoher, steiler und unkrautüberwucherter Hang ließ nur noch ein kleines Stück Himmel sehen, als stünden wir plötzlich auf dem Grund eines Brunnens.

»Ich möchte, daß aus diesem Hügel hängende Gärten werden«, erklärte mir Jo. »Zürich setzt große Hoffnungen in diesen Garten. Er soll die Unendlichkeit des biblischen Abenteuers auf unserem Planeten symbolisieren. Auf einigen Terrassen werden wir Gemüse anpflanzen, auf anderen Olivenbäume. Ganz oben auf der Kuppe muß ein Springbrunnen errichtet werden, da das Wasser, wie du weißt, Thierry ...«

»Aber Jo, natürlich weiß ich, wofür das Wasser in der Bibel steht. Aber das wird ein gewaltiges Stück Arbeit werden, nicht wahr? Tonnen von Erde müssen abgetragen, Mauern gezogen werden ...«

»Die Meister haben dich ausgewählt, Thierry. Und ich kann dir versichern, daß sie nicht lange gezögert haben, das ging ganz schnell!«

»Das ist ... Das ist eine große Ehre für mich, Jo, und dessen bin ich mir auch bewußt. Aber siehst du, ich denke, diese Arbeit wird Monate in Anspruch nehmen, und ich ... ich kann doch meine Kinder nicht einfach im Stich lassen, Jo!«

»Deine Kinder befinden sich in Marielles Obhut, und ich habe beschlossen, ihr Marie-Christine zur Seite zu geben.«

»Lucs erste Frau? Aber Jo, das kann doch nicht dein Ernst sein! Marie-Christine ist nicht mehr ganz zurechnungsfähig, du selbst hast sie ihrer Essenz beraubt ...«

»Es geht ihr schon wieder viel besser. Außerdem ist es zwecklos, zu diskutieren, Thierry, die Mission ist nun einmal, was sie ist. Wenn du dich ihr nicht gewachsen fühlst, kannst du dich ja persönlich in Zürich beschweren! Immerhin agiere ich nur als Mittelsmann ...«

Zwei Stunden später fuhr Jo am Steuer seines Jaguar davon. Er ließ mir mein monatliches Taschengeld in Höhe von 600 französischen Francs da, die ausreichen mußten für Lebensmittel, Kleidung und Telefongespräche mit den Kindern. Außerdem hatte er mir die Adresse eines Lieferanten von Baumaterialien dagelassen, bei dem ich auf Kredit kaufen konnte. Ich hatte einen kleinen Lieferwagen zur Verfügung und entdeckte hinten in der Garage allerlei Gartengeräte. Den Rest des Tages lief ich ziellos zwischen meiner kleinen Wohnung und der Hügelkuppe umher. Ich hatte nicht die Kraft, den ersten Spatenstich zu tun. Mehrmals wollte ich die Kinder anrufen, um dann doch darauf zu verzichten, weil ich fürchtete, allein beim Klang ihrer Stimmen in Tränen auszubrechen.

Ganz früh am nächsten Morgen machte ich mich an die Arbeit. Es versprach ein schöner Tag zu werden, und meine Stimmung hatte sich ein wenig gebessert. Der Hügel war nicht mit dem Lieferwagen befahrbar, so daß ich die Erde in einem Kartoffelsack auf dem Rücken bis zur Garagenrampe tragen mußte, wo ich den Wagen abgestellt hatte. Ich muß etwa 19 Stunden am Stück geschuftet haben, aber am Abend war noch keine nennenswerte Veränderung am Hügel feststellbar. Wieder war ich den Tränen nahe und zog es vor, die Kinder nicht anzurufen.

Als der Hügel zwei Wochen später etwa einen Meter abgetragen war, machte ich mich daran, die erste Mauer zu ziehen. Ich kaufte Steine, Sand und Zement. Alles per Hand von der Garagenrampe nach oben zu tragen erforderte mehrere Tage. Dann konnte ich mich endlich an die Arbeit machen. Ich hatte keinen Schimmer vom Mauern, aber ich war schon bald mit dem Ergebnis zufrieden, so daß ich Jo, als dieser an einem

Sonntagnachmittag vorbeikam, mit einem gewissen Stolz empfing.

»Komm und sieh es dir an«, sagte ich. »Ich habe schon einiges geschafft.«

Er sah sich meine Mauer aus der Ferne an, ohne mit der Wimper zu zucken, ohne ein Wort – ich dachte, er würde überwältigt und sprachlos sein – dann stieg er langsam hinauf und krallte sich mit beiden Händen an mein Mauerwerk.

»Aber Jo, was tust du denn?«

Er zog kräftig, und ein Teil der Mauer stürzte ihm entgegen; die Steine kullerten ihm vor die Füße. Ein großes Loch klaffte in der Mitte der Mauer. Einen Augenblick lang verschlug es mir den Atem. Erst dann hörte ich sein tiefes Lachen und sah, wie er sich die Seiten hielt. Ich werde diesen Anblick niemals vergessen.

»Ich werde dir beibringen, wie man eine Mauer zieht«, sagte er mir später. »Bis dahin wirst du diesen Mist einreißen und jeden einzelnen Stein säubern.«

Am nächsten Morgen brachte er mir tatsächlich bei, wie man Zement mischte, und wir errichteten gemeinsam etwa einen Quadratmeter Mauer. Am Abend reiste er wieder ab.

Ich hörte auf, die Tage zu zählen. Ich kann ohne Übertreibung behaupten, daß meine ersten sechs Monate in La Vignères ein einziger Alptraum waren. Im Herbst begann es zu regnen, und schon bald trug ich nicht mehr Säcke voller Erde, sondern Eimer voller Schlamm den Hügel hinab zum Lieferwagen. Ich kletterte den Hang auf allen Vieren hinauf wie ein schlammverkrusteter Käfer, in jeder Hand einen Eimer. Bergab schwankte und torkelte ich, halb auf dem Po rutschend. Um die erste Terrasse zu graben, mußte ich 30 Kubikmeter Schlamm abtragen, allein mit Hilfe eines Spatens und zweier Putzeimer aus Plastik. Als die Tage kürzer wurden, begann ich, im Licht einer Taschenlampe zu arbeiten. Jo drängte mich bei jedem seiner Besuche zur Eile. Zürich werde ungeduldig, und er müsse es ausbaden, während ich es mir in Pernes-les-Fontaines, im Vaucluse, gutgehen ließ. Gutgehen …

Jedes Telefonat mit den Kindern in Genf zerriß mir das Herz. Sie wußten, daß ich eine Mission von planetarer Bedeutung erfüllte; Marielle betete es ihnen 20mal am Tag vor. Sie wagten es also nicht, mich zu bitten, nach Hause zu kommen, genau genommen wagten sie nicht, mich überhaupt etwas zu fragen. Aber ich hörte am Klang ihrer Stimme, wie einsam sie waren.

In jenem ersten Winter in La Vignères, im Winter 1988, brachte Jo mir seinen zweiten Sohn, Christophe. Wir alle wußten von der Existenz dieses Kindes, Elias' älterem Bruder, der bei seiner Mutter in Südfrankreich lebte, aber wir hatten ihn nie zu Gesicht bekommen. Christoph war schwach. Jo erzählte uns oft davon und behauptete, dieses Kind wäre ein Ersatzkörper für ihn. Darum wäre der Junge auch ohne Seele geboren, gleichsam als leere Hülle. »Wenn ich eines Tages einen Autounfall, einen Herzinfarkt oder sonst irgend etwas erleide, werde ich mich sogleich in der körperlichen Hülle meines Sohnes Christophe inkarnieren, sagte Jo. »Die Meister haben mir diesen Sohn geschenkt, damit ich meine Mission fortsetzen kann, was immer auch geschieht.« Bis dahin sollte Christophe mir helfen, den hängenden Garten in den heiligen Hügel zu graben.

Christophe war mir ebenso willkommene Gesellschaft wie Stütze. Er war 18 oder 19, mit breiten Schultern und kräftigen Armen wie sein jüngerer Bruder. Gemeinsam schleppten wir Steine und Zementsäcke, aber Christophe hatte schon bald genug davon. Es genügte, daß Jo uns auftrug, dies oder jenes zu beachten, beispielsweise die Pinie vor dem Haus nicht zu beschädigen, damit Christophe sich zu einem vandalistischen Akt herausgefordert fühlte. Eines Abends kippte er mehrere Eimer Zement auf den Baumstamm der Pinie …

Als es Frühling wurde, kamen Jo und die Seinen immer häufiger zu längeren Aufenthalten nach La Vignères. Unmerklich wurde ich Mädchen für alles. Ich mußte putzen, das eine oder andere Zimmer tapezieren, den Rasen pflegen, die Hecken schneiden, eine Tür reparieren, die klemmte, und so weiter. Jocelyne rief ununterbrochen nach mir. Wenn ihre Wäscheleine riß, mußte ich vom Hügel herbeieilen, egal, ob ich gerade frischen Zement gemischt hatte, gleich, ob die Arbeit an den Terrassen weiterging oder nicht.

Bald wurde ich auch gerufen, um Nanou die Zeit zu vertreiben. Nanou war inzwischen sieben Jahre alt, und da ihr Rang es ihr verbot, die Schule zu besuchen, hatte Jo Amélie Charbonnier als Hauslehrerin aus Kanada kommen lassen. Amélie, die mich aus den Händen Chateaus gerettet hatte, Amélie, die ihren Mann verlassen mußte, um diese Mission zu erfüllen. Die Ehe sollte daran zerbrechen. Fünf oder sechs Stunden täglich unterrichtete sie Nanou, aber nach jeder Unterrichtsstunde wurde das Mädchen auf den Rasen geschickt, um sich »zu entspannen«. Sie hatte keine Freunde, und ihr war strikt verboten worden, sich im Gras zu wälzen oder auf Bäume zu klettern. Sie trug keinen Helm mehr, aber immer noch die weißen Handschuhe, die sie vor tellurischen Schwingungen schützen sollten. Anfangs sah sie mir dabei zu, wie ich den Hügel bearbeitete, dann begannen wir, uns zu unterhalten und miteinander zu lachen. Es dauerte nicht lange, und sie bat Jo um Erlaubnis, mit mir zu »spielen«. In der Erde zu spielen. Natürlich wurde ihr das strikt untersagt. Und so machten es sich Jo und Jocelyne zur Gewohnheit, mich zu jeder Unterrichtspause Nanous zu rufen.

»Thierry, du läßt 20 Minuten Zement Zement sein und widmest dich Nanou«, befahl Jo mir brüsk.

Wir »spielten« auf dem Rasen. Tatsächlich war uns nur Ballspielen erlaubt, da ich eine Distanz von mindestens zehn Metern zu dem göttlichen Kind wahren mußte. Wenn der Ball zwischen uns liegenblieb und Nanou lief, um ihn aufzuheben, mußte ich beispielsweise sofort zurückweichen. Allein das Einhalten dieser Regel beschäftigte mich weit mehr als das eigentliche Spiel, um so mehr, als Jocelyne uns vom Balkon aus beobachtete. Dann nahm Jo mich eines Morgens im Mai beiseite und verkündete mir die unglaubliche Neuigkeit: Der Antichrist würde einige Tage bei uns verbringen!

»Mit Nanou? Aber Jo, das ist unmöglich.«

Ich konnte es nicht fassen. Wie konnte er Gott und Satan unter einem Dach beherbergen? Das Lamm und den Wolf?

»Ich habe gerade einen großem astralen Kampf ausgefochten«, teilte er mir hierauf mit, »und ich glaube, die teuflische Wesenheit des Kindes teilweise besiegt zu haben. Ich kann sogar sagen, daß es mich einiges gekostet hat und ich bis an mein Lebensende Wunden am Herzen mit mir herumtragen werde …«

Aurélien Junod war in jenem Jahr fünf geworden. Die beiden Kinder waren sichtlich glücklich, sich zu sehen, so glücklich, daß Aurélien ständig zu Nanou hinlaufen wollte. Aber das war natürlich unmöglich, da Aurélien trotz des gigantischen astralen Kampfes, den Jo mit den Mächten des Bösen ausgetragen hatte, immer noch der Antichrist war. Es war meine Aufgabe, darauf zu achten, daß sie den vorgeschriebenen Abstand von mindestens zehn Metern wahrten. Nanou verstand die Regeln, aber wie sollte ich einem fünfjährigen Jungen begreiflich machen, daß es ihm verboten war, ein Mädchen seines Alters zu berühren oder sich ihm auch nur zu nähern? Und doch hatte ich dafür zu sorgen, daß sie miteinander spielten, trotz der Entfernung und obwohl sie nicht denselben Ball berühren durften! Wir jonglierten mit zwei Bällen. Sie mochten glauben, daß sie miteinander spielten, aber tatsächlich war ich es, der jedem seinen eigenen Ball zurückwarf.

Und Nanou brüllte ständig: »Vorsicht, Thierry, er kommt auf mich zu!«

Und ständig mußte ich den Kleinen zurückrufen: »Komm her, Aurélien, versuch doch zu verstehen: Nanou ist ein heiliges kleines Mädchen, wir dürfen uns ihr nicht nähern, weder du noch ich.«

Während der Stunden, in denen ich Terrassen in den Hügel grub oder mit den Kindern spielte, schloß Jo sich in seine Räume im Obergeschoß ein. Er schrieb, arbeitete seine Vorträge aus, und vor allem meditierte er. Zumindest glaubte ich das, da man uns jahrelang immer wieder vorgebetet hatte, daß Jo in Verbindung mit den 33 Brüdern in Zürich auf vibratorischer Ebene das Gleichgewicht der Welt wahrte.

Wenn er seine Arbeit unterbrach, ging er fort, um an einem heiligen und geheimen Ort zu meditieren. Er fuhr am Steuer seines Jaguars davon und bat Élisabeth

Auneau, ihn zu begleiten, da ihre Schwingungen, wie er meinte, die seinen perfekt ergänzten.

Eines Morgens mußte ich nach Lyon fahren, um Stoff für die Schneiderin des Ordens zu besorgen. Jo und Élisabeth fuhren an jenem Tag ebenfalls in die Stadt, und aus einem unerfindlichen Grund nahm Jo mich beiseite, als er gerade losfahren wollte.

»Thierry«, sagte er, »wir fahren auch nach Lyon. Ruf mich heute abend unter dieser Nummer an, möglicherweise werde ich dich brauchen.«

Am Abend rief ich ihn selbstverständlich an, und er bat mich, sofort zu einer Adresse zu kommen, die er mir nannte. Es handelte sich um ein Grandhotel. Jo war unter seinem Namen dort abgestiegen. Die Rezeption unterrichtete ihn von meinem Eintreffen, und er bat darum, mich heraufzuschicken. Ich klopfte an seine Zimmertür. Jo war gerade dabei, sich anzuziehen; das Bett war zerwühlt, und durch die Badezimmertür hörte ich Wasser laufen.

»Entschuldige, Jo«, sagte ich, »ich bin sofort gekommen.«

»Aber das ist doch auch gut so. Ich möchte, daß du eine Kiste mit Einkäufen nach La Vignères bringst. Es ist alles im Jaguar, wir gehen gleich hinunter.«

In diesem Augenblick kam Élisabeth Auneau aus dem Bad, mit nackten Beinen, ein Handtuch über den Brüsten verknotet. Ich hätte nicht verdatterter sein können, wenn die Jungfrau Maria mir in Netzstrümpfen und Strapsen erschienen wäre! Mein Gott, Élisabeth! Die heilige Gattin des Manatanus, die heilige Mutter Nanous. Das Bett zerwühlt, Jo, der sich gerade das Hemd zuknöpfte, sie halb nackt ... Es bestand kein Zweifel daran, was zwischen ihnen geschehen war. Ich muß rot geworden sein, genauer gesagt mehrfach die

Farbe gewechselt haben, denn Jo lachte gezwungen und ein wenig vulgär, wie er es manchmal tat, wenn er sich über jemanden lustig machte.

»Krieg dich wieder ein, Thierry«, sagte er. »Hier, setz dich, ich gebe dir etwas zu trinken.«

Élisabeth sammelte ihre auf dem Bettvorleger verstreuen Kleider ein, völlig ungerührt, als wäre ich ein Beistelltisch oder eine Louis-XVI-Standuhr, und ging dann zurück ins Bad, um sich anzukleiden. Und dann erzählte Jo mir Unglaubliches.

»Eines Tages wird sie dir gehören«, versprach er. »Aber noch nicht, erst werde ich sie formen, sie vorbereiten, und dann gebe ich sie dir. Du wirst sehen, sie bumst phantastisch ... Das hat nichts mit Jocelyne zu tun ...«

Ich war zu erschüttert, um auch nur ein Wort hervorzubringen. Wir gingen hinunter zu den Autos, luden die Einkäufe aus dem Jaguar in den Lieferwagen, und ich kehrte zurück nach La Vignères. Warum hatte Jo das inszeniert? Auf der ganzen Fahrt suchte ich nach einer Antwort, jedoch vergeblich. Er ist ein Meister, sagte ich mir schließlich, und die Wege der Meister sind unerforschlich. »Ich bin ein verwirrender Meister«, sagte er häufig.

Heute ist mir natürlich klar, wie pervers diese Szene war: Jo hatte mich zu seinem Sklaven gemacht und mir aus reinem Spaß an der Freude für einen Augenblick sein wahres Gesicht gezeigt, in dem Bewußtsein, daß mich diese Erfahrung zwar verwirren, sich jedoch nicht auf meine Ergebenheit auswirken würde. Im Grunde hatte er sich ein Prickeln gegönnt, indem er mich herausforderte – zumal er wußte, daß ich seit Monaten zur Keuschheit verdammt war.

Ich setzte den Bau des biblischen Hügels also fort, als wäre nichts geschehen. Da die Arbeiten gut vorangingen, gestattete Jo mir, ein oder zweimal im Monat nach Genf zu fahren, um meine Kinder zu umarmen. Welches Glück, sie wiederzusehen! Sie waren nicht allzu unglücklich. Dem Frauenquartett Évelyne Chartier, Laurence Meunier, Marie-Christine Ex-Jouret und Marielle ausgeliefert, hatten sie brüderliche Solidarität entwickelt. Sie hatten es verstanden, sich eine gewisse Freiheit zu erhalten, und schon bald stand Marielle im Kampf für die Mission Athias wieder allein da. Die anderen hatten bald genug von den Jungen. Schließlich vergaß auch Jo selbst diese ganze Geschichte, so daß Marielle meine Söhne letztendlich ihr eigenes Leben leben ließ.

Und welche Freude, die anderen aus der Gemeinschaft wiederzusehen. Ich wurde vermißt und jedesmal willkommen geheißen, wie man einen alten Missionar empfing, der fort gewesen war, um irgendwo in Afrika das Evangelium zu predigen. Jo hatte ihnen erzählt, daß ich auf direktes Geheiß von Zürich mit der Ausführung eines monumentalen Werkes betraut war. Die alten Mitglieder waren immer noch da und voll bei der Sache: François und Claude, meine Paten, die in ihrem Glauben noch gefestigter waren als in jenen ersten Tagen; die Salvins, er Töpfer, sie Ex-Frau von Stéphane Junod, deren Sohn Bruno bald seinen siebten Geburtstag feiern würde; Laurence Meunier, deren Tochter Claire inzwischen zu uns gestoßen war; René Moulin und Brigitte, denen es immer noch nicht gelungen war, dieses Kind zu zeugen, das Zürich von ihnen verlangte; Hervé Poirier, der Jeanne Dubois verlassen hatte, um Odette, eine neue Adeptin zu heiraten, die ihm bald eine kleine Stéphanie schenken sollte; Jean-Marc Dubois, der Therapeut, der immer noch nach einer Frau Ausschau hielt, die nicht gebunden war.

Neue waren hinzugekommen, darunter die Schweizer Familie Gervais: Claude arbeitete bei der Post, und Jo hatte in ihm sehr bald Nostradamus erkannt, und Marie, eine Französischlehrerin mit ihren Kindern, Véronique, 11 Jahre, und Benoît, 13 Jahre. Außerdem war unter den Neuen Thomas Cartry, ein junger Mann von etwa 30 Jahren, der aus Fribourg stammte, ein fanatischer Ordensanhänger, ein wenig wie sein Freund François.

Ich blieb 24 Stunden in Genf, nutzte die Zeit für einige gemeinsame Meditationen, und fuhr dann zurück nach La Vignères. Ich war dabei, die Hügelkuppe abzutragen, um die oberste Terrasse anzulegen. Es mußte Mitte des Winters 1989 gewesen sein, als zu meiner Überraschung Jacques und Sylvie aus Kanada eintrafen. Es war eine angenehme Überraschung, da Christophe vor Wochen zu seiner Mutter zurückgekehrt war und Jo und die Seinen ebenfalls verschwunden waren. Die Einsamkeit hatte begonnen, schwer auf mir zu lasten.

Eigenartigerweise taten Jacques und Sylvie von Anfang an sehr geheimnisvoll. Ja, Jo hatte sie gebeten, für zwei oder drei Monate zurückzukommen, aber sie dürften mir unter keinen Umständen den Zweck ihrer Mission verraten. Noch merkwürdiger war, daß Jacques sich am Tag nach ihrer Ankunft im Keller des Hauses einschloß. Ich meine, er sperrte tatsächlich ab, drehte den Schlüssel zweimal im Schloß, als wolle er unter keinen Umständen gestört werden. Zwei Wochen verstrichen, und jeden Tag verbarrikadierte Jacques sich im Keller, während ich weiter auf meinem Hügel buddelte. Davon abgesehen waren Jacques und Sylvie immer guter Laune, aber wie sollten wir in Anbetracht der Geheimnisse zwischen uns gemeinsam lachen?

Schließlich tauchte Jo wieder auf, und natürlich stürzte ich mich sofort auf ihn: »Entschuldige, Jo, aber weißt du, daß Jacques seine Tage im Keller verbringt?«

»Ach? Was mag er wohl dort unten machen, dieser Idiot?«

»Aber Jo, ich dachte, du wüßtest Bescheid ... Jacques hat mir erzählt, du hättest ihn mit einer Mission betraut.«

»Im Leben nicht! Ich betraue Jacques mit keiner Mission mehr, ich habe das Vertrauen in ihn verloren.«

»Erlaubst du mir, ihn zu fragen, was er dort unten macht? Ich meine, das ist schon beunruhigend ...«

»Ich erlaube dir gar nichts, Thierry, und schon gar nicht, mit Jacques zu sprechen. Ich sage es noch einmal, ich habe das Vertrauen in ihn verloren. Aber es war richtig von dir, daß du es mir erzählt hast, ich werde die Sache sofort regeln.«

Aber Jo regelte gar nichts. Auch während seines Aufenthaltes schloß Jacques sich im Keller ein, bis ich schließlich ganz besessen war von seiner Geheimniskrämerei.

»Jacques hat sich schon wieder im Keller eingeschlossen«, sagte ich eines Morgens zu Jo, als er die letzte Mauer inspizierte.

»Vergiß es, er hat den Verstand verloren«, entgegnete Jo. »Außerdem schicke ich die beiden in zwei Wochen zurück nach Kanada, wenn nötig mit Gewalt.«

Die zwei Wochen waren noch nicht um, als Jo eines Abends zu uns ins Erdgeschoß kam; Jacques und Sylvie bewohnten die Wohnung gleich gegenüber von meiner.

»Ich habe morgen einen sehr hochrangigen Gast zum Abendessen«, erklärte er uns. »Der heilige Bernhard und seine neue Frau werden ebenfalls da sein. Ihr sagt guten Tag und macht euch dann unsichtbar, ich will euch an diesem Abend weder im Garten noch auf dem Hügel herumhängen sehen, habt ihr mich verstanden?«

Jacques und Sylvie nickten wortlos.

»Verstanden, Jo«, sagte ich.

Um 19 Uhr am folgenden Abend wohnten wir der Ankunft der drei Gäste bei. Sie trafen gemeinsam in einem schwarzen Mercedes 600 mit getönten Scheiben ein. Luc Jouret stieg als erster aus und reichte sogleich einer großgewachsenen jungen Frau mit blondem Haar und stark geschminktem Puppengesicht den Arm. Dann stieg der hochrangige Besucher aus dem Fond der Limousine. Ich schätze ihn auf etwa 65, er hatte die feingeschnittenen Züge eines Intellektuellen und die natürliche Anmut eines Mannes, der Botschaftsempfänge gewöhnt war. Jo kam sofort herunter, um seine Gäste zu begrüßen.

»Mein Freund Roland Boileau«, stellte Luc den Fremden vor. »Und das ist Anne-Marie.«

Roland Boileau war der neue Mäzen des Ordens, wie ich später erfuhr. Der Geschäftsmann hatte den Fehler begangen, Doktor Jouret zu konsultieren. Luc hatte ihn rasch von der Existenz der Welt des Unsichtbaren überzeugt, und Boileau, der in ständiger Furcht vor Krankheit und Tod lebte, hatte bald nicht mehr auf die Vorträge seines neuen Freundes über die Ewigkeit verzichten können. Es war also möglich, dem Tod zu entrinnen, und hierzu genügte es, sich demütig einem »Eingeweihten« anzuvertrauen. Luc hatte Boileau diese Begegnung mit dem ehrwürdigsten aller Eingeweihten, einem gewissen Jo Di Mambro, schon vor geraumer Zeit versprochen. In Erwartung dieses Tages hatte Boileau Luc zu seinem Leibarzt ernannt. Künftig begleiteten sie einander auf allen Reisen, da jeder den anderen unbedingt brauchte: Roland sog Lucs Worte der Hoffnung in sich auf wie ein Schwamm, während Luc auf Rolands Kosten lebte. Monegasse, Finanzgenie und ledig, hatte Roland Millionen angehäuft, mit denen er im Alter nichts anzufangen wußte.

Wir sahen, wie Jo diesem Mann die Hand schüttelte und ihn dann ins Haus führte; Luc beachtete uns kaum, er war viel zu sehr mit seiner neuen Eroberung beschäftigt. Dann schlossen wir uns wie versprochen bis zum nächsten Tag in unseren Wohnungen ein.

Am Morgen war Jo in heller Aufregung. Er bestand darauf, daß ich auf der Stelle von meinem Hügel herabstieg und gemeinsam mit Jacques und Sylvie aus seinem Mund der Enthüllung eines »unglaublichen« Geheimnisses lauschte.

»Wenn ihr wüßtet, was für einen Abend wir verbracht haben«, begann er. »Wenn ihr wüßtet, was uns passiert ist ...«

Sie hatten sich alle vier zu Tisch gesetzt, in jenem schönen Eßzimmer mit den zwei großen Fenstern, von denen eins auf den biblischen Hügel hinausging und das andere auf den Balkon. Plötzlich hatte es ausgesehen, als löse sich ein Lichtschein vom Sternenhimmel, um flackernd über dem Hügel zu verharren. Sie waren alle aufgestanden, überwältigt und erschrocken, und Jo hatte sogar sämtliche Lichter ausgeschaltet. Der leuchtende Kreis hatte über dem Olivenhain geschwebt, der Terrasse, die mit jungen Olivenbäumen bepflanzt war, und dort hatte er nach und nach die Gestalt des Heiligen Grals angenommen! Ja, sie hatten den Heiligen Gral über dem Olivenhain schweben sehen! Konnten wir uns ein großartigeres Wunder vorstellen? Jo schien immer noch ganz erschüttert, und seine Erregung steckte mich an. Waren die Tradition des Heiligen Grals und des Templerordens nicht Gegenstand sämtlicher Lehren und Ziel unseres Strebens? Hatten wir nicht seit 1983 mehrfach tief ergriffen verschiedenen Erscheinungen des heiligen Kelchs beigewohnt? Des Kelchs, in dem auf *meinem* Hügel das Blut Christi aufgefangen worden war, einige Wochen vor Fertigstellung der Arbeiten? Roland Boileau, der heilige Bernhard und seine Frau waren angeblich auf die Knie gefallen. Und in genau diesen Augenblicken intensivster Kommunion hatte Jo in Roland die Reinkarnation Joseph von Arimathias erkannt, des Mannes, der als erster den Heiligen Gral getragen hatte. Und so fügte sich alles zusammen. Die Meister des Unsichtbaren hatten auf die denkbar symbolischste Art und Weise den Eintritt eines Mannes höchsten Ranges in den Orden verkündet.

Roland hatte sich kaum von dem Schock erholt, als Luc ihm erklärte, daß er, der heilige Bernhard, der schönen Anne-Marie dringend ein Kind machen müsse. Das sei ein Befehl der Meister. Um jedoch dieses hochrangige Kind zeugen zu können, müßten er und Anne-Marie schnellstens eine heilige Stätte aufsuchen.

»Was kann ich tun, um euch zu helfen?« fragte Roland flehend.

»Nur Jo kennt die Antwort«, entgegnete der heilige Bernhard plötzlich besorgt. »Nur er allein weiß, wo sich die heiligen Stätten befinden.«

Sie gingen, Jo zu befragen, und dieser wußte tatsächlich auf Anhieb die Lösung.

»Dieses Kind muß hier in La Vignères gezeugt werden«, sagte er. »Kein anderer Ort der Welt ist stärkeren Schwingungen ausgesetzt gewesen. Luc und Anne-Marie, dieses Haus ist fortan das eure.«

Hierauf wandte Luc sich an seinen Freund und Mäzen. Er flüsterte ihm etwas ins Ohr, und Roland Boileau stellte auf Jos Namen einen Scheck in Höhe einer Summe aus, die den dreifachen Wert des Hauses noch überstieg. Drei Millionen französische Francs für eine Immobilie, die drei Jahre zuvor für 800.000 Franc gekauft worden war.

Von einem Tag auf den anderen ersetzten Luc und Anne-Marie Jo und die Seinen. Es gab viel zu tun, da Roland eine Wohnung gleich neben seinen Schützlingen wünschte. Ich wurde gebeten, die Zimmer persönlich zu streichen, die Handwerker zu beaufsichtigen und zusätzliche Badezimmer und Wandschränke zu entwerfen. Nun ja, mein Hügel war endlich fertiggestellt, und ich hatte mich jetzt nur noch um die Pflege des Anwesens zu kümmern.

Während der schlimmsten Bauarbeiten wohnten das Paar und sein Mäzen im Hotel. Dann feierten sie im kleinen Kreis die Wohnungseinweihung, und ich erinnere mich, daß ihre Feier mit den ersten Knospen dieses Frühlings zusammenfiel, des Frühlings 1988. Die beiden Männer ruhten sich ein paar Tage aus und verließen dann ganz plötzlich das Anwesen. Während der zwei oder drei Monate unseres gemeinsamen Lebens, unseres merkwürdigen Zusammenlebens in La Vignères, verhielten Luc und Roland sich sehr eigenartig. Sie verbrachten einige Tage dort, um dann ganz plötzlich zu verschwinden. Anne-Marie nahmen sie niemals mit.

Die junge Frau stand mittags auf und strich wie eine Schlafwandlerin durch das große Haus. Sie war dort, um ein Kind hohen Ranges zu empfangen, sie durfte das Haus nicht verlassen und sich erst recht keinen negativen Schwingungen aussetzen. Ich lief ins Dorf, um die Einkäufe für sie zu erledigen, und erfüllte ihr jeden Wunsch. Zwei bis dreimal täglich riefen Jo, Luc oder Roland an, um sich nach ihr zu erkundigen. Einmal, ein einziges Mal, verließ sie das Haus und ging in hochhackigen Schuhen den unbefestigten Weg hinunter.

»Was sagst du da!« brüllte Luc ins Telefon. »Und du hast sie entwischen lassen.«

Und da wurde mir klar, daß ich gewissermaßen den Gefängniswärter für sie spielen sollte, aber dazu fühlte ich mich nicht imstande.

Nachdem Luc sie zurückgeholt hatte, hörte ich manchmal, wie sie miteinander schliefen, da sie das Fenster zum Garten weit offen stehen ließen, aber weit öfter hörte ich, wie sie einander beschimpften und sich prügelten. Er titulierte sie als Schlampe, und sie schluchzte und zerkratzte ihm das Gesicht. Ich fühlte mich denkbar unbehaglich. Wie war es möglich, daß der heilige Bernhard zu solcher Vulgarität fähig war?

Sie haben das vorgesehene Kind nie gezeugt. Ende des Frühlings trennten sie sich, und ich war wieder allein im Haus des Heiligen Grals. Eines Nachmittags holte Jo mich dort ab, als ich gerade dabei war, den Rasen zu mähen.

»Pack deine Sachen, ich nehme dich sofort mit«, sagte er. »Wichtige Aufgaben warten auf dich.«

Es war höchste Zeit; mein Leben hatte keinerlei Sinn mehr.

13

»So«, sagte Jo, »das ist die Eremitage. In wenigen Monaten wird auf diesem Anwesen die große Überlebensfarm Südfrankreichs eröffnet werden.«

Die Eremitage befand sich in der Gemeinde Sarians, westlich von Carpentras, nur etwa eine halbe Stunde von La Vignères entfernt. Gemeinsam begutachteten wir die langgestreckten U-förmig ausgerichteten Gebäude des Hofes und die Ländereien, die sich unter dem Sommerhimmel erstreckten, soweit das Auge reichte. Nur das Gezwitscher der Vögel, die sich zu Hunderten im dichten Laub der Platanen auf dem Hof versteckten, störte unsere Meditation.

»Das alles gehört uns«, sagte Jo leise. »Siehst du, was dich erwartet?«

»Was meinst du damit?«

»Thierry, wir haben beschlossen, dir die Verwaltung dieses Anwesens anzuvertrauen. Zürich ist vollkommen damit einverstanden. Ich habe sehr lange mit Pierre und Luc darüber gesprochen, und wir haben beschlossen, dich für ein Jahr auf die Landwirtschaftsschule in Carpentras zu schicken. Pierre hat alles arrangiert, du brauchst nur noch hinzugehen und dich zu immatrikulieren.«

Die langen Jahre der Schufterei waren also nicht vergeblich gewesen: Mir wurde die erste Überlebensfarm auf französischem Boden anvertraut, und ich sollte zum Diplomlandwirt ausgebildet werden! Bis zum Vorlesungsbeginn im Herbst überließ Jo zwei Anwesen meiner Obhut: La Vignères und die Eremitage.

1989 war ein glückliches Jahr. Alle zwei Tage war ich in La Vignères und pflegte meinen Hügel, den die Gemeinschaftsmitglieder von Genf bis Kanada nur noch als »Hügel des Heiligen Gral« bezeichneten. An den anderen Tagen legte ich einen ersten Gemüsegarten in der Eremitage an. Ich war gerade dort auf dem Anwesen, glücklich wie seit Monaten nicht mehr, da ich meine beiden Söhne zu mir geholt hatte, als ein Telegramm aus Kanada uns die Rückkehr Nathalies ankündigte. Nathalie! Endlich kehrte Nathalie zurück – allein. Elias und sie hatten sich getrennt. Da sie wußte, daß wir uns alle drei in Südfrankreich aufhielten, hatte sie einen Flug nach Marseille gebucht.

Wie soll ich die Freude der Kinder und Nathalies Tränen mit Worten beschreiben? Sie umarmten und küßten sich, als hätten sie diesen Augenblick in jeder Sekunde dieser endlosen Trennung herbeigesehnt – über 1000 Tage! Jo war es nicht gelungen, die Liebe Nathalies zu ihren Söhnen zu untergraben; Marielle war mit dem Versuch, das Bild Nathalies aus dem Gedächtnis der Kinder auszuradieren, gescheitert. Die Macht des natürlichen Bandes zwischen Mutter und Kindern hatte die Mission Athias in wenigen Sekunden zunichte gemacht. Alles kam wieder in Ordnung, in die natürliche Ordnung, und aus dem Glück, das wir in den Tagen, die wir miteinander verbrachten, wiederentdeckten, hätten wir schließen müssen, daß das Leben nach dem Willen der Meister oder zumindest nach Jos Willen nur ein gewaltiges Werk der Zerstörung war. Wir hätten es erkennen müssen, aber zu keinem Zeitpunkt während dieser segensreichen Tage sprachen wir von dem langen Weg, der uns zur Stiftung Golden Way geführt und veranlaßt hatte, um uns dort zu vergraben und schließlich aufzugeben. Wir hätten diese Klausur in der Eremitage nutzen können, uns gegenseitig die Augen zu öffnen und aus einem Alptraum aufzuwecken, der kein Ende mehr nahm, aber noch waren wir nicht soweit. Nathalie, die sich von Elias getrennt hatte und keine Liebe mehr für mich empfand, reiste bald mit Frédéric und Pascal weiter nach Genf. Und ich, ich setzte meine Arbeit auf den beiden Anwesen fort. Anfang September erwartete mich die Landwirtschaftsschule. Ich ahnte nicht im Entferntesten, was der Winter für mich bereithielt.

Schon im Oktober begann Jo, mich zu drängen.

»Großes zeichnet sich für die Eremitage ab«, erklärte er mir. »Ich kann dir im Augenblick nicht mehr sagen, aber ich flehe dich an, Thierry, mach das Unmögliche möglich, renoviere alle Zimmer und sieh zu, daß wir im Gemüsegarten bald ernten können.«

Ich hatte auf der Eremitage vier Hektar zu bewirtschaften. Das Haus war zwar riesig, aber alt und heruntergekommen. Mehrere Zimmer waren unbewohnbar. Womit sollte ich anfangen? Ich nutzte den milden Herbst, um die Äcker in Angriff zu nehmen. Diesmal hatte Jo mir modernes landwirtschaftliches Gerät und eine Bewässerungsanlage zur Verfügung gestellt. Wenn ich um 17 Uhr die Schule verließ, machte ich mich sofort ans Werk und arbeitete ohne Pause bis 22 Uhr bei künstlicher Beleuchtung. Anschließend brütete ich noch zwei bis drei Stunden über meinem Vorlesungsstoff. Ein paar Stunden Schlaf, und in den frühen Morgenstunden fuhr ich nach La Vignères. Der heilige Ort war verlassen, was Jo sehr beunruhigte. Er fürchtete Profanierungen und wollte, daß ich täglich auf den

Hügel stieg, das Haus lüftete und wenn nötig den Rasen mähte.

Ich sah meine Kinder an keinem der Wochenenden mehr. Ich nutzte jeden vorlesungsfreien Tag, um die Elektrik auf dem Hof zu reparieren, Löcher im Fußboden zu stopfen und anderswo mit Maler- und Putzarbeiten zu beginnen.

Der Hof war eine einzige Baustelle und noch unbewohnbar, als ich an einem Sonntagmorgen Anfang des Winters einen eigenartigen motorisierten Konvoi auf der unbefestigten Straße herankommen sah. PKW mit vollbeladenen Dächern rahmten Umzugslaster ein. Der Troß kämpfte sich schwerfällig über die Lehmfurchen, die unter dem Gewicht der Menschen und ihrer Habe nachgaben. Dem Troß war anzusehen, daß alle erschöpft waren von langen Stunden der Fahrt. Wer waren diese Leute? Woher kamen sie? Man hätte meinen können, daß es sich um Städter handelte, die aus einer Stadt evakuiert worden waren, um einen allgemeinen Exodus. Aber war denn von einem Erdbeben die Rede gewesen? Von einem Krieg? Ich hörte seit Jahren kein Radio mehr und las auch keine Zeitung. Ich blickte ihnen entgegen und war wider Willen ergriffen: Diese Unglücklichen waren auf der Flucht, ja, das war nicht zu übersehen, sie mußten die ganze Nacht durchgefahren sein, das war den erschöpften Gesichtern der Leute anzusehen, die als erste vor mir stehenblieben. Ein Paar mit Kindern stieg mühsam aus dem Wagen.

»Thierry?« fragten sie und nahmen meine Hand.

Sie lächelten, ein schönes, strahlendes Lächeln, als wären sie trotz der Müdigkeit von einem inneren Licht erleuchtet.

»Ja«, entgegnete ich. »Aber wer seid ihr?«

»Wir sind deine Brüder und Schwestern, Thierry«, sagte der Mann. »Luc hat uns gesagt, daß du hier sein würdest.«

»Das ist ja großartig! Euch habe ich also, ohne es zu wissen, erwartet.« Jo hatte lediglich erwähnt, daß sich Großes ankündigte. »Aber woher kommt ihr?«

»Aus Nordfrankreich.«

Inzwischen waren alle versammelt, die Fahrzeuge in einem unentwirrbaren Durcheinander geparkt. Alte Ehepaare, Familien mit Kindern, eine Menschenmenge mit eingefallenen Gesichtern und verknitterten Kleidern. Eine schweigende Menschenmenge, als könnten sie nicht begreifen, daß sie endlich wieder unter freiem Himmel standen, unter dem weiten, reinen Himmel des Vaucluse. Sie umringten mich, musterten mich. Wie viele waren es? 30, vielleicht 35. An die zehn Familien, schätzte ich.

»Dann kommt herein«, sagte ich. »Ich mache Kaffee für die Erwachsenen, und heiße Schokolade für die Kinder, und ihr erzählt mir alles.«

Luc hatte ihnen vor acht Tagen das Zeichen zum Aufbruch gegeben. »Jetzt ist es bald soweit«, hatte er ihnen gesagt. »Nehmt nur eure kostbarste Habe mit und macht euch auf den Weg. So bald wie möglich. Es kann jeden Tag soweit sein, und ich kann nichts mehr für euch tun, solange ihr euch nicht in Sicherheit gebracht habt.« Sie waren nicht vor einem hypothetischen Krieg geflohen, von dem ich nichts wußte, sondern vor dem Allerschlimmsten, der Apokalypse, der Vernichtung jeden Lebens, aller Dinge, des Endes der Welt. Daher rührte also das glückliche Strahlen in ihren erschöpften Blicken: Es war das Glück der Geretteten, die zwar um den Tod ihrer Nachbarn und Freunde trauerten, gewiß, aber trotz allem froh waren, selbst entkommen zu sein.

Die meisten waren Händler aus Lille, Roubaix und Tourcoing. Oder Kaufleute im Ruhestand. Seit 1983, dem Jahr der ersten Vorträge Luc Jourets im Norden des Landes, hatten sie sozusagen eine Ewigkeit auf die Apokalypse gewartet, ohne so recht daran zu glauben. Dann hatte die Gefahr sich konkretisiert. Luc hatte sie ein oder zweimal im Monat versammelt und jedesmal besorgter gewirkt. Die Informationen, die er tropfenweise von den Meistern des Unsichtbaren erhielt, waren immer beunruhigender geworden. Jene, die die Welt regierten, die Mitterands, Kohls, Gorbatschows, handelten nur nach eigenem Gutdünken, weigerten sich, die Botschaften der Astralwelt zu hören, und bald würde es den Meistern nicht mehr möglich sein, den Zorn Gottes von der Menschheit abzuwenden. Die Menschen hätten es nicht anders verdient; die Strafe wäre der Lohn für ihre Taubheit. Nur eine Handvoll demütiger Lämmer, »ihr, ich«, hatte Luc gesagt, würde am Tag des Weltuntergangs der Vernichtung entgehen, da an einigen geschützten und geheimen Orten Überlebenszentren vorbereitet würden. Erst am Abend vor dem Tag X würde Luc ihnen die Adresse nennen, da man sich davor schützen mußte, daß etwas durchsickerte: Keinesfalls durften die Profanen, die Sünder, der gerechten Strafe entgehen, indem sie die Überlebenszentren überschwemmten.

Und so war der Tag X gekommen. Die Leute hatten Hals über Kopf ihren Besitz zum Verkauf angeboten, aber natürlich hatte in den wenigen Tagen vor dem Exodus kein Käufer gefunden werden können. Darum hatten sie auch nur das Geld bei sich, das von ihren leergeräumten Konten stammte, genau genommen eine bescheidene Summe, die bei weitem nicht ausreichte, die Eremitage zu erwerben, die Luc ihnen für vier Millionen Francs überlassen wollte.

»Vier Millionen!« rief ich aus. Ich glaubte nicht, daß das Anwesen so viel wert war.

Ich war sicher, daß der Orden nicht mehr als zweieinhalb Millionen dafür bezahlt hatte, aber ich brachte es nicht übers Herz, diese Menschen zu enttäuschen. Die Armen scheinen so glücklich, so billig davongekommen zu sein …

»Wir haben Doktor Jouret gesagt, daß wir im Augenblick nur zehn Prozent der Summe aufbringen können«, erklärten sie mir. »Er war großartig!«

»Das ist unwichtig«, hatte Luc ihnen sogleich versichert, »wir sind alle Brüder und Schwestern. Zieht sofort in die Eremitage, das ist alles, was im Augenblick zählt. Den Rest bezahlt ihr, wenn eure Habe verkauft ist.«

Und sie zogen ein. Sie drängten sich in den beiden Gebäuden, und bis spät in die Nacht hinein half ich ihnen, die wenigen Möbel aufzustellen, die sie vor der Katastrophe hatten retten können. Jedes Paar bekam nur ein Zimmer, und Familien mit Kindern wurden maximal zwei Zimmer zugeteilt. Aber trotz der Enge und des desolaten Zustandes des Hauses waren alle glücklich und guter Laune. Es war, wie man sich die Evakuierung in Rettungsbooten vorstellen würde, während der Ozeandampfer langsam in den Fluten versinkt. Bequemlichkeit spielte keine Rolle, Hauptsache, man war gerettet.

Um ein wenig Platz zu schaffen, zog ich wieder in meine kleine Wohnung in La Vignères, aber jeden Abend fuhr ich hinüber zu meinen Flüchtlingen aus dem Norden. Besorgt und befremdet beobachteten sie aufmerksam den Himmel, nach den ersten Anzeichen der Apokalypse Ausschau haltend. Allen war bewußt, daß nur die Erde allein nach der Katastrophe ihr Überleben sichern würde, und so wollten sie gemeinsam mit mir den Beruf des Landwirtes erlernen. Wir machten uns zusammen an die Arbeit, und in dieser ersten schwierigen Phase entdeckte ich eines Abends, daß meine 30 Artischockenköpfe herausgerissen worden waren. Sie hatten sie für Unkraut gehalten.

Wochen vergingen, ohne daß irgendwelche Nachrichten vom Himmel gefallen oder von den Maklern im Norden eingetroffen wären, die die Flüchtlinge mit dem Verkauf ihrer Geschäfte oder Wohnungen betraut hatten. Nein, dort verkaufte sich nichts. Es dauerte nicht lange, und die kleine Gemeinde, aus deren finanziellen Reserven die 400.000 Francs an Luc abgegangen waren (die berühmten zehn Prozent), besaß keinen Centime mehr zum Leben. Zwei Freiwillige wurden ernannt, um kurz nach Lille zu reisen und sämtliche Verkaufspreise der an die Makler übergebenen Immobilien zu senken. Man versammelte sich immer öfter: Sollten sie sich bis zur Vernichtung der profanen Welt Arbeit im Vaucluse suchen? Und wenn es nur noch Tage bis zur Apokalypse waren? Dann würde man das Risiko eingehen, das Überlebenszentrum für einige hundert Francs zu verlassen, mit denen man dann doch nichts mehr anfangen könnte. Sie verlangten, mit Doktor Jouret zu sprechen, dem einzigen Menschen, der ihnen in dieser Situation raten konnte. Aber Luc hielt sich in Kanada auf, vermutlich ebenfalls in einem Überlebenszentrum. Was tun?

Als ich eines Abends von La Vignères zur Eremitage fuhr, traf ich die Flüchtlinge erschüttert und fassungslos an. Frauen weinten, und die Männer hatten sich mit Leichenbittermienen in der großen Küche versammelt.

»Was ist denn passiert? Ist jemand krank geworden?«

Einer von ihnen reichte mir ein Telegramm aus Genf. Die Eremitage sollte nicht mehr vier, sondern fünf Millionen kosten, und die Summe wäre »schnellstens« zu überweisen.

»Aber wie ist das möglich?« fragte ich. »Das können sie euch doch nicht antun ...«

Diese Menschen hatten alles aufgegeben, ihre Arbeit, ihr Zuhause, ihre Freunde; sie saßen hier fest, mittellos und nicht in der Lage, in ihr früheres Leben zurückzukehren, und man wagte es, sie zu berauben, ihnen zu drohen. Ich war angewidert, befand mich jedoch der Hierarchie des Ordens gegenüber selbst in einer zu schwachen Position, ihnen irgend etwas zu raten. Später erfuhr ich, daß Jo persönlich das Telegramm geschickt hatte. Er hatte, wieder im Vaucluse, ein neues Haus entdeckt, das er möglichst bald kaufen wollte. Das Haus sollte viereinhalb Millionen Francs kosten und sollte mir kurze Zeit später unter dem Namen »Clos de la Renaissance« vorgestellt werden.

Die Unglücklichen trafen die einzige Entscheidung, die man rückblickend als vernünftig bezeichnen kann: Sie setzten gemeinsam einen Brief an den Notar auf, in dem sie ihm mitteilten, daß sie auf den Erwerb der Eremitage verzichteten und die Anzahlung in Höhe von 400.000 Francs dem Verkäufer überließen. Hierauf fanden dramatische Versammlungen statt, im Rahmen derer die Befürworter der Rückkehr in den Norden sich zuweilen vehement jenen widersetzten, die immer noch wie gelähmt waren vor Furcht angesichts des drohenden Weltuntergangs. Die Mutigsten waren kurz davor, die Eremitage zu verlassen, als Luc Jouret urplötzlich dort auftauchte.

Der Notar hatte Luc informiert. Innerhalb weniger Minuten hatte er die Situation erfaßt. Den Aggressivsten, jenen, die entschlossen waren, in den Norden zurückzukehren, begegnete er mit Gleichgültigkeit, während er noch am selben Abend die letzten Gläubigen und Unentschlossenen versammelte. »Ich denke, wir sollten jene, die es wünschen, ziehen lassen«, sagte er, »denn sie hätten niemals zu uns gehören dürfen. Aber in euch erkenne ich einen Kern treuer Anhänger und wahrer Gläubiger, und an jene, und nur an jene, richtet sich das, was ich zu sagen habe. Ich hatte euch vor den Zweifeln und Prüfungen gewarnt, und ihr seid standhaft geblieben! Das ist gut. Ich habe moralisch nicht das Recht, euch im Stich zu lassen. Dieses Überlebenszentrum ist zu groß und teuer für euch. Ich biete euch eine Ersatzlösung an: Ein anderes, kleineres Zentrum ganz in der Nähe steht euch zur Verfügung. Der Orden ist bereit, es euch für zwei Millionen 700.000 Francs zu überlassen.«

An jenem Abend verkaufte Luc ihnen La Vignières und den Hügel des Heiligen Gral. Und so strich Jo, der das Anwesen für drei Millionen Francs an Roland Boileau verkauft hatte, noch einmal in etwa die gleiche Summe für dieselbe Immobilie ein. Aber das sollte mir erst später klar werden.

Die Flüchtlinge aus dem Norden, für die in der Eremitage schon kaum genügend Platz gewesen war, zogen in das bei weitem nicht so geräumige Anwesen La Vignères. Dort sollten sie monatelang auf die Apokalypse warten, ohne ein weiteres Wort von Luc, um dann einer nach dem anderen auf der Suche nach Arbeit und einer Bleibe das Anwesen zu verlassen. An diesem Punkt sollte ich sie völlig aus den Augen verlieren, selbst in einem Sog aus Zweifeln und Feigheit gefangen.

Aber noch befanden wir uns in jenem endlosen Winter des Jahres 1990 in der Eremitage, jenem Winter, in dem ich den Menschen aus dem Norden die Grundbegriffe der Landwirtschaft beibrachte – ich, der ich selbst Schüler der Landwirtschaftsschule von Carpentras war. Dann rief Jo mich zu einer kurzen Mission nach Genf. Ich sollte innerhalb von acht Tagen ein geeignetes Anwesen finden, das zum Verkauf stand. René Moulin würde bezahlen. In der Schweiz sollte ein Überlebenszentrum für den harten Kern des Ordens geschaffen werden.

»Du siehst also, daß es wichtig ist«, sagte Jo, »darum haben wir auch beschlossen, dich mit dieser Aufgabe zu betrauen.« Ich verließ die Schule und meine beiden Anwesen im Vaucluse und schaffte es, gemeinsam mit Marielle und Laurence Meunier einen alten Bauernhof aufzutun, der von 11 Hektar Ländereien und einem Wald umgeben war, wie Jo es verlangt hatte. »Wenn erst alles vernichtet ist, werden wir nur noch mit Holz heizen können«, hatte er mir erklärt. »Sieh also zu, daß ein Wald in der Nähe ist.« Das Anwesen befand sich in Cheiry, im Kanton Fribourg.

Jo war begeistert. Kurze Zeit später wurde ich erneut dringend nach Cheiry befohlen, um gemeinsam mit einigen anderen das unverzichtbare Sanktuarium des Überlebenszentrums zu bauen. In diesem Sanktuarium, das von den Flammen verschont bleiben sollte, würden die Retter am 5. Oktober 1994 bei Tagesanbruch über 20 Ermordete finden, in ihren rituellen Gewändern und mit Müllsäcken über dem Kopf.

Als der Winter 1990 endlich zu Ende ging, ließ mein Rücken mich zum erstenmal im Stich. Die Anlage des Hügels des Heiligen Gral, die Tausenden von Stunden, die ich damit verbracht hatte, in den Überlebenszentren Gemüsegärten anzulegen, rächten sich nun. Ich lag mehrere Wochen in Genf im Krankenhaus, bevor ich schließlich operiert wurde. Paradoxerweise war dies für mich eine glückliche Zeit, da zahlreiche Ordensmitglieder mich besuchten, allen voran Marielle. Nie zuvor hatte ich so viel Freundschaft und Wärme erfahren. Sofern ich Zweifel an Jos oder Lucs Ehrenhaftigkeit oder auch an meinem Platz innerhalb der Gemeinschaft gehabt hatte, schmolzen sie in diesen Wochen dahin. Ich verließ das Krankenhaus mit geschundenem Körper, aber regeneriertem Geist. Damals versetzte man mir den ersten Schlag, oder reichte mir den ersten Strohhalm, um dem Gefängnis zu entkommen, in dem ich mich selbst über zehn Jahre lang eingeschlossen hatte.

14

Bei der Lektüre der letzten Seiten ist es Ihnen sicher schwer gefallen, zu verstehen und nachzuvollziehen, daß es in dieser rationalen Welt, der die große Mehrheit unserer Zeitgenossen angehört, Menschen gibt, die der Normalität so radikal den Rücken kehren, um einen unwiderstehlichen spirituellen Durst zu stillen. Es ist ganz bestimmt schwer zu glauben, daß ganz gewöhnliche Menschen, aber auch Künstler, Wissenschaftler und hohe Funktionäre sich auf so unglaubliche Art und Weise hereinlegen lassen.

Es ist mir sehr schwer gefallen, so offen und ehrlich wie möglich niederzuschreiben, wie ich durch mein Streben nach Reinheit und diverse Zufallsbegegnungen dazu gekommen bin, etwas so Unglaubliches zu erleben. Was ich jetzt erzählen möchte, fällt mir noch um einiges schwerer. Viele von Ihnen werden der Ansicht sein, daß es, wenn ein Mensch erkennt, daß er einem Betrüger aufgesessen ist, genügt, daß er sich dies bewußt macht und sich von denjenigen, die ihm so viel Leid zugefügt haben, lossagt.

Aber so einfach ist das nicht.

Wenn man, so wie ich es war, in ein sehr prägendes Glaubenssystem verstrickt ist, wenn man sich daran gewöhnt hat, unter den Zwängen und der Macht einer sehr starken Persönlichkeit zu leben, erfordert die Abkehr von dieser Dominanz übermenschliche Kraft.

Man muß einen Teil seiner eigenen Persönlichkeit zerstören, einen Teil, der für einen selbst über Jahre die Grundlage des Seins gewesen ist, man muß sich unerträgliche Gewalt antun und die panische Angst vor der Rückkehr in ein normales Leben besiegen, der Rückkehr in die profane Welt, einer Rückkehr, die einem schier unmöglich erscheint.

Ich bin diesen Weg gegangen und gehe ihn noch, da man niemals unbeschadet aus einem solchen Abenteuer hervorgeht.

Ich erholte mich auf dem Hof in Genf, auf dem die alte Golden-Way-Stiftung untergebracht gewesen war, von meiner Operation, machte Krankengymnastik mit Jean-Marc Dubois und wurde von allen verwöhnt, als Bertrand mich um ein Gespräch bat. Betrand war der neue Lebensgefährte von Nathalie, aber wir kannten uns kaum. Ich wußte von ihm, daß er von Beruf Geologe war und dem Orden erst seit kurzer Zeit angehörte. Nathalie hatte mir im Vertrauen erzählt, daß er ihr sehr geholfen hatte, nach ihrer Rückkehr aus Kanada ihr psychisches Gleichgewicht wiederzufinden, und ich hatte festgestellt, daß auch die Kinder ihn mochten. Das genügte, ihn mir sympathisch zu machen.

Wir trafen uns, und er führte mich ganz hinten in den Park. Dort eröffnete er mir, daß einige Mitglieder des Ordens »alles durchschaut« hätten.

»Was denn durchschaut, Bertrand?« fragte ich.

»Die Erscheinungen sind Betrug.«

Ich war empört.

»Was du da sagst, ist unerhört. Wie kannst du es wagen?«

»Jos eigener Sohn, Elias, hat alles aufgedeckt. Er ist über einen Koffer gestolpert, in dem die Masken,

Schwerter und Gewänder der angeblichen Meister aufbewahrt werden.«

Da fiel mir das Schwert wieder ein, das ich beim Auszug aus dem Templeranwesen in Jos Schrank gesehen hatte. Das Schwert, an dessen Spitze ein Blitzlicht befestigt gewesen war.

»Wer sagt denn, daß es sich nicht um Karnevalskostüme handelt?«

»Jacques hat alles gestanden, Thierry. Er war von Anfang an für die Technik des Sanktuariums zuständig, die automatische Öffnung der Türen, die Blitze … Jo hat unter seinem schwarzen Umhang eine Fernbedienung, mit deren Hilfe er per Knopfdruck Blitze auslösen kann. Und auch die Erscheinung des Heiligen Grals auf dem Hügel hat Jacques bewerkstelligt. Du hast uns doch selbst erzählt, daß er sich wochenlang im Keller eingeschlossen hat. Das ist es, womit er damals beschäftigt war.«

»Bertrand, ist dir eigentlich bewußt, was du mir da erzählst? Daß die Meister …«

»Ich bin mir dessen sehr wohl bewußt, Thierry, und ich habe Jo bereits meine Meinung dazu gesagt.«

»Was! Du hast Jo gesagt, daß der Heilige Gral …«

»Daß der Heilige Gral ein Hologramm gewesen ist, ja, und daß Jocelyne unter der Maske des Manatanus verborgen war, auf einem Schemel stehend! Sie haben euch von Anfang an betrogen.«

»Das kann doch nicht dein Ernst sein, Bertrand!«

»Doch. Nathalie und ich haben lange darüber gesprochen, und ich bin zu Jo gegangen. Wir wollen nicht länger bei dieser Komödie mitspielen. Wir gehen so bald wie möglich mit Frédéric und Pascal fort.«

»Aber was hat denn Jo zu den Vorwürfen gesagt?«

»Das wäre dummes Geschwätz. Daß die Meister ihn gewarnt hätten, daß er immer gewußt hätte, daß einige ›Ritter‹ ihn verlassen würden, daß er uns nicht zurückhalte, daß wir noch heute gehen könnten, wenn wir es wünschten.«

Bertrand ging, und ich humpelte zurück auf mein Zimmer. In meinem Inneren herrschte ein totales psychisches Chaos.

Ich wußte, daß er die Wahrheit gesagt hatte. All meine Zweifel brachen geballt hervor. Ich hatte immer ein diffuses Unbehagen empfunden, es jedoch mit aller Macht unterdrückt. Ich wußte, daß er recht hatte, aber wie sollte ich es zugeben? Wie sollte ich das Unglaubliche eingestehen, nachdem ich diesem Mann und den Meistern alles gegeben und für sie alles aufgegeben hatte: Nathalie, mein Labor, meinen Beruf als Zahntechniker, meine Eltern, meine Freunde ... Wie ging man mit einer solchen Erkenntnis um? Mit der Erkenntnis, das man vor den Trümmern seines Lebens stand – ich war damals 40. Konnte man sich von einem solchen Schlag überhaupt erholen?

Unüberwindbare Angst legte sich um mein Herz wie ein eiserner Ring. Mehrmals an diesem Abend ging ich hinauf, um an Betrands und Nathalies Tür zu klopfen, an die Tür der Verräter, die immer noch mit uns unter einem Dach lebten und alles unwiderruflich zerstört hatten. Ich mußte es von ihnen beiden hören, wieder und wieder.

»Und ihr seid ganz sicher, daß es stimmt, was ihr behauptet, ja?«

»Glaubst du, wir hätten dich eingeweiht, wenn wir auch nur den geringsten Zweifel gehabt hätten?«

»Jacques könnte euch angelogen haben.«

»Nein, Thierry. Wir verstehen ja, daß es schrecklich schwer sein muß, es zu akzeptieren, aber es stimmt. Und jetzt geh schlafen, wir reden morgen weiter, wenn du willst.«

Claude Galard hatte beobachtet, wie wir uns im Park unterhielten. Unsere Blicke waren sich begegnet. Auch andere mußten uns gesehen, vielleicht sogar bespitzelt haben. Denn – was ich aufgrund meiner Operation und meines Krankenhausaufenthaltes nicht wissen konnte – alle wußten seit Tagen über Bertrand und Nathalie Bescheid. Bevor er nach Kanada geflogen war, hatte Jo alle Mitglieder der Gemeinschaft von ihrem Verrat in Kenntnis gesetzt. Er hatte sogar einen weit vordatierten Brief mit Zürcher Poststempel geschwenkt und behauptet, die Meister hätten ihm Antheas Verrat angekündigt.

Am Abend wurde Jo von meinem Gespräch mit Bertrand unterrichtet. Am nächsten Morgen wurde ich zur Frühstückszeit geholt und zur Eile gedrängt: Er wäre am Apparat, aus Toronto.

»Ah, Thierry! Sag, wie geht es dir? Erholst du dich gut von deiner Operation?«

»Ja, ja, Jo, es geht schon.«

»Du klingt aber komisch ...«

»Nein, ich versichere dir, es geht mir gut. Der Anfang ist halt ein wenig schmerzhaft, aber darauf hatten die Ärzte mich schon vorbereitet.«

»Thierry, ich spüre, daß dich etwas bedrückt. Hör zu, ich rufe dich heute abend an, dann haben wir mehr Zeit, uns zu unterhalten.«

Ich verbrachte den Tag allein, auf den Knien. Am Abend rief Jo an, wie versprochen.

»Thierry, ich hätte dich gern hier bei mir, in Kanada. Wir erleben hier Unglaubliches, du hast ja keine Ahnung ...«

»Aber Jo, das ist unmöglich! Ich bin gerade erst aus dem Krankenhaus entlassen worden. Die Fäden sind noch nicht gezogen, und der Chirurg besteht darauf, daß ich im Bett bleibe.«

»Das regeln wir schon, Thierry, und wenn du im Liegen fliegst. Ruf deinen Arzt an und melde dich dann bei mir.«

Ich erklärte dem Chirurgen, daß man mich in einem wunderschönen Haus mitten im Wald aufnehmen wolle. Ich übertrieb, und noch während ich sprach, erkannte ich, daß ich mich unbewußt bereits entschieden hatte: Ich wollte zu Jo nach Kanada. Ich wollte, daß er meine Zweifel ausräumte, ich wünschte mir nichts sehnlicher als ihm zu glauben. Tatsächlich war ich noch nicht soweit, mich zu lösen; hierfür fehlte mir ebenso die körperliche wie die moralische Kraft.

»Also gut, fliegen Sie«, gab mein Arzt schließlich nach. »Legen Sie sich im Flugzeug auf den Boden, wenn es sein muß, aber bleiben sie nicht länger als 20 Minuten am Stück sitzen.«

Jo war hocherfreut.

»Großartig, Thierry! Du wirst sehen, es wird alles gut gehen. Die Meister sind mit dir. Kutumi, mein Beschützer, hat mir gesagt, daß du keine Schwierigkeiten haben würdest.«

Ich wußte nicht, wie ich Bertrand und Nathalie beibringen sollte, daß ich zu Jo nach Kanada fliegen würde. Nach allem, was sie mir eröffnet hatten, nach allem, worüber wir gesprochen hatten, wie sollte ich ihnen da erklären, daß ich am nächsten Tag zu diesem Mann, diesem »Betrüger«, wie Bertrand ihn nannte, fliegen würde? Ich brachte nicht den Mut auf, ihnen meine Schwäche, meine augenblickliche übermächtige Schwäche zu gestehen, und so verkaufte ich ihnen meinen Akt der Feigheit als einen Akt des Mutes.

»Ich werde Jo sagen, was ich von ihm halte«, sagte ich. »Wenn ich es nicht täte, könnte ich nie einen neuen Anfang machen.«

»Tu es nicht«, flehten sie mich beide an, »du bist noch nicht kräftig genug, es mit ihm aufzunehmen. Komm mit uns, wir helfen dir, und du stellst Jo später zur Rede, wenn du wiederhergestellt bist.«

Sie ließen nicht locker. Eine geschlagene Stunde setzten sie alles daran, mich von dieser Reise abzubringen. Ob sie etwas ahnten? Ich war überwältigt von ihrer Großzügigkeit. Sie boten mir an, das wenige, was sie besaßen, mit mir zu teilen, nur damit ich von meinem Vorhaben absah. Dann stimmten auch Frédéric und Pascal in ihr Bitten ein. »Komm schon, Papa, komm mit uns, wir gehen alle zusammen fort.« Die Offensive war derart heftig, daß ich mich weiter in meine Vorstellung hineinsteigern mußte, um nicht nachzugeben. Ich hörte mich mit zorniger Stimme laut wiederholen, was ich Jo an den Kopf werfen wollte. Und nach und nach überzeugte ich mich sogar selbst von meiner Lüge. »Dieses Schwein!« sagte ich. »Dieser Mistkerl!«

Ich flog nach Montreal. Ich wurde erwartet und zu einer Villa gefahren, die mir unbekannt war, einer Villa mit Namen »La Fleur«. Ein großes Zimmer war extra für mich hergerichtet worden. Ich legte mich hin und war bereits halb eingeschlafen, als Jo leise an mein Bett trat.

»Ah, Thierry! Wie sehr ich mich freue, daß du hier bist. Die Meister sprechen nur noch von dir. Wenn du wüßtest … Nun, wir werden später darüber reden. Ruh dich erst einmal aus.«

Am folgenden Abend lag ich immer noch im Bett, als jemand an die Tür klopfte.

»Thierry, schnell! Schnell! Jo möchte dich im Sanktuarium sehen.«

Man half mir, mein Gewand mit den Insignien des Ordens überzuziehen und in den Keller zu gehen, in dem das Sanktuarium eingerichtet worden war. Und dort, in dem Raum, der in Erinnerung an die Golden-Way-Foundation immer noch als der »grüne Salon« bezeichnet wurde, traf ich die versammelte Gemeinschaft vor den verschlossenen Türen des Sanktuariums an.

»Ich möchte, daß Thierry vor die Türen tritt«, sagte Jo feierlich. »Die Meister haben mir mitgeteilt, daß wir die Wesenheit des heiligen Bernhard brauchen, um das Sanktuarium zu betreten …«

Ich hatte mich kaum hingekniet, als die Türen sich öffneten. Und sofort erschien uns der Heilige Gral, schwebte vor uns in der Dunkelheit. Jo ließ sich ebenfalls auf die Knie sinken.

»Heiliger Bernhard!« rief er.

Eine Art synkopierter Schrei erhob sich von den hinter uns knienden Ordensmitgliedern. Nie zuvor hatten wir gemeinsam einen so emotionsgeladenen Augenblick erlebt. All meine Zweifel waren wie weggewischt. Ich war wieder zu Hause, innerhalb des Wahrheitszirkels, dessen ich so sehr bedurfte.

Als der Heilige Gral sich in der Dunkelheit auflöste, wandte Jo sich mir feierlich zu: »Heiliger Bernhard«, sagte er, »die Meister haben dich zum Ritter geschlagen.«

Dann an die anderen gewandt: »Habt ihr das gesehen? Wir haben eine halbe Stunde lang darauf gewartet, daß die Türen sich öffnen. Dann kommt Thierry, und sie öffnen sich nicht nur, sondern darüber hinaus erscheint uns der Heilige Gral!«

Fortan wurde ich nur noch mit heiliger Bernhard angesprochen, so wie Luc, was mich eigentlich hätte schockieren müssen, da es bislang noch niemals vorgekommen war, daß eine Wesenheit sich in zwei verschiedenen Hüllen inkarnierte. Aber alledem zum Trotz fühlte ich mich wie neugeboren. Wie hatte ich je zweifeln können? War die biblische Geschichte nicht mit Versuchungen gespickt? Und ich hätte beinahe der ersten nachgegeben. Aber wieder hatte Jo mich gerettet und auf den rechten Weg zurückgeführt.

Er bat mich zu schreiben.

»Schreib alles auf, was dir durch den Kopf geht«, sagte er.

Und ich schrieb. Ich tat nichts anderes in diesem großen stillen Haus, fern der Menschenmenge von Genf, fern der Verzweiflung der Gemeinschaft aus dem Norden Frankreichs, die im Süden sich selbst überlassen war. Ich schrieb und illustrierte meine Texte mit Dutzenden von inspirierten Zeichnungen von Ägypten, den Pyramiden und Motiven aus dem Alten und dem Neuen Testament.

So verstrichen zwei Monate in einer Art geistigem Koma. Gewissermaßen meine Rekonvaleszenz, fernab von jeder Realität. Eines Morgens kam Jo unangekündigt herein und entdeckte meine Arbeit.

»Das ist unglaublich!« rief er aus, »das ist eine Botschaft für alle Wesen dieses Planeten. Das muß ich unbedingt verfilmen lassen; ich will eine Videoaufzeichnung auf alle meine Reisen mitnehmen.«

Einen Monat lang arbeitete ich mit einem Profi an der Herstellung dieses Filmes. Jo versicherte mir, daß die Aufzeichnung in den kommenden Jahrzehnten die Bibel ersetzen würde, und ich glaubte ihm. Auf allen Stockwerken vom Sanktuarium bis zum Dachboden wurde ich verehrt, wie man Christus verehrt hätte. Nie zuvor war ich mir selbst so wertvoll erschienen.

Eines Abends wurde ich aus Genf angerufen. Ein Freund von Bertrand und Nathalie teilte mir mit, daß man in einer humanitären Einrichtung eine Stelle für mich gefunden habe.

»Wann kommen Sie zurück?« fragte er mich. »Ihr zukünftiger Arbeitgeber muß das Datum wissen, an dem Sie die Stelle antreten.«

»Ich komme noch nicht zurück«, entgegnete ich. »Richten Sie Bertrand und Nathalie aus, daß sie aufhören sollen, sich um mich zu sorgen.«

15

Ich tauchte wieder ein. Mit demselben Elan und demselben blinden Vertrauen.

Ich kehrte zurück zur Eremitage, deren langgestreckte Gebäude verlassen und deren Äcker von der Sommersonne verbrannt waren. Ich nahm die Renovierungsarbeiten wieder auf und schuftete im Winter unter dem blassen Himmel des Vaucluse. 19 Stunden am Tag, trotz meines kaputten Rückens.

Das Anwesen sah bereits wieder annehmbar aus, als Jo mich eines Abends anrief. Nach monatelangen Verhandlungen wäre der Kauf eines sehr hochrangigen Hauses endlich abgeschlossen, erklärte er mir. Es handle sich um ein Haus, dessen Kauf die Meister verlangt hätten, so daß es unbedingt geheim bleiben müsse. Kein anderer Besitz des Ordens wäre je so wichtig gewesen, sagte er eindringlich. Es müßten beträchtliche Renovierungsarbeiten ausgeführt werden. Vor allem forderten die Meister ein ganz besonderes, unterirdisches Sanktuarium.

»Ich möchte die Umbauten dir anvertrauen, Thierry.«

»Aber was ist mir der Eremitage, Jo? Wer übernimmt die weiteren Renovierungsarbeiten an der Eremitage?«

»Keine Sorge, ich kümmere mich darum.«

Aubignan lag zehn Kilometer nördlich von Carpentras und nur fünf Fahrtminuten von der Eremitage entfernt.

Ich fuhr gleich am nächsten Morgen hin und achtete während der ganzen Fahrt darauf, daß mir kein verdächtiges Fahrzeug folgte. Jo hatte mir angst gemacht, indem er mir eingeschärft hatte, niemandem die Adresse dieses Hauses zu verraten. Der Clos de la Renaissance befand sich am Ortsausgang von Aubignan, inmitten einer banalen Grundstücksparzelle. Der Clos selbst hatte jedoch nichts Banales an sich: Wenn auch erst kürzlich errichtet, besaß das Gebäude die Strenge und Feierlichkeit eines Klosters. Ich verstand die Wahl des Meisters auf Anhieb. Das Haus strahlte trotz des Schwimmbeckens, trotz der Gewöhnlichkeit des Schwimmbeckens, eine Atmosphäre der Andacht aus.

Einige Tage später trafen Pierre und Monique Pichon in der Eremitage ein, ein Ehepaar aus Quebec, das sich vor kurzem zur Ruhe gesetzt hatte. Heute, nachdem ich jene schwierigen, manchmal dramatischen Monate an ihrer Seite verbracht habe, meine letzten Monate als Ordensmitglied, kann ich sagen, daß Pierre und Monique meine engsten und liebsten Freunde wurden. Er war ein genialer Bastler, vor allem in Elektrik bewandert, während sie emsig war wie eine Ameise, ständig in Bewegung und immer im Dienste anderer.

Schon bald erreichten uns immer detailliertere Faxe aus Kanada. Jo hatte ehrgeizige, übertrieben ehrgeizige Pläne mit dem Clos. Ein gewaltiges Sanktuarium sollte unter das Haus gegraben werden. Den Handwerkern würde das Ganze als Konzerthalle und Tonstudio verkauft werden. Das Sanktuarium sollte über einen Geheimgang von der bereits existierenden Tiefgarage aus zu betreten sein, sowie außerdem über eine hydraulisch zu öffnende, ebenfalls geheime Luke in der Waschküche des Hauses. Auch sollte das Haus dahingehend umgestaltet werden, daß jeder der vorgesehenen Bewohner des Clos – Jo, Jocelyne, Élisabeth Auneau und Nanou, also nur vier Personen auf 400 Quadratmetern – über sein eigenes Zimmer mit Bad verfügte. Das Außenschwimmbad sollte verlängert und ein zweites Becken gebaut werden, das ausschließlich Nanou vorbehalten sein würde. Schließlich sollten 30 Jahre alte Bäume im Park angepflanzt sowie eine automatische unterirdische Sprenganlage für den Rasen installiert werden.

Als die Bauarbeiten im Februar begannen, bot sich uns ein zwar begrenztes, aber sehr reales Bild der Apokalypse. Bald schon schwebte das Haus wie durch ein Wunder über einem klaffenden Loch. Der Garten glich einem Schlachtfeld, durchlöchert, umgepflügt, aufgerissen. Sämtliche Handwerker waren gleichzeitig am Werk, da die meisten Arbeiten bis zum 24. Juni, dem Tag des heiligen Johannes des Täufers, abgeschlossen sein sollten. Pierre und ich verbrachten ganze Tage in diesem Schlammloch, mit Helm und Stiefeln ausgerüstet, mal über das dicke Bündel Faxe von Jo und Roland Boileau gebeugt, mal damit beschäftigt, den Handwerkern, die ihren Ohren nicht trauten, Befehle und Gegenbefehle zuzubrüllen. Keiner der arabischen Prinzen, derer es in der Gegend einige gab, hatte je von ihnen Arbeiten so pharaonischer Ausmaße verlangt.

Mitte des Sommers, als die »Konzerthalle«, diese schlammige, 100 Quadratmeter große, feuchte und dunkle Grube endlich betoniert wurde, erschien Stéphane Junod auf der Baustelle. Der Vater des Antichristen stand offenbar wieder in der Gunst des Meisters, da er uns Pläne für die Innenausstattung des neuen Sanktuariums brachte.

»Hier«, sagte er, »die Meister haben mir die für das Zeitalter des Wassermannes erforderlichen Baupläne geschickt.«

Hierauf zeigte er uns eine extrem schwer realisierbare dreieckige Struktur. Da diese Arbeiten unmöglich gewöhnlichen Sterblichen anvertraut werden konnten, mußten Pierre und ich uns den Rest des Sommers im Bunker einsperren, um diese neuartige Kapelle zu bauen. Die Wände mußten mit einer durchgehenden Bahn Leinenstoff bespannt werden, die wir extra bei einem Fabrikanten in Lyon in Auftrag gaben.

Der 24. Juni brach an, und die Bauarbeiten waren bei weitem noch nicht abgeschlossen. Den ganzen Frühling über hatte Jo die Handwerker mit Telegrammen bombardiert, in denen er drohte, sie nicht zu bezahlen, wenn sie nicht schneller arbeiteten. Anfang September war der Clos de la Renaissance endlich fertig.

Die Genfer Elite wurde sofort zu unserer ersten Sanktuariumszeremonie herbeigerufen. Es kamen Évelyne Chartier und Laurence Meunier, Luc Jouret und Pierre Vatel, André und Michèle, Marielle Chiron, meine »Ehefrau«, François und Claude und natürlich Jocelyne und Élisabeth Auneau. Über eine Stunde widmeten sich Junod und Jo neuen Beschwörungsriten. Sie sprachen mit eigenartiger Stimme zu den Meistern, schlugen mit ihren Schwertern auf den Boden, ließen uns singen und einen Lichtstrahl anstarren, den sie im hinteren Winkel des Raumes hatten installieren lassen. Es dauerte nicht lange, und wir bekamen Halluzinationen, aber in Wirklichkeit geschah überhaupt nichts. Kein leuchtender Stern schwebte zu uns herab, keiner dieser riesigen Meister mit bleichem Gesicht erschien uns.

»O dieses Sanktuarium, ich kann es spüren«, sagte jedoch Jo im Hinausgehen. »Diese Schwingung ... Thierry, Pierre, habt ihr die Meister gehört?«

»Das war phantastisch, Jo. Diese Atmosphäre ... diese Andacht ...«

»Ja, nicht wahr? Ich habe ihre Anwesenheit deutlich gespürt. Und du, Évelyne?«

»Was für ein Augenblick, Jo!«

Alle äußerten sich begeistert, aber wie viele glaubten tatsächlich an den faulen Zauber? Zum erstenmal seit meiner Rückkehr aus Kanada regten meine Zweifel sich wieder. Wie hätte ich die Verbindung zwischen dem Schweigen der Meister und dem Fehlen jeglicher von Jacques gebastelter Apparaturen im Sanktuarium ignorieren können? Und was, wenn Bertrand und Nathalie die Wahrheit gesagt hatten? Wieder befiel mich tiefe Beklemmung. Diese dumpfe, qualvolle Beklemmung, die an mir nagte und die ich dadurch erstickte, daß ich mich bis zur völligen Erschöpfung verausgabte.

Anfang 1992 rief Jo Pierre, Monique und mich zusammen.

»Junod hat alles zunichte gemacht«, teilte er uns rundheraus mit. »Dieses Sanktuarium im Clos de la Renaissance empfängt keinerlei Schwingung mehr. Wir müssen es abreißen und noch einmal ganz von vorn anfangen.«

Tatsächlich waren wir seit der Einweihung des Bunkers auf dem Clos zu keiner weiteren Zeremonie mehr geladen worden. Schweigend warteten wir auf das, was noch kommen würde. Jo nahm neue Pläne, die ihm, wie er sagte, vor zwei Tagen in Zürich ausgehändigt worden seien, aus seiner Aktentasche. Es handelte sich um einen achteckigen, vollständig mit Spiegeln verkleideten Raum.

»Das ist das letzte Sanktuarium«, erklärte Jo feierlich. »Ich wurde davon unterrichtet, muß euch aber bitten, es für euch zu behalten: Von dort aus werden wir eines Tages alle via Jupiter unsere Reise zum Sirius antreten …«

Und wir glaubten ihm. Trotz allem, was wir wußten, schenkten wir diesem Mann Glauben. Mit unseren eigenen Händen zerstörten wir das dreieckige Sanktuarium, das zu errichten wir einen ganzen Sommer gebraucht hatten. Wir bestellten die zahlreichen Spiegel, von denen jeder einzelne an die 100 Kilo wog, und die wir später eigenhändig aus unserem Lieferwagen laden mußten – Pierre, der die 60 bereits überschritten hatte, und ich mit meinem völlig vernarbten Rücken – aber natürlich durfte kein Normalsterblicher auch nur ahnen, was hier vorging.

Dann arbeiteten wir monatelang im Untergeschoß an der Einrichtung dieses Spiegelsaales, dessen Fußboden und Decke ebenfalls mit Spiegeln verkleidet werden sollten. Wir mußten das ganze Glas auf Sperrholz kleben, die Platten auf den Millimeter genau zuschneiden, ein Schiebetürensystem entwerfen, die elektrischen Leitungen vollständig hinter der Verkleidung verschwinden lassen und ein Lüftungssystem installieren, da die Spiegel beschlugen, wenn wir uns nur fünf Minuten in diesem Raum aufhielten.

Und in dieser Atmosphäre eifrigen Schaffens und der mystischen Stimmung, die zweifellos von unserer Einsamkeit in diesem Grab verstärkt wurde, ereignete sich die beunruhigendste Autosuggestionsepisode in den 15 Jahren meiner Ordensangehörigkeit.

Eines Nachts gegen drei Uhr kehrten Pierre Pichon und ich von unserer Baustelle heim. Monique erwartete uns in der Eremitage. Wir hatten uns angewöhnt, vor dem Schlafengehen gemeinsam vor einer hölzernen Madonnenskulptur zu beten, die wir in der Nische einer der dicken Mauern aufgestellt hatten. Das war gewissermaßen unser privates Sanktuarium. Wir knieten nieder, und plötzlich begann die Glühbirne in der Nische zu flackern.

»Meister«, sagte ich sogleich, wie wir es gewöhnlich taten. »Seid Ihr da?«

Die Glühbirne flammte auf, als wolle sie meine Frage bejahen.

»Meister, habt Ihr uns eine Botschaft mitzuteilen?«

»Ja«, signalisierte die Glühbirne erneut.

Das war der Beginn eines Dialoges, eines Dialoges von der Art, wie wir sie zu Dutzenden zwischen Jo und den Blitzen in sämtlichen Sanktuarien miterlebt hatten.

»Meister, wollt Ihr, daß wir, meine Freunde und ich, eine Pilgerfahrt unternehmen?«

»Ja.«

»Aber wohin, Meister? Nach Ägypten? Nach Israel?«

»Nein.«

Dann hörte ich mich in einer plötzlichen Inspiration sagen:

»Nach Montségur, Meister?«

»Ja«, signalisierte die Glühbirne.

»Habe ich Euch richtig verstanden, Meister: Ihr wollt, daß wir nach Montségur pilgern?«

»Ja«, signalisierte die Glühbirne erneut, woraufhin sie endgültig verlosch, als hätte der Heilige Geist sie wahrhaftig verlassen.

Warum hatte ich den Namen Montségur genannt? Er war mir spontan über die Lippen gekommen. Und die Zitadelle von Montségur, die mir zur damaligen Zeit noch nicht bekannt war, war die heilige Stätte der Märtyrer der Katharer.

»Wir müssen sofort Jo informieren«, sagte ich zu Pierre und Monique.

Jo war gerade auf dem Weg nach Genf, aber sein Wagen, ein Citroën XM, war mit einem Telefon ausgestattet. Es war halb vier; Jo meldete sich sofort.

»Meine Güte, Thierry, das ist ja phantastisch«, sagte er, nachdem er mich angehört hatte. »Ihr müßt gleich morgen früh aufbrechen, sofort bei Tagesanbruch.«

»Aber das Sanktuarium, Jo?«

»Das kann warten. Es handelt sich um einen Befehl der Meister, Thierry, da gibt es nichts zu diskutieren.«

Wir waren zu aufgewühlt, um uns schlafen zu legen. Wir setzten uns bei heißem Kaffee zusammen, und da kam mir diese zweite Inspiration:

»Meine Freunde«, sagte ich, »wenn wir in Montségur sind, müssen wir den Morgentau dieses heiligen Ortes sammeln. Ich kann euch nicht mehr sagen, aber ich höre, wie eine Stimme es mir zuflüstert.«

»Gut, Thierry«, sagte Pierre leise, »aber wie wollen wir das machen?«

Mir fiel der speziell angefertigte Leinenstoff ein, mit dem Junods dreieckiges Sanktuarium bespannt gewesen war, und den wir sorgfältig zusammengefaltet in einen Schrank geräumt hatten.

»Dieses Tuch ist von astralen Schwingungen durchdrungen«, entgegnete ich. »Laden wir es gleich in den Wagen.«

Beim ersten Tageslicht fuhren wir los. Die Zitadelle befindet sich im Ariège, in der Nähe von Foix. Wir trafen im Laufe des Nachmittags dort ein und stellten fest – aber wer wird mir das glauben? – daß gerade Zeremonien in Gedenken an das Leiden der letzten Katharer abgehalten wurden. Tatsächlich hatten es am 14. März 1244 200 Katharer vorgezogen, lieber den Feuertod zu sterben, als ihrem Glauben abzuschwören und sich den Kreuzrittern zu ergeben, die Montségur belagerten. Ja, heute hatten wir den 15. März 1992, was uns erst jetzt bewußt wurde. Wir waren überwältigt. Es gab also keinen Zweifel mehr: Der Heilige Geist hatte über die Glühbirne zu uns gesprochen, denn wie sollte man an einen solchen Zufall glauben können? Die Meister hatten uns nach Montségur geführt, und nur sie allein kannten den Grund für diese Pilgerfahrt.

Am Abend breiteten wir das riesige Leinenlaken am Fuß des felsigen Hügels aus, und am folgenden Morgen konnten wir aus dem Stoff zwei Liter Tau wringen und in einem Glasbehälter auffangen.

Wieder riefen wir Jo an: »Kommt sofort zurück«, sagte er. »Ich erwarte euch im Clos de la Renaissance. Ich weiß, was mit diesem Tau geschehen muß.«

Im Clos herrschte bei unserer Ankunft große Aufregung. Jo, Jocelyne und seine neueste Gefährtin, Florence Redureau, empfingen uns wie Helden. Sie forderten uns auf, uns hinzusetzen, und wir mußten ihnen zehnmal von meinem Dialog mit den Meistern, unserer Ankunft in Montségur und dem Tausammeln an diesem Morgen erzählen. Jo erinnerte sich an seine Begegnung mit Yves Lefèvre, einem Pariser Meister des Okkultismus. Yves hatte, sich auf eine Lehre aus dem Mittelalter stützend, viel über die Eigenschaften destillierten Morgentaus geschrieben. Er behauptete, es wäre ein Lebenselixier, ein Elixier, das langes Leben schenke. Wir verstanden: Jo erwartete von uns, daß wir den Tau aus Montségur destillierten. Und zwar nicht irgendwie, sondern nach alter Tradition, in einem Destillierkolben, unter dem eine einfache Kerze brannte.

»Ihr dürft euch die Zeit, die es dauert, nicht von der Stelle rühren, denn die Destillation darf nicht unterbrochen werden«, erklärte er uns. »Von dem Augenblick an, da ihr angefangen habt, müßt ihr es bis zum Ende durchziehen.«

Wir zogen uns in die Garage des Clos zurück, diese berühmte Garage, von der aus ein Geheimgang, der mit einer Stahltür verschlossen war, zum Sanktuarium führte. Wir richteten uns mit Feldbetten, Decken Lebensmitteln und einem großen Kerzenvorrat dort ein. Bei einem Tropfen alle 30 Sekunden würde die Destillierung elf Tage dauern, und während dieser elf Tage lebten wir in völliger Isolation in der feuchten Dunkelheit der Garage, während Jo und die Seinen oben an der frischen Luft die ersten Sonnenstrahlen des Frühlings genossen.

Trauriger Frühling 1992, der zu Ende gehen sollte, ohne daß wir ihn auch nur einen einzigen Tag genossen hätten. Denn kaum war die Destillierung abgeschlossen, mußten wir die Arbeit in unserem unterirdischen Sanktuarium der 100 Spiegel wiederaufnehmen. Jo sah die Einweihung erneut für den 24. Juni vor, dem Johannistag. Wir hatten versprochen, bis zu diesem Datum fertig zu werden, und dieses Versprechen sollten wir auch halten.

Zur Einweihungszeremonie an diesem 24. Juni wurde die Elite des Ordens aus der ganzen Welt eingeladen. Menschen reisten aus Martinique, Australien, Kanada und Genf an. Treffpunkt war die Eremitage, da niemand vom Clos de la Renaissance wissen durfte. Mir wurde aufgetragen, den Gästen die Augen zu verbinden und sie dann jeweils zu dritt mit dem Wagen zum Clos zu fahren. Dort schloß ich sie dann in der Garage ein, von wo aus sie später zum Sanktuarium geführt werden sollten.

Es war eine erstaunliche Zeremonie, im Laufe derer die Beteiligten immer wieder mit Schwindelanfällen zu kämpfen hatten. Blickten wir zur Seite, hatten wir das Gefühl, in die Unendlichkeit geschleudert zu werden; senkten wir den Blick, stürzten wir in einen Brunnenschacht, und das Gefühl zu fallen, war so stark, daß es einer gewissen Kaltblütigkeit bedurfte, sich nicht an den Arm seines Nebenmannes zu klammern. Aber abgesehen von diesen Spiegeleffekten geschah auch diesmal nichts. Ebensowenig wie in dem dreieckigen Sanktuarium Junods.

Waren die Gäste enttäuscht? Ganz bestimmt. Jo mußte jedenfalls bis ins tiefste Innere seiner Seele beunruhigt sein, da er wenig später ankündigte, daß das Sanktuarium zehn Tage lang verschlossen bleiben würde.

»Aber warum denn, Jo?«

»Ich habe Nachricht erhalten, daß sich dort Großes ereignen wird. Ich reise mit Jocelyne und Élisabeth zurück nach Genf. Pierre und Thierry, ich vertraue euch die Bewachung des Clos an; es ist von allergrößter Wichtigkeit, daß sich ihm niemand nähert.«

Also kamen wir zweimal täglich herüber, um uns zu versichern, daß auf dem Clos alles ruhig war. Und plötzlich, eines Morgens, Überraschung: Das Tor stand offen, und auf der Rampe der Tiefgarage sahen wir den roten Wagen von Élisabeth Auneau stehen. Sofort riefen wir Jo an. Er schien schrecklich verlegen.

»Das sind Élisabeth und Jocelyne«, sagte er. »Sie sind zu einem Geschäftstermin runtergefahren. Ich hatte ihnen doch gesagt, sie sollten in einem Hotel übernachten. Diese dummen Gänse, sie könnten alles zunichte machen …«

Am nächsten Morgen waren sie immer noch da. Mit Jägerlist schlichen wir uns in die Tiefgarage und stellten fest, daß die Stahltür zum Sanktuarium von innen verriegelt war. Élisabeth und Jocelyne hatten sich in der heiligen Stätte eingeschlossen, entgegen der strikten Anweisungen, die Jo 20mal wiederholt hatte. Was wollten sie dort drin?

Sobald die zehn Tage verstrichen waren, kehrte Jo in Begleitung der Ordenselite aus Genf zurück. Noch am selben Abend wurden wir zu seiner Zeremonie geladen. Und dort erschien uns zum erstenmal, seit Jacques uns verlassen hatte, der Heilige Gral. Im ersten Moment waren wir natürlich überwältigt. Erst später stellte ich den Zusammenhang zwischen Élisabeths und Jocelynes Aufenthalt im Sanktuarium und dem Wiederbeginn der Erscheinungen her.

Bis Ende Herbst setzten sich die Erscheinungen fort. Für die Ordensmitglieder aus Genf waren es Monate regen Kommens und Gehens, da Jo sie ständig zu Sanktuariumsriten zum Clos de la Renaissance anreisen ließ. In einer Novembernacht waren all jene, die den alten Kern der Stiftung bildeten, dort anwesend: Jo und Jocelyne natürlich, Élisabeth Auneau und Florence Redureau, Luc Jouret, Roland Boileau, Évelyne Chartier und Laurence Meunier, Marielle Chiron, Hervé Poirier und Janine Salvin, François und Claude … alle. Und jetzt, wo ich sie aufzähle, wird mir wieder bewußt, daß jeder einzelne von ihnen heute tot ist. Alle außer mir. In jener Nacht ließ Jo wieder einmal den

Heiligen Gral vor uns erscheinen, und anschließend umringten wir ihn, um unsere Eindrücke auszutauschen. Wir hörten Roland zu, und ich blickte abwesend auf meine Hose, als mir plötzlich auffiel, daß ich mit Goldstaub bedeckt war. Diskret warf ich einen Blick auf Chantal, die neben mir stand: Auch an ihr haftete Goldstaub. Aber wir beide waren die einzigen, die auf diese Weise ausgezeichnet worden waren. Chantal errötete; wir konnten es nicht fassen.

»Thierry, was guckst du denn so?« fragte Jo unvermittelt.

»Meine Hose, Jo! Ich meine, das ist unglaublich ...«

»Sag mal ... tatsächlich!« rief Jo aus. »Habt ihr Thierrys Hose gesehen? Und seht euch Chantal an, bei ihr ist es dasselbe.«

Die Blicke aller Anwesenden richteten sich auf uns. Es verschlug ihnen die Sprache.

»Sucht nicht nach einer Erklärung«, sagte Jo ruhig. »Die Meister haben euch mit ihrer göttlichen Substanz bestäubt.«

Einige Tage später waren die Gewänder der gesamten Gemeinschaft mit Goldstaub behaftet. Ich höre noch die Ausrufe Roland Boileaus. Dieser Mann, der die höchste Position in einem Unternehmen bekleidete, dieser geniale Finanzier, rief ohne falsche Scham: »Gold! Gold! Das ist doch nicht möglich!« Es war überall, und in diesem Augenblick hatte niemand eine andere Erklärung dafür, als daß es ein übernatürliches Phänomen sein mußte.

In allen Komtureien des Ordens in Frankreich wie auch im Ausland betrachtete man unser Spiegelsanktuarium fortan als eine außergewöhnliche Stätte, an der sich Dinge ereigneten, die bislang noch nirgendwo beobachtet worden waren. Jo hatte sein Ziel erreicht: Er hatte aus dem Clos de la Renaissance für den Orden das gemacht, was das Sanktuarium in Lourdes für die Katholiken war. Und es war ihm ohne Jacques' Hilfe gelungen. Warum hat er nicht versucht, diesen Stand der Gnade noch einige Monate zu nutzen? Ich sollte es einige Tage später von ihm persönlich erfahren.

Wir bereiteten mit ganz besonderem Eifer das Weihnachtsfest und Epiphanias vor, als Jo eines Morgens in der Eremitage erschien. Er wollte mit den Seinen zurück nach Genf und wirkte tief beunruhigt: »Pierre, Thierry«, sagte er, »ich flehe euch an, den Clos de la Renaissance sehr gründlich zu überwachen. Ich habe ein ungutes Gefühl, eine Ahnung ...«

»Aber worum handelt es sich denn, Jo? Sprich, versuch wenigstens, uns zu sagen, woran du dabei denkst.«

»Ich fürchte, daß das Sanktuarium entweiht wird.«

»Aber das ist doch unmöglich! Nur wir haben die Schlüssel. Möchtest du, daß wir sie dir zurückgeben?«

»Nein, nein, das hat nichts mit euch zu tun. Ich habe das Gefühl, daß jemand von außerhalb kommen wird ...«

»Aber wie denn? Das Sanktuarium ist durch Stahltüren geschützt, und mit einer doppelten Alarmanlage gesichert.«

»Ihr kennt mich, bislang ist noch immer eingetreten, was ich vorausgesagt habe.«

Jo reiste ab, und noch am selben Tag übernahmen Pierre und ich schichtweise die Überwachung des Clos. Etwa eine Woche lang wachten wir Tag und Nacht darüber, daß niemand sich der heiligen Stätte näherte. Dann rief Jo uns eines Morgens an: »Ihr werdet in Genf gebraucht«, teilte er uns mit. »Die Gemeinschaft versammelt sich zu einem Konvent, und die anderen möchten, daß ihr dabei seid. Kommt so schnell wie möglich her.«

»Aber was ist mit dem Clos, Jo? Deine Vorahnung ...«

»Versichert euch noch einmal, daß die Türen verriegelt sind, und dann kommt her. Wir haben ohnehin keine Wahl; ihr könnte ja nicht gleichzeitig im Clos und in Genf sein.«

»In Ordnung, Jo.«

Wir reisten nach Genf. Der Konvent ging vorüber, und drei Tage später waren wir wieder in Südfrankreich. Kaum angekommen, hatten wir nur ein Anliegen: Zum Clos de la Renaissance zu fahren und zu prüfen, ob dort auch alles in Ordnung war. Wir setzten Monique und Chantal an der Eremitage ab, und Pierre und ich fuhren weiter zum Clos.

Wir stellten die Alarmanlagen ab, öffneten die ersten Türen und dann die Stahltür, die in einem einfachen Schrank ganz hinten in der Tiefgarage verborgen war. Wir betraten den Geheimgang, der zum Sanktuarium führte. Dann trennte uns nur noch eine Tür mit elektronischem Öffnungsmechanismus von der heiligen Stätte. Ich drückte den Knopf der Fernbedienung. Es tat sich nichts. Wenn sich diese Panne ereignete, bedeutete das im Allgemeinen, daß eine Sicherung herausgesprungen war, aber das Licht im Geheimgang brannte.

»Mach sie per Hand auf«, sagte ich zu Pierre.

Es gelang ihm, die Tür zu entriegeln, und er betrat als erster das dunkle Sanktuarium. Er wandte sich nach links, wo sich der Sicherungskasten befand. Mir fiel ein eigenartiges Knirschen auf, als ginge er über Glasscherben.

»Thierry, es gibt keinen Strom mehr«, sagte er tonlos.

Ich stürzte auf die Taschenlampe zu, die wir ständig für Notfälle auf einem kleinen Beistelltisch bereithielten. Ich richtete den Lichtstrahl ins Innere des Sanktuariums und, mein Gott, mir bot sich ein Anblick der Verwüstung: Sämtliche Spiegel waren zerstört, und Scherben türmten sich auf einem ebenfalls zertrümmerten Fußboden. Eine Granate hätte keinen größeren Schaden anrichten können. Die Decke war herabgestürzt, und die Elektrokabel baumelten traurig herab. Lange Zeit standen wir reglos da, unfähig, auch nur einen Ton von uns zu geben. Jos Ahnung hatte sich also bewahrheitet! Eine schreckliche Strafe war über uns hereingebrochen. Selbstverständlich eine göttliche Strafe, da wir als einzige die Schlüssel zum Sanktuarium besaßen und somit in unserer Abwesenheit niemand Zugang zu diesem Raum gehabt hatte.

»Thierry«, sagte Pierre schließlich, »ich kenne dieses Phänomen. Ich weiß, daß es nur im Labor zu realisieren ist, aber bei den Meistern ist alles möglich: Eine Implosion hat das Sanktuarium zerstört.«

Wir stürzten zum Telefon, zitternd und atemlos.

»Jo, das, was du vorausgeahnt hast, ist eingetreten ... Das Sanktuarium ist völlig zerstört.«

»Was!«

»Es ist verwüstet, Jo. Du kannst dir nicht vorstellen, wie es dort unten aussieht ... es ist einfach entsetzlich ...«

»Das ist unmöglich! Jocelyne! Jocelyne!«

Wir hörten ihn brüllen.

»Gut, ich komme sofort«, sagte er schließlich. »Laßt alles, wie es ist, rührt keinesfalls irgend etwas an. Ich bin in drei Stunden da.«

Ein Tag verstrich. Zwei Tage. Immer noch kein Jo. Und bei ihm zu Hause nahm niemand ab. Er war gerade in sein neues Chalet in Salvan im Wallis eingezogen. Wir wurden fast wahnsinnig vor Sorge. Wie sollten wir mit diesem schrecklichen Geheimnis im Herzen weiter leben, essen, schlafen oder unsere Salatköpfe ziehen? Endlich erreichte ich Jocelyne am Abend des dritten Tages.

»Jo ist im Krankenhaus«, erklärte sie. »Sein Herz. Die Zerstörung des Sanktuariums hat ihn so sehr mitgenommen …«

»Oh! Meine arme Jocelyne. Wir haben uns solche Sorgen gemacht.«

»Wußtet ihr schon, daß Roland ebenfalls einen Herzinfarkt hatte?«

Nein, davon wußten wir nichts. Und wir wollten auch nichts mehr wissen, außer dem Tag und der Stunde, da Jo endlich kommen würde, die Verwüstung zu begutachten.

»Er wird morgen da sein«, versprach Jocelyne.

Und tatsächlich traf er am nächsten Tag ein, in Begleitung von Luc und 30 Mitgliedern der Genfer Gemeinschaft. Sie alle waren erschüttert, müde und schweigsam.

»Und nun«, teilte er ihnen mit, »werdet ihr einer nach dem anderen das Sanktuarium betreten und euch selbst davon überzeugen, wozu die Meister in der Lage sind. Man hat meine Prophezeiungen in Zweifel gezogen, manche haben mich sogar beschuldigt, euch falsche Erscheinungen vorzugaukeln. Also seht selbst, und später werdet ihr allen Zweiflern berichten.«

Anschließend verbrachten wir die ganze Nacht damit, Tonnen von Schutt und Scherben aus dem Sanktuarium zu schleppen und die Sperrholzplatten, auf denen die Spiegel befestigt gewesen waren, aufrecht in der Garage zu stapeln. Bei Tagesanbruch reiste die Genfer Delegation zurück in die Schweiz, und Pierre und ich legten uns schlafen.

Als wir am Nachmittag ins Sanktuarium zurückkehrten, deckten wir den Betrug auf. Wir wollten fertig aufräumen und hatten die Garagentüren weit offen stehen lassen. Die blasse Wintersonne fiel auf die Sperrholzplatten, und plötzlich hörte ich Pierre ausrufen: »Dieser Mistkerl! Dieser Schweinehund!«

Und dann sah ich es auch: Das Holz wies Spuren von Schlägen auf. Es bestand kein Zweifel: Das Sanktuarium war mit einem Hammer zertrümmert worden.

Pierre war einer Ohnmacht nahe. Ich mußte ihn stützen, und gemeinsam verließen wir die Garage, um uns draußen in die Sonne zu setzen. Wenn man mir mit einem Wort oder besser, mit einem Bild, hätte klar machen wollen, daß die 15 Jahre, die ich im Orden verbracht hatte, nur ein einziger Witz gewesen waren, hätte man es nicht besser anstellen können. Es war alles gesagt; es gab keinen Winkel mehr, in den der Zweifel hätte verdrängt werden können.

Wir luden einige der Sperrholzplatten in den Lastwagen, um sie Monique und Chantal zu zeigen, und fuhren zur Eremitage. Noch am selben Abend beschlossen Pierre und Monique zu gehen, alles hinter sich zu lassen: die Eremitage, Frankreich, den Orden. Wir riefen den Flughafen von Nizza an und erfuhren, daß es um neun Uhr am nächsten Morgen einen Flug nach Montreal gab. Ich versprach ihnen, sie hinzufahren, und wir legten uns schlafen. Wir standen unter Schock, waren wie betäubt und kaum in der Lage, drei zusammenhängende Worte miteinander zu wechseln.

Das Telefon klingelte. Chantal nahm ab; es war Jo. Er rief aus Genf an und wollte uns unbedingt sprechen.

»Pierre und Thierry sind noch nicht vom Clos zurück«, log Chantal.

»Sag ihnen, sie sollen mich anrufen, sobald sie wieder da sind. Ich erwarte ihren Rückruf.«

Eine halbe Stunde später rief Jo wieder an. Das ging bis zwei Uhr früh im Halbstundentakt so weiter. Er sagte Chantal nicht mehr guten Abend oder auf Wiedersehen; er wurde immer nervöser.

Um zwei Uhr früh weckte Chantal uns schließlich: »Geht«, sagte sie. »Geht jetzt sofort. Ich habe ein ungutes Gefühl, ich glaube, er ahnt etwas.«

Wir brachen gleich nach Nizza auf. Chantal sollte recht behalten: um halb sechs traf Jo tatsächlich in der Eremitage ein, mit Luc und einem Dutzend Ordensmitgliedern, darunter François und Claude, die zu den fanatischsten Adepten gehörten. Was wohl geschehen wäre, wenn wir noch dort gewesen wären?

»Hallo, Jo?«

»Thierry!«

»Ich weiß alles Jo.«

»Wo bist du?«

»Irgendwo.«

»Ich erwarte dich im Clos de la Renaissance, dann kannst du mir erzählen, was du auf dem Herzen hast.«

Pierre und Monique Pichon saßen im Flugzeug nach Kanada. Sie hatten es vorgezogen, ohne Erklärung zu verschwinden; ich nicht. Ich fühlte mich dazu nicht stark – oder schwach – genug. Ich schwankte zwischen grenzenloser, untröstlicher Verzweiflung und gewaltigem Zorn. Ich wollte diesem Mistkerl ins Gesicht schleudern, was ich auf dem Herzen hatte. Vielleicht würde er nicht allein sein, vielleicht war es eine Falle, aber das war mir gleich. Ich hatte nichts mehr zu verlieren. Ich war 15 Jahre zuvor von der Erde verschwunden, um mit dem Wind zu reiten; ich gehörte nirgendwo mehr hin, ich war ein Wiedergänger, ein Geist. Wenn ich es überlebte, würde man mich für einen Lügner, einen Märchenerzähler halten; oder aber man glaubte mir und lachte sich tot über meine Naivität. Ich war nicht sehr erpicht darauf zu überleben.

»Nun, Thierry, erzähl mir alles.«

Er war allein, aber er war in keinster Weise beunruhigt. Er konnte sehen, daß ich zitterte. Er setzte sich in seinem Sessel zurecht.

»Nun? Sprich, was gibt es denn?«

Jetzt lächelte er sogar.

»Was glaubst du denn?« entgegnete ich dumpf. »Willst du mich noch lange verarschen?«

Ich erkannte mich nicht wieder in diesen Worten, in ihrer Leidenschaft und Vulgarität.

»Dich verarschen, Thierry?«

»Du hast uns drei Tage lang in dem Glauben gelassen, die Meister hätten das Sanktuarium zerstört, und weißt du, was wir entdeckt haben? Aber das brauche ich dir wohl nicht zu sagen, oder? Das Sanktuarium wurde mit Hammerschlägen zertrümmert.«

»Und?«

»Was und? Ist dir klar, was du da sagst?«

»Es war Luc, Thierry. Ich mußte einschreiten, sonst hätte er das ganze Haus verwüstet. Du hast ja keine Ahnung, er war wie von Sinnen.«

»Aber warum, Jo? Warum?«

»Die Adepten mußten sehen, wozu die Meister in der Lage sind, sie mußten es mit eigenen Augen sehen«, erwiderte er.

»Ach ja, die Meister ... Und der Goldstaub, waren das auch die Meister?«

Er geriet ins Schleudern, und da er nicht antwortete, ging mir plötzlich ein Licht auf.

»Du hast eine Fotografenbirne benutzt, habe ich recht?«

Er nickte vage. Plötzlich wirkte er erschöpft. Seine Gesichtszüge erschlafften, und er sah aus wie ein altes Kind, das resigniert zum x-tenmal eine Predigt über sich ergehen ließ. Und da konfrontierte ich ihn mit allem: dem getürkten Schwert, den von Jacques entwickelten Fernbedienungen, dem falschen Heiligen Gral und den unzähligen anderen Betrügereien. Und plötzlich sackte er in sich zusammen, als hätte er aus heiterem Himmel unerträgliche Bauchschmerzen.

»Jo, was ist mit dir?«

Er antwortete nicht. Er weinte. Nie hätte ich so etwas für möglich gehalten. Der Meister war also auch nur ein Mensch, ein ganz gewöhnlicher Mensch. Und als ob er mich endgültig hiervon überzeugen wollte, stammelte er: »Ich habe Krebs, Thierry, ich bin am Ende, am Ende ...«

Einen Augenblick war ich versucht, zu ihm zu gehen, ihn zu berühren, vielleicht zu trösten. Ich erhob mich, blieb eine Weile unschlüssig stehen und blickte auf ihn herab. Seine Brille war heruntergefallen, und er schluchzte. Sollte ich mich neben ihn knien? Nein. Ohne daß ich es wirklich wollte, führten meine Schritte mich zur Tür, die ich leise hinter mir schloß.

16

Wer wird mir glauben? Einige Wochen nach dieser mitleiderregenden Szene, nach Jos Zusammenbruch, erklärte ich mich einverstanden, eine Pilgerfahrt nach Israel und Ägypten zu unternehmen. Ich hatte den Orden verlassen, hatte meinen Entschluß all jenen, die in der Gemeinschaft etwas galten, mehr oder weniger zornig mitgeteilt, und dennoch ließ ich mich überreden. Von keinem anderen als Jo.

»Thierry«, sagte er, »das kannst du mir nicht antun. Ich werde bald fort sein, ich habe nicht mehr lange zu leben. Du mußt die Fackel des Rosenkreuzes übernehmen.«

Ich befand mich im Seelenzustand jener Gläubigen, die gezwungen sind einzugestehen, daß Priester sich in der Geschichte zeitweilig menschenunwürdig verhalten haben, die aber dennoch ihrem Glauben treu bleiben. Ich wage, es auszusprechen: Ich befinde mich immer noch in diesem Seelenzustand, bin meinem Glauben immer noch treu, trotz der 15 Jahre der Demütigungen und des Wahns, trotz der 53 Toten, die das Ende des Sonnentempler-Ordens endgültig besiegelt haben. Ich glaube heute noch an ein Leben nach dem Tod; ich glaube, daß Gott manchen Sterblichen – Leuten, die wir Meister oder Eingeweihte nannten – Botschaften an die Menschheit mit auf den Weg gibt; ich glaube auch heute nicht an Zufälle. Das ist auch der Grund, weshalb ich eine Pilgerfahrt ins Heilige

Land nicht ablehnen konnte, nicht einmal, wenn sie mir von einem skrupellosen Betrüger vorgeschlagen wurde.

Jo bat mich, diese Reise gemeinsam mit seinem Freund Hervé Poirier zu leiten, den ich immer noch gern hatte, und auch das akzeptierte ich. Wir bestiegen den Berg der Seligpreisung und lasen gemeinsam die Bergpredigt; wir badeten im Jordan, und ich selbst taufte einige Neuzugänge des Ordens. In den vergangenen Jahren hatte ich den Kontakt zu den Genfer Ordensmitgliedern verloren; ich kannte nur noch den alten Stamm. In einer Woche lernte ich wunderbare Menschen kennen, wie Benoît Gervais, den ältesten Sohn der Familie, die kurze Zeit später vollzählig auf dem Bauernhof von Cheiry ihr Leben lassen sollte; oder Jérôme Mounier, der der Polizei gestehen sollte, daß er am Tag nach dem Massaker verschiedene Kopien des Ordenstestamentes an mehrere Zeitungen verschickt hatte. Bei unserer Rückkehr überschütteten mich all diese Leute mit Lobpreisungen. Jérôme: »Deine Kraft und deine Liebe haben mein Sein auf eine Weise befreit, die ich mir nie erträumt hätte, so daß ich endlich im wahren Licht leben kann.« Benoît: »Danke, mein Bruder, wisse, daß wir zwei Strahlen derselben aus Gott entsprungenen Liebe sind!« Claire Meunier, die tot an der Seite ihrer Mutter gefunden werden sollte: »Es ist eine Freude, dein Lächeln zu sehen, Thierry, und ein Glück, an deiner Seite zu gehen.«

Diese Briefe begleiteten mich in der Zeit meiner zweiten großen Rückenoperation. Sie fand im April 1993 statt, 17 Monate vor dem Massenmord. Zweimal besuchte mich Jo im Krankenhaus und kniete an meinem Bett nieder, um mich anzuflehen, die Fackel zu übernehmen. Vielleicht hätte ich sogar angenommen, ja, vielleicht hätte ich nachgegeben, aus Liebe zu diesen Menschen, die mich respektierten und mit denen ich einen aufrichtigen Glauben teilte, wären mir nicht zu dieser Zeit die abscheulichen Gerüchte zu Ohren gekommen, die Jo über mich verbreitete. Es war René Moulin, der mich darüber informierte, der sanfte alte René.

»Jo sagt, du wärst das Schwärzeste des Schwarzen«, erzählte er mir bei einem seiner Besuche im Krankenhaus, »schlimmer als Satan persönlich, Thierry. Er sagt, du würdest dich für einen neuen Guru halten und hättest während der Pilgerfahrt versucht, seinen Platz einzunehmen.«

Ich rief Jo an, beschimpfte ihn und hatte zum erstenmal die Kraft, ihm die Stirn zu bieten: »Wenn du mir nicht genügend Geld für einen vernünftigen Neuanfang gibst«, sagte ich, »sorge ich dafür, daß es zum Skandal kommt, dann gehe ich vors Arbeitsgericht.«

Diesmal war es wirklich zu Ende. Es waren Dinge ausgesprochen worden, die nicht wiedergutzumachen waren. Ich hatte meinen Platz in der Außenwelt wieder eingenommen, ob ich es wollte oder nicht, in dieser gefährlichen und feindseligen Welt, vor der wir gelernt hatten, uns in acht zu nehmen und uns zu schützen. Ich war ins Feindeslager übergewechselt. An diesem Tag erinnerte ich mich an die Säuberungsaktion, die am Tag, nachdem Bertrand und Nathalie mit unseren beiden Kindern den Orden verlassen hatten, durchgeführt worden war. Sie hatten alles verbrannt, was sie angefaßt hatten, jeden Quadratzentimeter der Wohnung mit 90prozentigem Alkohol desinfiziert und exorzistische Riten vollzogen. Als wären die vier Abtrünnigen stinkende Bestien gewesen, Bettler, cholerainfiziert und ungezieferverseucht. Ich sagte mir, daß sie mit mir auf gleiche Art verfahren würden. Ich sollte recht behalten. Später erfuhr ich, daß sie alle zur Eremitage gefahren waren, allen voran meine »Frau« Marielle Chiron, und meine sämtliche persönliche Habe verbrannt hatten, bevor sie mein Zimmer »säuberten«.

Den Rest des Jahres 1993 spielten Jo und ich Katz und Maus. Ich drohte, Anzeige zu erstatten, und er kam angelaufen. Ich hatte eine kleine Wohnung gefunden und bezog eine bescheidene Invalidenrente. Das war ein erster Schritt in Richtung meiner Reintegration in die Gesellschaft, aber mir war bewußt, daß meine materielle und psychische Wiederherstellung von der Erstattung zumindest eines Teils der beträchtlichen Summen abhing, die ich im Laufe der Jahre in den Orden gesteckt hatte. Etwa alle zwei Monate traf ich mich mit Jo im Treppenhaus meines Wohnblocks, und er gab mir 500 Schweizer Franken, um mir zu helfen, einige Rechnungen zu begleichen.

»Mit 500 Franken kann ich wohl kaum einen neuen Anfang machen«, sagte ich. »Wegen meines Rückenleidens kann ich meinen Beruf als Zahntechniker nicht mehr ausüben. Ich muß mich umschulen lassen und brauche Arbeit und ein Haus, in dem ich meine Kinder unterbringen kann, wenn sie mich besuchen. Jo, wir müssen eine Lösung finden, die es mir ermöglicht, noch einmal von vorn anzufangen.«

»Ich weiß, Thierry, ich weiß«, sagte er jedesmal. »Jocelyne tut alles in ihrer Macht Stehende, um die Summe zusammenzubekommen, die du brauchst, aber das ist nicht leicht; unsere Konten befinden sich in Kanada, in Australien …«

Und so verging das Jahr, von einem Treffen zum nächsten, von einem gebrochenen Versprechen zum anderen. Im Januar 1994 kam ich erneut ins Krankenhaus und mußte mich einer dritten Rückenoperation unterziehen. Zu dieser Zeit ereignete sich die Episode mit dem Rundschreiben, die die Feindseligkeiten weiter schürte. Ein Paar des Ordens oder besser, ein Paar, das im Begriff war, aus dem Orden auszutreten, schickte allen Adepten des Ordens einen Brief, in dem die Betrügereien und finanziellen Machenschaften Jos angeprangert wurden. Ich fand diesen Brief bei meiner Entlassung aus dem Krankenhaus in meinem Briefkasten, und schon am nächsten Tag rief Jocelyne bei mir an.

»Thierry! Was hast du da ins Rollen gebracht? Du bist ein Mistkerl! Du hast uns verraten! Wenn du diesen Brief nicht sofort stoppst, bekommst du keinen Pfennig …«

Jocelyne hielt mich für den Urheber des Briefes, was mich nicht weiter störte, aber daß sie es wagte, in diesem Ton mit mir zu sprechen, während ich mich kaum rühren konnte und mich noch nicht von meiner dritten Operation erholt hatte, machte mich rasend. Ich brüllte sie an.

»Was? Du willst mir drohen! Ich lasse mir sofort einen Termin bei meinem Anwalt geben. Ich werde zu ihm kriechen, wenn es sein muß, aber diesmal erfährt er alles und wird entsprechende Schritte einleiten.«

Und so nahm ich mir einen Rechtsanwalt. Er riet mir, noch einmal zu versuchen, mich bezüglich einer Entschädigung für geleistete Dienste gütlich mit Jo zu einigen. Und so vereinbarte ich für Februar ein Treffen mit Jo und den Seinen. Eigenartigerweise ließ Jo sich nicht blicken und schickte statt dessen Jocelyne und Marielle Chiron.

»Jo liegt in Australien im Krankenhaus«, teilte Jocelyne mir in dramatischem Tonfall mit. »Er hat einen neuen Arzt für sein Herzleiden gefunden.«

Sie überreichte mir vier Schecks, die ich in den kommenden Monaten einlösen könne. Im Gegenzug verlangte sie von mir eine handschriftliche Erklärung, in der ich mich verpflichtete »niemals zu enthüllen, was mich im Sonnentempler-Orden gelehrt wurde«.

Ich sollte Jocelyne und Marielle, die in der Nacht des Massakers Seite an Seite starben, nie mehr wiedersehen.

Einige Tage nach diesem Treffen erfuhr ich – wieder von René Moulin -, daß Jo sich nicht wegen seines Herzens in Behandlung begeben hatte, sondern von der australischen Justiz unter Hausarrest gestellt worden war. Die Steuerfahndung, sagte er, interessiere sich für die Investitionen und Geldtransfers dieses französischen Staatsbürgers mit Wohnsitz in Kanada und nicht ganz blütenweißer Weste.

Tatsächlich braute sich über der Elite des Ordens Ärger zusammen. Luftfahrt- und Grenzpolizei aller Länder waren angewiesen worden, Kommen und Gehen einer bestimmten Anzahl von Personen, deren Identität den verschiedenen Dienststellen mitgeteilt worden war, aufmerksam zu verfolgen. Ganz oben auf der Liste stand Luc Jouret, der in einen Skandal in Kanada verwickelt war. Schweizer Landwirte, das Ehepaar Klaus, die Luc auf einer Überlebensfarm in Sainte-Anne-de-la-Pérade in Quebec untergebracht hatte, hatten ihn angezeigt und der Lokalpresse sämtliche geheimen Riten des Ordens verraten. Luc stand vor allem unter Verdacht, Paare zum Partnertausch zu animieren, mit Hilfe falscher Erscheinungen esoterische Messen zu zelebrieren, mit Waffen zu handeln …

Im Frühling 1994 setzte Jo, der inzwischen von den australischen Behörden wieder auf freien Fuß gesetzt worden war, sich mit mir in Verbindung. Er lud mich zum Mittagessen ein und flehte mich an, die Schecks, die Jocelyne mir überreicht hatte, gegen andere, auf später datierte Schecks einzutauschen.

»Wir haben große Schwierigkeiten mit der Steuer«, erklärte er mir. »Ich bitte dich nur um eins: Warte, bis ich dir grünes Licht gebe, bevor du den ersten Scheck einlöst.«

Der Scheck war auf Juli datiert. Im Juli ließ Jo nichts mehr von sich hören, und bei ihm zu Hause in Salvan meldete sich niemand. Im August herrschte ebenfalls Schweigen. Im September tauchte Jo dann wieder auf. Er wirkte angespannt und beunruhigt. Er schien in den paar Wochen um Jahre gealtert zu sein.

»Wir werden dich in bar entschädigen«, teilt er mir mit. »Die Schecks sind nichts mehr wert. Das einzige Problem ist, daß wir soviel Geld nicht auf einmal außer Landes schaffen können.«

Wieder kam es zu regelmäßigen Treffen in der Nähe meiner Wohnung. Mal waren es 500 Franken, mal 300. Jo war nur noch ein Schatten seiner selbst. Eines Abends teilte er mir mit, daß der Hof, der die Golden-Way-Stiftung beherbergt hatte, verkauft worden wäre. War das nicht das Ende oder der Anfang vom Ende? Ich war zu verbittert, zu verzweifelt, als daß es mich noch interessiert hätte.

Am Sonntag, dem 2. Oktober 1994, wurde ich endlich von Jo ins Hotel Bonivard in Montreux bestellt. Diesmal sollte mir die Gesamtsumme übergeben werden, Punkt 18 Uhr. Um sieben war Jo immer noch nicht da. Wieder einmal rief ich in seinem Chalet in Salvan an. Florence Redureau nahm ab.

»Ah, Thierry! Wir haben versucht, dich zu erreichen, um das Treffen abzusagen. Jo geht es sehr schlecht … wieder das Herz …«

Heute weiß ich, daß an jenem Sonntag um 19 Uhr der dreifache Mord in Morin Heights in Kanada bereits stattgefunden hatte. Ich bin überzeugt, daß Jo das Massaker an Jacques, Sylvie und ihrem kleinen Fabien angeordnet hatte. Das Todesurteil war gerade mit Messer und Baseballschlägern vollstreckt worden.

Heute habe ich den Verdacht, daß Jo am Nachmittag desselben Tages seinen jüngsten Sohn Elias, der ihn ebenfalls »verraten« hatte, hat umbringen lassen oder auch ihn eigenhändig umgebracht hat.

Aber von alledem ahnte ich noch nichts, als ich mit Florence telefonierte, und darum ließ ich auch meinem Zorn freien Lauf.

»Es ist doch immer dasselbe! Ihr seid unkorrekt. Diesmal beauftrage ich meinen Anwalt, die nötigen Schritte einzuleiten. Du kannst Jo ausrichten, daß ich die Nase voll habe, Florence, gestrichen voll …«

Am Dienstag, dem 4. Oktober um elf Uhr vormittags, rief Florence mich wieder an. Ich höre noch ihre Worte, mit denen dieses Buch beginnt: »Thierry, du kannst kommen und dir dein Geld abholen; Jo ist da, er erwartet dich …«

Den Rest kennen Sie ja nun.

53 Männer, Frauen und Kinder starben auf grauenvolle Weise. 53 Menschen, die ich größtenteils gekannt und aufrichtig geliebt habe.

Warum sie? Wie ist es zu diesem Ende gekommen? Das frage ich mich immer wieder.

Wie ich kamen sie auf Jo Di Mambros Ruf hin. Wie gewöhnlich hatte er ihnen eine dringende Versammlung angekündigt: Die Meister hätten sich gemeldet, ihre Nachricht wäre von größter Wichtigkeit. Sie reisten aus Frankreich an, aus Kanada, von den Antillen, folgten blind seinem Ruf.

Bestimmt wollten Jo und Luc jene bearbeiten, die begonnen hatten zu zweifeln. Vielleicht befürchteten sie noch mehr »Verrat«. Sie wollten den Glauben der Schwachen festigen, jener, die dem Zweifel hätten anheim fallen können. Und was die überzeugtesten Getreuen anbelangt, die verblendeten Fanatiker, so brauchten sie sie, um die Mission durchzuführen, die ebenso Opferung wie Massaker war.

Die Zeremonien, die in Cheiry stattgefunden haben, sind uns vertraut. Das Betreten des Sanktuariums, alle in die Gewänder des Templerordens gehüllt, die liturgischen Gesänge, das Erscheinen des Meisters, das Glücksgefühl und die Schauer, die uns den Rücken hinunterjagten. Ich sehe es noch vor mir.

Der entscheidende Unterschied bestand darin, daß diesmal die Botschaft dahingehend lautete, daß der Augenblick des »Transits«, wie wir es nannten, gekommen war. Jo hatte immer von einem friedlichen und heiteren Übergang in die Astralwelt gesprochen. Alle hatten sich an seine Reden gewöhnt. »Ich habe bereits alles hinter mir, ich habe nicht mehr denselben Weg wie ihr zurückzulegen«, hatte Di Mambro oft gesagt.

Und nun hat dieser Weg zu von Kugeln durchsiebten Leichen im Sanktuarium des Bauernhauses von Cheiry geführt, zu den Leichen ermordeter Kinder in der Schweiz und in Kanada.

Und die Zeremoniegewänder, auf die alle so stolz waren, diese Gewänder, die die »Auserwählten« auszeichneten, waren nur noch lächerliche Lumpen, die Körper einhüllten, über deren Köpfe Müllsäcke gestülpt waren.

In der schwelenden Asche der angezündeten Chalets endete ein Abenteuer, das ein göttliches hatte sein sollen.

Sie waren 53. Ich hätte einer von ihnen sein sollen.

Zum Abschluß dieses Buches möchte ich ein paar Zeilen an meine Eltern richten. Ich möchte ihnen sagen, daß ich es zutiefst bedaure, wenn die Offenheit meiner Beichte sie verletzen sollte. Ich behaupte nicht, alles zu wissen, aber damit meine Botschaft jenen von Nutzen ist, die heute oder morgen Gefahr laufen, sich dem ausgesetzt zu sehen, dem ich selbst ausgesetzt war, konnte ich nicht anders als die WAHRHEIT zu schreiben.

Meiner Mutter, die so hart gekämpft hat, ihrem Leben einen neuen Sinn zu geben, möchte ich sagen, daß unsere früheren Schmerzen heute zu einem einzigen Schmerz verschmolzen sind. Sie ist mir in den Prüfungen, die ich gerade durchgemacht habe, eine unverzichtbare Stütze gewesen. Die Ängste aus meiner Kindheit haben sich in tiefe und unerschütterliche Liebe gewandelt, und wir haben in diesen dramatischen Tagen das Gleichgewicht aus aufrichtiger Zuneigung und gegenseitigem Respekt gefunden, das die Beziehung zwischen Mutter und Sohn bestimmen sollte.

Meinem Vater möchte ich sagen, daß ich, indem ich zu oft versucht habe, die Frustrationen eines Kindes zu kompensieren, das sich von seinem Vater ungeliebt fühlte und unter dieser Zurückweisung sehr gelitten hat, den falschen Weg eingeschlagen habe. Ich weiß, daß wir heute alle Zeit der Welt haben, die Grundlage aus Vertrauen und Achtung wiederaufzubauen, die für eine gesunde Beziehung zwischen Vater und Sohn unverzichtbar ist.

Und ich möchte ihnen beiden meine tiefe Zuneigung aussprechen.

Band 61317

Deborah Laake

Geheime Riten

Sie wuchs auf in dem Glauben, die Worte des heiligen Buches MORMON seien die einzig seligmachenden und die Regeln der Ältesten das Maß aller Dinge. In ihrer Glaubensgemeinschaft sind alle Männer Priester, doch nur verheirateten Frauen steht der Weg in den Himmel offen.
Aber als Deborah in die Ehe mit einem ungeliebten Mann gedrängt wird, gehen ihr allmählich die Augen auf und sie beginnt, die Gesetze ihres Glaubens, nach denen eine Frau als minderwertig gilt, in Frage zu stellen. Nach einer schrecklichen Zeit des Zweifelns entschließt sie sich zu einem folgenschweren Schritt...

BASTEI LÜBBE